江苏省社会科学基金项目（2021150018）"幼儿教师获得感的形成机制及培养研究"研究成果

幼儿教师获得感的形成机制与培养研究

周炎根　刘贤敏　乔 虹 ◎ 著

南京大学出版社

图书在版编目(CIP)数据

幼儿教师获得感的形成机制与培养研究 / 周炎根，
刘贤敏，乔虹著. -- 南京 ：南京大学出版社，2024.9
ISBN 978 - 7 - 305 - 27704 - 7

Ⅰ. ①幼… Ⅱ. ①周… ②刘… ③乔… Ⅲ. ①幼教人
员—师资培养—研究 Ⅳ. ①G615

中国国家版本馆 CIP 数据核字(2024)第 032871 号

出版发行　南京大学出版社
社　　　址　南京市汉口路 22 号　　　　邮　　编　210093
书　　　名　**幼儿教师获得感的形成机制与培养研究**
　　　　　　YOUER JIAOSHI HUODEGAN DE XINGCHENG JIZHI YU PEIYANG YANJIU
著　　　者　周炎根　刘贤敏　乔　虹
责任编辑　丁　群
照　　　排　南京开卷文化传媒有限公司
印　　　刷　苏州市古得堡数码印刷有限公司
开　　　本　787 mm×1092 mm　1/16　印张 13　字数 260 千
版　　　次　2024 年 9 月第 1 版　2024 年 9 月第 1 次印刷
ISBN　978 - 7 - 305 - 27704 - 7
定　　　价　58.00 元

网　　　址:http://www.njupco.com
官方微博:http://weibo.com/njupco
微信服务号:njupress
销售咨询热线:(025)83594756

前　言

《关于全面深化新时代教师队伍建设改革的意见》强调"不断提高地位待遇,真正让教师成为令人羡慕的职业"。学前教育是终身教育的基础,高质量教师队伍是学前教育可持续发展的重要保障。2018 年 11 月《中共中央国务院关于学前教育深化改革规范发展的若干意见》对"大力加强幼儿园教师队伍建设"高度重视,强调了合格稳定的幼儿园教师队伍对于实现普惠优质的学前教育的重要战略意义。由于我国学前教育基础薄弱,幼儿教师获得感普遍较低,由此产生不同程度的人员流动和离职意向。可见,关于幼儿教师获得感的研究不仅具有极大的理论价值,更具有鲜明的现实意义。本书具有鲜明的时代性、深厚的理论性和较强的现实性,从如下几个方面对幼儿教师获得感进行了探讨。

（1）本书构建了幼儿教师获得感的理论框架。在国内外获得感及相关概念研究回顾与前瞻的基础上,本书解析幼儿教师获得感的构成要素,首次从社会认同、心理认知、心理情感和心理行为等层面综合剖析其内涵和结构。

（2）本书确立了幼儿教师获得感的测评指标体系。本书梳理了当前幼儿教师获得感评价指标研究的缺失并论证其应然价值。通过文献分析法、调查法等研究方法初步确立了幼儿教师获得感的评价指标,并通过项目分析、探索性因子分析和验证性因子等方法检验评价指标体系的结构效度,首次建立了幼儿教师获得感测评指标体系的结构模型,形成了《幼儿教师获得感测评指标量表》。

（3）本书揭示了幼儿教师获得感的现状。根据职称、园所性质、是否在编等变量,对幼儿教师获得感进行了调查,揭示了当前我国幼儿教师获得感的现状,为幼儿教师获得感的有效培养提供了依据。

（4）本书探索了幼儿教师获得感的影响因素和形成机制。在理论建构的基础上,本书从现实生活、理论推演中收集相关材料,并通过开放式问卷等方式获取相关信息,作者进行大规模的调查,了解幼儿教师获得感影响因素。并根据已有研究,本书主要探讨了人口学变量、社会变量、个体心理变量与幼儿教师获得感之间的关系,运用问卷调查法和多层线性法等多种方法,揭露了幼儿教师获得感形成机制。

（5）本书探讨了幼儿教师获得感的培养路径。本书从社会层面和个体心理层面,针对幼儿教师获得感的现状和形成机制,提出具有针对性的培养策略。

本书可以指导幼儿园有效开展幼儿教师获得感教育,普及幼儿教师获得感知识,掌握提高幼儿教师获得感方法,促进促进幼儿教师队伍的稳定与发展;同时,本书有助于更清晰地分析幼儿教师群体在改革开放进程中是否分享到改革红利,从而能更好地让改革发展成果更公平惠及幼儿教师群体,保障幼儿教师权益、提升幼儿教师幸福感。

本书是江苏省社会科学基金项目(项目批准号:2021150018)"幼儿教师获得感的形成机制及培养研究"研究成果之一;同时也是江苏高校哲学社会科学研究项目(项目编号:2022SJYB1517)"融合教育视域下职前教师培养模式改革研究"和江苏省教育科学规划重点课题(项目编号:B/2022/01/12)"江苏省融合教育支持保障体系构建研究"研究成果。感谢常熟理工学院教育学高原学科(培育)对本著作出版的资助,感谢南京大学出版社提茗编辑对本书出版的大力支持和帮助。著作参考借鉴了国内外诸多专家学者的研究成果,再次一并感谢! 囿于著作水平有限,书中难免存在诸多不足,真诚希望各位专家、同行及广大读者批评指正。

著　者

2024 年 6 月

目　录

第一章

绪 论

据统计,过去五年间,我国幼儿教师流失了 83 万之多。这意味着我国每年 100 名幼师中就要流失近 39 名,这样的比例令人触目惊心。近年来,关于幼儿教师的职业流动现象屡见报端,这一问题已经司空见惯。《中国教育报》进行的问卷调查显示,幼儿教师的职业满意度方面存在不容忽视的问题。针对 131 名幼儿教师的调查显示,有 31.30% 的教师表示曾考虑过离职或已经实际离职。幼儿教师的离职,特别是骨干幼儿教师的流失,是让很多园长揪心的事情。任何一位幼儿教师离职,都可能对幼儿园带来难以估量的损失,不仅打击整个园所教师的士气,还会加重其他教师工作压力。如何提高幼儿教师获得感、增强幼儿教师师资队伍的稳定性,进而提高学前教育质量,是亟须解决的现实问题。

习近平总书记一直高度重视中国的教育发展和教师工作,他多次强调,要大力弘扬尊师重教的社会风尚,努力提高教师政治地位、社会地位、职业地位,让广大教师享有应有的社会声望。可见获得感对教师群体的重要性。2018 年 1 月 20 日,中共中央、国务院印发的《关于全面深化新时代教师队伍建设改革的意见》指出"尊师重教蔚然成风,广大教师在岗位上有幸福感、事业上有成就感、社会上有荣誉感,教师成为让人羡慕的职业",并强调"要全面提高幼儿园教师质量,建设一支高素质善保教的教师队伍"。同年 11 月 15 日,中共中央、国务院印发的《关于学前教育深化改革规范发展的若干意见》也指出"大力加强幼儿园教师队伍建设"。而这一关键在于各级教育管理者、政策制定者和教育从业者共同努力,提高幼儿园教师的职业满意度。作为整个教育体系中的支柱力量之一,幼儿园教师在幼儿教育中扮演着不可或缺的角色。关注和提高幼儿园教师的职业满意度,直接关系到幼儿所受教育的质量和效果,对于整个教育体系的稳定和发展都至关重要。因此,关注并解决幼儿园教师的职业满意度问题,既符合社会发展的需求,也是促进整个幼儿园教育事业健康有序发展的必要要求。

第一节　研究背景

一、时代背景

近来,随着人们对生活质量的不断追求,职业选择与发展与个人幸福的关系成为备受关注的焦点,尤其在 21 世纪这一趋势更加显著。2011 年,联合国发起了一项全球范围的幸福指数调查,引发了国际社会对幸福和生活质量的深刻关注。《全球幸福指数报告》的多次发布为我们提供了在更广泛的背景下思考如何提高幼儿教师职业满意度的契机。在这个全球追求幸福的时代,塞利格曼作为积极心理学的奠基者,提出了宏伟的愿景——"51 目标",即到 2051 年全球超过一半的成年人都能享受到幸福的生活。"蓬勃"这个词语被用来描绘幸福,塞利格曼将其定义为一种与积极情绪、有意义、投入、成就和积极人际关系交织在一起的生活状态。这种充满蓬勃活力的生活不仅仅意味着欢笑、满足和成就感,更能够提高生产力,带来更健康的情绪,获得更大的成就感,同时有助于建设一个更加和平的世界。他认为,我们的共同使命是确保到 2051 年,全球至少有一半的成年人能够过上更加幸福的生活。习近平总书记在十九大报告中提出"为中国人民谋幸福,为中华民族谋复兴",由此可见个体的蓬勃与民族的殷盛相辅相成,个体的蓬勃是民族的殷盛的组成部分,人民是实现民族复兴的重要力量。而中国作为全球最大的人口国之一,其积极参与实现"51 目标"显得更为必要。

2015 年 2 月 27 日,习近平总书记在中央全面深化改革领导小组第十次会议上指出:要科学统筹各项改革任务,推出一批能叫得响、立得住、群众认可的硬招实招,把改革方案的含金量充分展示出来,让人民群众有更多获得感。"获得感"这一术语因此迅速传播,通常用来描述人民群众因改革而享受到的成果所带来的满足感。这种感觉既包括在物质层面可见的,比如学业成果和日常生活中的点滴收获,也包括在精神层面看不见的各种收益。首先,获得感体现在对由改革带来的物质条件改善的感知上。例如,人们在住房和食品安全方面有了更多的保障,收入逐步增加,老年生活也得到了更好的保障,这些都是实实在在的获得。在精神层面上,获得感指的是在社会公平、正义和个人生命价值实现等方面带来的满足感和幸福感。同时,每个人都应该有梦想、有追求,能够享受到公平公正的对等待遇,以一种更有尊严、更体面的方式过活。在《咬文嚼字》2015 年度十大流行语榜单中,"获得感"位居榜首,2016 年国家语委发布的《中国语言生活状况报告(2016)》中,同样将"获得感"列为十大新词之一,这都彰显了"获得感"越来越被老百姓所重视,人民群众对它的认同感也越来越高,并对此给予很高的期望。

党的二十大报告再次强调:"为民造福是立党为公、执政为民的本质要求。""坚持以人民为中心的发展思想。维护人民根本利益,增进民生福祉,不断实现发展为了人民、发展依靠人民、发展成果由人民共享,让现代化建设成果更多更公平惠及全体人民。""人民群众获得感、幸福感、安全感更加充实、更有保障、更可持续,共同富裕取得新成效。"

获得感彰显了中国共产党的人民立场,这一立场不仅是我们党的根本政治立场,也是我们党与其他政党鲜明的区别标志。党的十八大以来,习近平总书记一再强调以人民为中心,人民对美好生活的向往,就是党和国家的奋斗目标。获得感的关键在于保障人民的权益。决胜小康不仅要体现在国家经济的繁荣,更要体现在人民群众的获得感上。政策的制定和执行必须以人民为中心,确保改革成果惠及广大人民群众,使人民在经济繁荣中能够享受美好生活的使命得以实现。为实现这一目标,政策执行中必须彰显人民的政治立场,关注人民的根本利益,确保政策的公正和公平,引起社会共鸣,让全体公民深切感受到国家发展带来的实实在在的改善。

获得感具有鲜明的中国特色。作为世界上最大的发展中国家,中国在决策层面必须充分考虑所有制形式的多样性和需求的多层次性,同时认识到地区之间存在的自然条件差异和城乡差别。在政策制定和实施中,凝聚广泛共识是关键,确保改革成果真正惠及人民,让全体公民都能感受到国家发展带来的实实在在的改善。为了实现"两个一百年"的奋斗目标,我党根据独特的社会背景做出了科学规划。实现这一具有里程碑意义的宏伟愿景是中国在新时代面临的重大使命。这一愿景的核心是就是要使我国在国家实力和国际影响力方面牢牢占据领先地位,并为确保全体人民都能实现共同富裕这一根本目标而不懈努力,确保全体人民共享社会成果,让国家的繁荣成果普惠到每一个人。实现这一宏伟目标,不仅是党和政府的责任,更是全社会的共同责任。这需要在中国的特有国情下,凝聚全社会广泛共识,因地制宜推进改革发展,让国家发展成果更多更公平惠及全体人民,共创共享中国梦。

获得感彰显时代特征。随着新时代的到来,社会主要矛盾逐渐演变为人民日益增长的美好生活需要和不平衡不充分的发展之间的矛盾。党的十八大以来,为让人民群众在社会发展进程中更好地感受到实实在在的改善,我们做出了不懈的努力。通过因地制宜的实际举措推动改革发展,我们着力解决了人民群众最关心、最直接、最迫切的问题,实现了一系列看得见摸得着的历史性变革:全面深化改革、脱贫攻坚、绿水青山、公平正义使人民共享红利、家境更加殷实、生活更加滋润、更有尊严[①]。这

① 张国来."获得感"小议[J].思想政治工作研究,2018(2):64.

是中国特色社会主义迈向新时代的推动力。习近平总书记的深刻关切实际上是出于对人民群众利益的真挚牵挂,体现了党的执政理念和为人民谋幸福的初心。他以极大的关怀之心,聚焦于人们日常生活中的方方面面,从乡村振兴到城乡基础设施建设,从环境保护到教育医疗,不遗漏每一个细节。这种关心并非仅仅停留在言辞上,更体现在实际行动中,通过提出一系列切实可行的政策和改革措施,努力解决百姓生活中的实际问题,使每一个人都能够切身感受到国家发展的成果。

作为广大人民群众所需的公共服务之一,教育一直以来都是国家和政府高度关注并极为重视的领域。十九大报告在"提高保障和改善民生水平,加强和创新社会治理"这一重要议题中,着重强调了"优先发展教育事业"这一战略方向,指出教育事业在国家发展中的关键地位,表达了对师德师风的提升的殷切期望,并对教师素质和教师职业的社会风气进行了要求。2017年10月22日上午,十九大新闻中心举办第五场记者招待会。教育部党组书记、部长陈宝生出席会议,并回答记者提问,在提及人民"获得感"板块时强调"师资队伍建设"对提高教育质量、培养合格的建设者和接班人至关重要。他指出,教育的核心在于教师队伍,为了确保教育事业的长远发展,必须认真研究并出台有力的政策,以加强教师队伍的建设。十九大以来,习近平总书记一直对中国的教育发展和教师工作高度重视,可见"获得感"对教师群体的重要性。因此,深入研究幼儿教师工作中的获得感问题是新时代亟须解决的重要议题,绝不能轻视。

二、学前教育事业发展需要

学前教育事业的飞速发展源于坚固、精力充沛和保持幸福感的幼儿教师队伍。国内研究结果表明,幼儿园教师的流动高于其他阶段的教师流动,处于失衡状态(岳亚平,刘静静,2013)。如何提升幼儿教师获得感,减少幼儿教师流动,促进幼儿教师队伍的稳定一直是倍受研究者们关注的问题。社会对幼儿教育的认知逐渐提高,对该领域的政策关注也在不断加强。近年来,学前教育界的热门话题不仅仅局限在教师个体层面,还深刻地影响到学前教育体系的运作和发展。同时,提高教师的获得感不仅是为了教师个人的幸福,更是为了整个教育系统的健康运作。在新时代,教育体系需要更加注重教师的整体发展,不仅关注他们在工作中的表现,还要关心他们的职业生涯规划和全面素养的提升。因此,对教师获得感问题的研究不仅是个别问题的探讨,更是对整个学前教育事业可持续发展的战略思考。

(一) 幼儿幸福童年的需要

教师是每个学生人生道路上的引导者,使学生能够在未来的生活中获得真正的幸福。学前教育的实践是教师以专业知识为基础,结合情感因素,通过富有启发性的教学方法与幼儿之间建立密切而有趣的互动,培养他们具备积极向上的学习态度与创造幸福人生的能力。学前阶段是人生发展历程中的一个重要时期,个体许多生理、心理发展的关键期都在这一阶段中。学前阶段为幼儿提供一系列全面、健康的成长条件,确保他们在关键时期得到充分的关怀和培养,促进其身心的全面发展。需要在幼儿所处的环境注入积极、乐观、支持性的情感氛围,对幼儿早期阶段关键时期给予特殊关注,从而帮助他们建立积极的自我认知和自尊心,形成乐观积极的心态,从而感受生命之花的美丽绽放。"好的童年可以疗愈一生,不好的童年需要一生来疗愈",这句话说出了幸福童年的重要。幼儿教师作为家长之外第二大影响幼儿身心发展的教育者,其素质不仅直接影响人才培养和教育教学效果,还将对幼儿的身心发展产生直接而深远的影响,这种影响甚至会持续幼儿的一生。幼儿教师获得感的高低,不仅制约他们对工作的投入程度,制约对教师工作的情绪情感,而且也将对教师能否顺利培养幼儿的健康人格和积极情感产生重要的制约作用。总之,幼儿教师在教育过程中的职业获得感直接关系到幼儿在学前阶段的成长和发展。只有拥有高品质生活的教师,满怀职业激情和获得感的教师才能够更好地关注幼儿、引导幼儿,促使他们在学前时期形成积极向上的心态,推动他们在学前阶段取得更好的发展。

(二) 幼儿教师发展需要

学前教育扮演着儿童成长过程中的重要角色。学前教育阶段是个人学习发展的关键时期,不仅奠定了个体学习的基础,更为未来的终身学习提供了重要的启蒙和支持。师资是推动教育发展的关键因素,提升学前教育师资队伍的整体素质是推动学前教育可持续发展的必然要求。2018 年 11 月中共中央、国务院《关于学前教育深化改革规范发展的若干意见》强调合格稳定的幼儿园教师队伍对于实现普惠优质的学前教育的重要战略意义,指出"依法保障幼儿园教师地位和待遇"需进一步细化公办园教师工资待遇政策,确保工资标准按同工同酬原则确定,并强化监管,确保工资及时足额发放。有条件的地区可试点生活补助政策,提高乡村教师生活水平,激发其在农村从教的积极性。同时,在推动政府购买服务改革时,应纳入公办园的保育员、安保、厨师等服务范围,通过财政预算统筹确保充足的资金。对于民办园,要参照当地公办园教师薪酬水平,建立公平的薪酬机制,保障教师的合法权益。各类幼儿园都要按法律法规规定履行对教职工的社会保障和住房公积金的合法义务,以确保教职工享有应有的合法权益。同时,为更好地适应学前教育的特点和提高教师的专业水平,应结合学前教育的实际需求制定切实可行的职称评聘标准,畅通评聘通道,为教师提供晋升的机会,鼓励教师不断提升专业素养。对于在教育事业中作出突出贡献和取得显著成就的园长和教师,应根据国家相关规定给予表彰和奖励,以激励更多教育工作者为幼儿教育事业贡献力量。

2020 年 9 月,全国教育大会顺利召开,会议上重点提出教师队伍的创建。其中,幼儿教师作为整个队伍中最基础的一环,在新时代背景下,依然面临着极强的现实困境,如工资待遇低、工作压力大、离职率高等。这不但会影响幼儿教师工作生活质量,而且会降低幼儿教育的发展水平,甚至可能会成为突出的社会问题。幼儿园教师作为整个教师群体的一个分支,是基础教育阶段必不可缺的组成部分,他们的"职业获得感"不仅影响着教师个体的身心健康和工作积极性,也影响着幼儿的健康成长和幼儿园的教育质量乃至整个教师队伍的建设,可以说关注幼儿园教师"职业获得感"的问题,顺应了社会发展需要,对促进整个幼儿园教师队伍建设的健康有序发展是非常关键与必要的。

(三)幼儿教师领域研究需要

20 世纪 90 年代早期,关于幼儿教师的研究虽然在揭示社会期望和规范方面有所贡献,但相对忽略了教师个体的独特性和内在动机。随着研究范式的演变,对于幼儿教师研究的关注逐渐从表面向深层次拓展,为更全面深入地理解教师的工作提供了更为有益的视角。教师数量的增加并未完全解决教师质量不高的问题,解决该问题的关键在于建设一个素质高、获得感强的队伍。在这一现状下,社会迫切需要建立一个高质量的教师团队,呼吁着对教师团队建设的重视,研究者在其中扮演着关键角色。幼儿教师的职业获得感不仅与个体幸福感有关,还与学前教育质量和队伍建设紧密相连。获得感不仅是一种评价标准,更是影响教师工作状态和生活幸福感的关键因素。良好获得感积极影响着教师工作态度和行为,对整体教育质量产生积极作用。因此,在当前强调幼儿教师专业发展、促进师资队伍建设、提升教师专业素质的大背景下,研究如何提升幼儿教师的获得感显得尤为关键。

面对新时代的要求、学前教育事业的不断演进趋势,以及对幼儿教师专业化发展的紧迫需求,研究者强调,我们需要全面考虑并审视影响幼儿教师获得感的影响因素,以及这些因素之间的相互关系。这不仅是理论层面的思考,更是为未来学前教育事业提供战略性方向和实际操作指引的迫切需要。

第二节　问题提出与研究构想

一、问题提出

教师是教育领域是不可或缺的专业力量,在党和国家的政策和制度支持下,发挥着促进我国教育发展的至关重要的作用。然而,当前幼儿园教师的职业获得感方面存在一些需要改进的问题,这是提高他们职业满意度需要解决的重要任务,需要通过全面的政策和体制改革来解决这一挑战。社会对教育者价值的认知不足,幼儿教师的薪酬体系不公正、不合理,其应得到的社会和经济回报也与付出不对等。这使得幼儿教师人员流动和流失,不仅给教育体系带来不稳定因素,更对幼儿园整体的教学质量和服务水平构成了挑战。此外,幼儿教师肩负着培养下一代的重要任务,但这一职责并没有在社会层面得到足够的尊重和重视。传统观念、"以钱论人"和对"保姆"职业的偏见导致社会对幼儿教师的认可度较低,影响了对幼儿教师工作价值的正确认知,也影响了他们在社会中的地位。这种情况加深了幼儿教师的失落感,也使一些有志于从事幼教事业的人望而却步。幼儿教师在培养幼儿的认知、情感和社交能力方面扮演着不可替代的角色,对幼儿发展产生深远的影响。尽管政府对教育的投资逐渐增加,幼儿教师的物质获得感有所改善,幼儿教师职业的精神支持和认可仍需要加强。维护幼儿教师的职业获得感需要全社会共同努力,不仅要提高物质待遇,更要倡导尊重和理解,使他们在职业道路上感受到更多的支持和鼓励。这有助于构建一个更加稳定、充实的学前教育团队。

近年来,研究者对教师的职业获得感的探讨日益增多。然而,学界对于幼儿园教师这一特殊群体的职业获得感研究还未得到足够的关注,需要深入挖掘他们在教育事业中的独特感受。当前已有的研究成果相对有限,整体而言,幼儿园教师职业获得感研究还存在许多待解的问题。

在研究对象方面,现有研究主要以一般民众和进城务工群体为研究对象,缺乏对某一职业群体,尤其是针对幼儿教师群体的获得感的研究;在内涵界定方面,学者界定不一,尚未对幼儿教师获得感进行专门界定。与此同时,鲜有揭示与此本质内涵相关联的维度结构的研究;在测量工具方面,由于当前研究工具不仅缺乏一定理论基础,也存在研究群体不足等问题,就使得现有测评工具难以对幼儿教师获得感进行有效测评。在研究方法方面,现有研究主要是理论思辨和问卷调查法,缺乏实验法的运用,很难揭示获得感形成的心理实质。在影响因素研究方面,当前的影响因素研究更多是从宏观社会层面进行一些观点的罗列,致使很难实现有效地利用影响因素来提升获得感。因此,未来幼儿教师获得感的影响因素研究既要考虑影响宏观的社会因素,更要考虑背后可操作的微观心理因素。在培养方面,鲜有对幼儿教师获得感培养的研究。某种程度上,幼儿教师获得感的培养是以对其获得感的测量为基础,由于目前测量工具的局限,使得当前难以对幼儿教师获得感进行有效培养。今后研究需要从概念的厘清、内容的深化和研究方法、测量工具的创新等方面逐渐弥补上述缺憾。

基于上述研究背景,笔者认为,极有必要在《关于全面深化新时代教师队伍建设改革的意见》提出的"尊师重教"这一战略主题背景下,从深入优化幼儿教师队伍和大力培养幼儿教师获得感实际需要出发,从理论探索和实证研究结合的角度,积极探索幼儿教师获得感的形成机制,为切实提升幼儿教师获得感、促进幼儿教师队伍发展提供科学依据。

二、研究构想

(一)研究目标

在建构幼儿教师获得感内涵和结构的基础上,确立幼儿教师获得感的测评指标,编制幼儿教师获得感测评问卷,实施大样本调查,从而揭示我国幼儿教师获得感的现状,探讨幼儿教师获得感和其他因素之间的关系,探究具有不同获得感的幼儿教师在行为和心理方面的差异,从而揭示幼儿教师获得感的形成机制,提出相应的教育对策,为幼儿教师获得感的培养与干预提供实证依据。

(二)研究内容

1. 构建幼儿教师获得感的理论框架

回顾与前瞻国内外获得感及相关概念的研究,解析幼儿教师获得感的构成要素,从社会认同、心理认知、心理情感和心理行为等层面综合剖析其内涵和结构,为其评价指标体系的确立奠定理论基础。

2. 确立幼儿教师获得感的测评指标体系

梳理当前幼儿教师获得感评价指标研究的缺失并论证其应然价值。通过文献分析法、访谈法、扎根研究法等研究方法初步确立幼儿教师获得感的评价指标,并通过项目分析、探索性因子分析和验证性因子分析等方法检验评价指标体系的结构效度,建立幼儿教师获得感测评指标体系的结构模型,形成《幼儿教师获得感测评指标量表》。

3. 揭示幼儿教师获得感的现状

根据园所性质、合同类型、是否在编等变量,在全国范围内进行跨区域的大规模幼儿教师获得感调查,揭示当前我国幼儿教师获得感的现状,为幼儿教师获得感的有效培养提供依据。

4. 探索幼儿教师获得感的影响因素

在理论建构的基础上,从现实生活、理论推演中收集相关材料,并通过访谈及开放式问卷等方式获取相关信息,编制符合心理测量学标准的《幼儿教师获得感影响因素问卷》,并采用该问卷进行大规模的调查,了解幼儿教师获得感影响因素,为幼儿教师获得感形成机制的探讨奠定基础。

5. 构建幼儿教师获得感的形成机制

根据已有研究,本课题将主要探讨人口学变量(性别、工龄等)、社会变量(公办、民办等)、个体心理因素(自尊、归因风格等)和幼儿教师获得感之间的关系,运用调查法、实验法和多层线性方法(HLM)等多种方法,构建幼儿教师获得感的形成机制。

6. 探讨幼儿教师获得感的培养路径

从社会层面和个体心理层面,针对幼儿教师获得感的现状和形成机制,提出具有针对性的培养策略,并运用移情训练和团体辅导等方法对幼儿教师获得感的培养进行实验研究,进一步验证幼儿教师获得感培养策略的有效性。

(三)研究假设

(1)心理学是进行幼儿教师获得感微观研究的有效工具,它与宏观的教育学学科结合,可以更好把握和解决幼儿教师获得感测评指标及形成机制构建过程中遇到的各种问题。

(2)幼儿教师获得感的测评指标体系研究是幼儿教师获得感研究的重要组成部分,是幼儿教师获得感研究从宏观走向微观,从质性走向量化,从模糊走向清晰的必由之路。

(3)幼儿教师获得感是一个多维度、多层面的结构,幼儿教师获得感水平的不同反映在生理、心理层面上具有不同的特点。

(4)幼儿教师获得感的形成和培养是可以通过心理实验法来实现和验证的。

(四)研究方法

1. 文献研究法

本研究采用文献梳理的方法归纳总结国内外有关获得感和与之相关的成就感、幸福感及生活满意度等最新的研究成果,从而为幼儿教师获得感的评价指标体系研究提供丰富多样的素材。

2. 理论思辨法

本研究注重理论的支撑和建构，即在前人研究基础上，对幼儿教师获得感测评指标体系构建的背景与涉及的理论基础进行系统的理论阐释，从而为测评指标的构建提供科学的理论依据。

3. 扎根理论法

本研究充分应用扎根理论研究方法，从实际的生活经验出发，深入了解教师获得感的来源，从中归纳出宝贵经验，然后应用于理论建构和量表编制等方面。

4. 访谈法

访谈法作为本研究中的主要工具，旨在引导受访者在访谈中分享他们职业生涯中的关键经历、看法以及实际感受，以便更好地捕捉到他们对职业获得感的多维度认知。笔者设计整理《幼儿园教师职业获得感访谈提纲》，采用"半结构化"的一对一访谈方式，深入挖掘受访者的思想和情感层面，使研究能够更贴近实际、更具体化，让他们能够在宽泛的主题范围内表达自己的想法。

5. 问卷调查法

本研究通过组织集体座谈、个别访谈、开放式问卷调查等方式了解我国教师获得感的现状特点，结合前期的理论研究，从而编制符合测量学标准的《幼儿教师获得感问卷》。

三、研究价值

1. 学术价值

（1）本课题从心理学视角探究幼儿教师获得感的内涵与维度结构，有助于丰富获得感的理论研究。

（2）本课题通过大规模调查确立幼儿教师获得感的测评指标，有助于提高幼儿教师获得感评价研究的科学水平。

（3）本课题综合运用多种研究手段对幼儿教师获得感进行探讨，可丰富获得感的研究方法和手段，从而在人类复杂行为研究方面做出积极探索。

2. 应用价值

（1）幼儿教师获得感测评指标体系的研究，有助于政府了解和实现教师对美好生活向往的期望。

（2）幼儿教师获得感现状及影响因素的研究，有利于了解幼儿教师获得感状况，让幼儿教师及时共享更多发展成果。

（3）幼儿教师获得感培养的研究，有利于建设稳定、充满活力的教师队伍，保持幼儿教师工作的热情和活力。

（4）研究为教育职能部门提供了现实依据和参考。幼儿教师获得感的提升有利于提高他们对学前教育事业的责任感，从而为提升整体教育水平奠定坚实基础。在深入探索幼儿教师获得感结构和影响因素的基础上，本书提出了相应的对策，旨在为教育职能部门制定政策提供可行的借鉴和参考。

第二章

国内外获得感研究现状

"获得感"一词于 2015 年由习近平总书记提出。在党的十九大报告中,"获得感"这一概念更被列为"民生三感"之首,报告明确指出,"使人民获得感、幸福感、安全感更加充实、更有保障、更可持续"。十九届五中全会再次突出强调要增强和提升人民群众的获得感,会议明确指出要建立健全的基本公共服务体系和完备的社会治理制度,积极推动实现全体人民的共同富裕目标。持续不断提升人民群众的获得感、幸福感和安全感,以促进个体的全面发展,推动社会实现全面进步。由此足可见得以习近平总书记为核心的党中央对人民群众获得感给予了高度重视。

第一节　获得感概念的提出

近些年来,获得感逐渐成为社会关注的热点,同时,这一主题也成为经济学、管理学、政治学、心理学等多个学科领域的前沿研究议题。截至目前,以"获得感"为主题在中国知网进行检索,共发现研究论文 5 288 篇,其中学位论文共 1 216 篇、会议论文 112 篇、报纸文献 2 306 篇。根据时间脉络可以发现学者们对"获得感"的研究大致可以分为三个阶段:

一、酝酿发展期

2015 年"获得感"一词提出之前,已具备了提出获得感的社会条件及理论酝酿,但是概念和内涵尚未明晰。当时社会的主要矛盾已经转化为人民日益增长的美好生活需要与不平衡不充分的发展之间的矛盾。在当时社会背景下,党和国家开始更为着重关注如何提升人民的幸福感和获得感,将这一问题置于治理和发展的核心议程之上,学术界对"获得感"一词开始研究。

二、起步发展期

2015 至 2017 年之间，"获得感"已被新一届中央领导集体多次提及，标志着中国治理理念的新风向，标志着党和国家对人民群众关切和需求的高度重视。引发了学界广泛的关注，呈现出日益增长的研究热度：相关文献从 2015 年的 281 篇快速增至 2017 年的 1 059 篇，可见其发展趋势开始上升。学术界也开始探讨获得感的内涵和结构。然而，此时有关获得感的研究大多借鉴了哲学、政治学等学科，马克思主义理论体系的理论框架，在此基础上学界对"获得感"的起源和历史必然性进行了系统的定性分析。

三、快速发展期

2017 年之后，习近平总书记在党的十九大报告中指出"要抓住人民最关心最直接最现实的利益问题，扭住突出民生难题，一件事情接着一件事情办，一年接着一年干，争取早见效，让人民群众有更多获得感、幸福感、安全感。"这一指导思想在推动各个领域迅速发展的同时，也在继续引发学界对获得感问题的深入研究和思考。获得感逐渐成为学术界的热点话题，促使学者们更深入地挖掘与获得感相关的问题，相关学术文献也因此快速增长。在当前阶段，获得感的研究主要借鉴了管理学和社会学的研究方法。研究者力图通过科学的手段全面而深入地了解获得感的本质，旨在揭示获得感在组织和个体层面的表现，为此提供了重要的参考。研究者们采用问卷调查、大数据等定量方法，努力深入探讨获得感的内涵、维度和实现路径，以更全面地理解获得感的构成要素，为社会提供有关提升幸福感和满意度的实证研究。这种实证主义的研究方法使得获得感的研究逐渐从纯粹的思辨过渡到更加系统和客观的实证研究。这一变化不仅拓宽了研究的广度和深度，同时也为更为精准地理解和解决获得感问题提供了更为切实可行的方法。

获得感正在成为热点话题，然而，获得感作为一个在中国现实语境中崭露头角的新术语，其学术研究目前尚未达到成熟和健全的水平。学界需要更深入地发掘获得感的概念内涵，明晰其多维度的特征，并发展出更为准确的测量指标。同时，对获得感的影响因素及提升路径进行更为全面和深入的研究，有助于建立起更为完整的理论框架。国外相关研究更是匮乏。目前学界对获得感的系统研究较少，且不充分，主要表现为：研究内容较为单一；研究对象较为宽泛；研究方法多为定性分析；研究的理论基础较为薄弱；研究缺乏多学科视角。

第二节　国内获得感研究

一、获得感的内涵

（一）获得感的词义解析

从构词法的角度来看，"获得感"由"获得"和"感"两个实词组合而成。在这一构造中，"获得"最初指捕获禽兽、收获庄稼，后来词义逐渐扩展为取得（常用于具体事物）以及得到（常用于抽象事物）。因此，"获得"一词不仅限于物质层面的取得，也包括了更广泛的感知和体验，既涵盖了对物质财富、实际成就等具体物质、可见事物的获取，同时也包括了情感满足、内在成就感、精神愉悦等对抽象、精神、不可见事物的获取。[①] "感"，所涉及的是人的主观思想和内在情感，是客观事物通过感觉器官在人脑中的直接反映，常常用于与感想、感受、情感等词一起使用。简而言之，"感"是一种由外界刺激引起的心理和情感上的激动或反应，正如《说文解字》所定义的"动人心也"。张品（2016）在解析获得感时也指出"获得感"是一个复合词，"获得"为显性，是看得见的物质收获；"感"为隐性，是看不见的精神得到。[②]《现代汉语词典》（第7版）对"获得"的解释为：得到、取得；"感"的解释为：感觉、情绪、情感、感想。二者合一，即为"获取某种客观利益后所产生的主观感受"；二者分开，"获得"是外在实际成果的获取，包括物质、社会地位等方面的取得，而"感"则是对这些获得的主观感受和情感体验，二者既是因果递进关系，更是在心理层面上的相互关联和影响，即"获而得之，然后有感而发"。实实在在的"获得"是幸福感和满足感等主观感觉的基础，是个体对于生活深层次体验的积极回应。

"获得感"的英文表达为"sense of gain"，《牛津英语词典》将"sense"解释为人对某种对象的理解、认识、评价和反应的能力，"gain"解释为得到或赢得一些东西，尤其是人需要或想要的东西。这些事物往往是积极的、有益的，能够在一定时期后带来好处。

（二）获得感的涵义界定

获得感这一新兴术语具备着丰富的时代内涵，随着社会的不断变迁和发展，获得感

[①] 庞文.教育获得感的理论内涵、结构模型与生成机理[J].当代教育科学,2020(8):9-15.

[②] 张品."获得感"的理论内涵及当代价值[J].河南理工大学学报(社会科学版),2016,17(4):402-407.

已然成为人们对于生活体验和幸福感的独特表达。目前关于获得感的界定比较复杂多样,可谓"仁者见仁、智者见智"。学者们基于不同角度对获得感定义的见解各有不同。

曹现强和李烁(2017)认为必须紧密结合我国当前的国情,从民生和发展的视角阐述获得感的内涵。获得感作为有中国特色的新词汇,其背后蕴含着深刻的社会意义。在新时代全面深化改革和共享发展的大背景下,需要以中国式的视角来审视其独特价值。"获得感"一词最早在中央全面深化改革领导小组第十次会议上提出,深刻反映了中国共产党对于国家发展方向的清晰把握,以及在面对繁复的社会变革和全球挑战时,始终保持稳健而有力姿态的生动写照,表明国家治理体系正不断创新和完善①。将发展视为前提,充分保障人民的政治权益的"获得感",构建更加公平公正的社会结构,使得每个人都能够在社会发展的进程中切实感受到获得感的显著提升。因此党将获得感的涵义界定分为"客观获得"和"主观获得"两部分。在审视"客观获得"时,不仅要考虑已经获得的实际利益的"获得感",还需强调这种"获得"不是短暂和有限的,而是可持续的、能够在未来不断发展的,形成一个更为全面和持久的感知体系;在思考"主观感觉"时,构建的获得感应当是对客观获得的真实反映,而不是虚构的或脱离实际的想象。获得感比起幸福感这种心理体验,更为关注"实际利益",其中包括物质财富、职业成就、社会地位等方面的实际增益。同时,获得感不仅涉及对自身取得的成就和好处等"绝对获得"的感知,还受到周围环境和他人相比产生的"相对获得感"的影响。因此,获得感蕴含两方面的显著特征:一是必须确保社会的公平和公正;二是需要具有包容性,能够涵盖社会内各个群体。这暗示,获得感并非个体的独有体验,而是整个社会共同感知的产物。特别需要强调的是,对于那些处于弱势、相对边缘的群体而言,获得感尤为至关重要,它应该具备包容、公平和公正的特质,以确保社会发展的成果能够公平地惠及每一个个体,尤其是那些面临不平等和处于困境的人们。在全球范围内,获得感的理解和体验在不同文化和社会环境中可能呈现出多样性。

张品(2016)对获得感进行了社会认知层面的界定,主张获得感包含了具体的物质层面和抽象的精神层面的"获取"。在他的理论中,获得感的实质在于"获取",而这种"获取"则是一种真切的、实际的得到。因此,获得感不仅具有时效性,更蕴含着对于生活中实际获得的长远认知,是一种可持续、稳固的情感体验。他认为,当前我们所强调的获得感主要指的是人民群众共享改革开放的成果,即"以人为本、求真务实"的获得感,实实在在地解决人们关心的问题,创造更加公平、有温度的社会,强调的是人民群众

---

① 吉木拉衣,李涛.内涵、指标与路径:人民获得感的研究述评与展望[J].中共郑州市委党校学报,2020(4):49-53.

在现实生活中体会到实实在在的幸福体验。这不仅强调个人的社会价值,而且强调在贡献社会时的个人价值实现。

史鹏飞(2020)从社会心理学的视角对获得感进行定义,挖掘获得感的主客观交织关系。他将其描述为一种具有较强客观性的主观感知。社会心理学认为,人类心理活动是基于生物基础在社会背景的综合作用下产生的。通过深度剖析,获得感的内涵是人民在物质和精神两个方面对自身分享改革成果的评价和感受:"获"是社会整体在推动变革中的共同努力和进程;"得"是实现现实生活的真实获益;"感"是人们对于客观感知的情感体验。因此,获得感本身彰显着人文社会科学取向,因为它兼具了客观性和主观性,可以用来衡量改革成效。

基于积极心理学的观点,彭文波(2015)等学者认为获得感是个体的主观体验。获得感作为一种主观感知,通常伴随着实际获益的到来,即当个人获得某种实实在在的好处时,个体会感受到一种积极情绪的满足体验。这些积极情绪的体验并非来自虚构或臆想,而是人们在实际生活中感受到的喜悦和满足。此外,宋洪波等学者对于"获得感"的解释更趋向于将其定义为与自身实际发展状况密切相关的随着个体境况的变化而动态演进的过程中所产生的积极心理体验。在这个理论框架下,辛秀芹(2016)强调获得感与需求的紧密关系,更关注成果所引发的在个体生理和心理上的积极表现,是一个涉及实际获得和心理感受的双向体验。这种视角下的内涵界定,偏重于主观上的获得之后的感受,是更注重实实在在的获得相伴随的情绪体验。这一观点与《新华字典》对获得感的释义相近,但对于客观获得的范围和划分存在不同理解:在具体的实践中,我们发现对于客观获得的理解需要更为细致入微,包括了物质和精神两个层面的具体实践,包括获取良好的教育条件、享受高水平的医疗服务、追求法治和正义等与民生息息相关的问题,以及形成对于稳定工作、健全公共服务的预期。因此,获得感的本质远不止于对客观现实的感知,还包含了主观情感的投射。李莹(2022)认为物质获得构成了获得感的基本内涵,个体在感受到幸福和满足时,通常需要通过物质层面的实际收益来支撑,而获得感的建立不仅是对于物质获得的数量级别的追求,更是对于质量层次的追求。陈云松、张翼和贺光烨(2020)则将获得感定义为在一定时间框架内群众对于获得实实在在的物质、健康或精神福祉的主观心理体验。他们强调获得感不仅关联着个体的实际获得,而且受到经济社会因素的影响,同时也具有强烈的比较性和时效性,表明获得感多维度表征需要综合考量个体在不同层面的心理体验。

基于社会比较视角,王浦劬和季程远(2018)提出对获得感进行划分的新思路,这一创新性的分类不仅丰富了对获得感的理解,还使得其在个体心理体验中的具体表现更加清晰:从空间维度来看,获得感包括了"横向获得感"和"纵向获得感"两个维度。前者关注个体对于当前时刻自身与他人之间的相对收益的感知,后者更侧重于个体对过去、现在和未来个人利益获得的比较,呈现动态和演变的特征。该理论使得获得感在不同空间维度和时间尺度上都具有更为细致和全面的表现。王浦劬和季程远进一步强调获得感的主观性和相对性,认为获得感的形成并非简单地取决于是否绝对获得,更关键的是个体如何主观地感知自身相对于过去和未来的获得状况。文宏等(2018)认为获得感是建立在实际现实获得基础上形成的主观感受,即个体在社会环境中所形成的特定社会感知。这种感知与社会发展密切相关,即人们对于社会的感知和对美好生活的追求在很大程度上受到社会发展的影响,特别是社会发展的不均衡性和不充分性会引发个体对于其处境的不满与冲突。这一概念强调了人们对社会现象和个体处境的主观评价对于获得感的重要性。

还有学者在研究中考虑了获得感的多样性,从特殊研究视角界定获得感,对不同领域和对象的体验和意义进行了具体而细致的探讨,包括农民获得感、学生获得感、教师获得感、公共服务获得感、就业获得感等。

上述文献表明,学界对获得感概念界定基本上倾向为:个体对于获得的主观感知。一般认为,获得感包括客观层面的获得和主观层面的感受两个维度。其中,客观层面的获得感涵盖了物质利益和精神利益,"获得"的客观来源主要包括思想政治教育、社会改革、公共服务等;与此相关联的主观感受包括收获感、满足感、成就感和幸福感。对于"感"的性质的研究旨在揭示个体对于"获得"的主观感受。有些学者偏重于研究后者,如丁元竹(2016)提出获得感是个体在实际获得了某种实物或体验后产生的主观心理感受,这种感受受到个体对于获得事实的客观认知的影响。李志启(2015)认同获得感是一种基于获得而产生的主观的心理感受。辛秀芹(2017)将获得感界定为人们基于对实际获得的主观评价,个体产生了满足和幸福等积极的心理感受。大多数人都认可获得感要兼具客观获得和主观感知。文宏(2018)认为人民获得感的体现不仅局限于物质领域中的拥有和享受,同样在精神层面上体现出强烈的满足感。杨兴坤和张晓梅(2015)也强调获得感是建立在"获得"实惠基础上产生的心理感受与满足,涵盖了客观物质和主观精神的获得。

然而,目前学界对于获得感的理解存在争议,在理解获得感的本质和特性方面存在不同的观点和研究取向,对于获得感是一种心理状态还是一种心理感受尚未达成一致,反映了学界对于获得感本质的深入思考。一种观点认为,获得感是一个复合性的心理状态,即个体在积极有效地运用现有条件和资源的过程中,通过自身努力去满足实际需求、达成预期目标的一种心理状态。这一复合状态包括了需求的认知与满足、预期目标的设定与实现、个体为达成目标所付出的努力,以及最终的体验感受等多方面因素的综合。这一心理状态涵盖了认知、情绪、行为倾向等多个维度,形成了一个综合而动态的心理体验①②。其中动态生成观认为获得感是一个不断变化和发展的心理状态,强调获得感形成过程的动态性。另一种观点则更侧重于获得感的结果和感受,将获得感定义为个人在实际获得物质和精神利益后的心理体验,包括参与感、成就感、满足感、受益感和幸福感等③。但其实质上是一种静态描述观,注重对获得感的各个方面进行静态的刻画,着眼于其构成成分的理解而较少涉及其在个体心理中的动态变化和发展过程。

通过对获得感内涵的综合分析,可以得出结论,获得感不局限于单一的维度,而是涵盖了更为广泛的层面。获得感作为一种综合性体验,既包括了对物质层面的"客观获得"与"物质获得感",也涉及了对非物质层面的"主观获得"与"精神获得感"。它指的是个体或群体在物质或非物质层面取得的成果,反映了人类对于成功和满足的体验的多层次性和深刻性。其认为先满足了需要,进而产生积极、正向的主观感受和内在领悟。获得感超越了简单的满足感,更是一种丰富多彩的心理体验,包括了愉悦感、幸福感、成就感等多层次的情感体验。

(三) 获得感的本质特征

综合来看,前文深刻分析了获得感的词义,获得感具有三个核心特征,即客观性、主观性和积极性,这三者构成了获得感的全面特质。首先,客观性强调了获得感的实际基础,即来自实际取得的实实在在的成果。当前,追求当下实效的获取已经成为时代的显著特征,客观效益逐渐成为评价个体在各领域发展中的重要指标。客观性是一个多维度的概念,不仅包括物质上的获得,还包括多元体验,如政治权利、公平和正义等抽象权利的获得,以及通过社会比较逐步获得这些权益。客观性反映了个体在需求得到满足后所经历的积极体验,即实实在在的拥有状态、发展水平和满足程度,体现为潜在收益、整体收益和预期收益。主观性特征涉及个体对于所获得事物的内在化处理,进而经历心理状态的变化、对经验的评价和最终的判断,其形成机制强调了从"获得"到"获得感"的心理变化过程,个体将外部获得转化为内在的心理感知和体验。客观的获得和增量并不仅受到外部事物本身的影响,更是在个体主观认知的基础上形成的,即取决于个体主观认知的加工、评价和判断。这种主观认知可能是有意识的思考和判断,也可能是无意识的情感和直觉,而不同人群对同一事物的获得则会凸显获得感的相对性和多样性。

① 吕小康,黄妍.如何测量"获得感"? ——以中国社会状况综合调查(CSS)数据为例[J].西北师大学报(社会科学版),2018(5):46-52.
② 曾维伦."将改革进行到底"笔谈之五 切实增强人民的获得感[J].重庆社会科学,2017(8):14-15.
③ 杨伟荣,张方玉."获得感"的价值彰显[J].重庆社会科学,2016(11):69-74.

积极性特征体现了个体在实现目标和满足需求后所经历的愉悦和正面体验,强调了获得感所带来的积极心理状态,包括但不限于拥有感、参与感、满足感、幸福感、受益感、成就感和成长感等元素。

(四)获得感与幸福感的区分

我党所提出的"获得感"概念源于人类社会发展规律,具有鲜明的中国特色,其核心目标在于通过共享社会成果,使人民在社会发展中切实体验到实际的改善。在国际层面,尚未发现直接对应的专有名词和理论体系。不同文化背景下,关于个体"幸福感"和"满意度"的评估常常受到社会和文化的影响,而在西方社会,这两个概念通常被用来评估人们的物质条件、生活质量以及福利状况。通过深入分析和对比两者,发现它们在某些方面存在相似之处,同时也存在一些实质性特征上的差异。透过对这些异同的清晰理解,有助于更深入地领会获得感概念的内涵及其在社会发展中的独特作用。

获得感和幸福感作为心理学领域的两个重要概念,在内涵和外延上呈现出一定的异同,主要体现在概念、主体性和积极性等维度特征上。首先,我们强调无论是获得感还是幸福感,在构念上都是包含多个维度的高阶概念,多维度特性使得获得感和幸福感更具全面性,更能够综合反映个体在不同层面上的感受和体验。吕小康和黄妍(2018)以及杨金龙和张士海(2019)提出了不同的视角,为我们更全面地理解这两个概念提供了丰富的观点。吕小康和黄妍(2018)认为获得感是一个多维度的概念,包括了社会公正感、社会安全感、政府满意度和职业憧憬等维度。杨金龙和张士海(2019)则提出获得感是一个二阶构念,其形成涵盖了政治、经济、文化、心理和社会等多个领域。与此同时,幸福感被视为这一二阶构念的子维度,构建了一个更为复杂的二阶结构,包括生活满意度、积极情绪、意义评价等,使幸福感成为一个更为细致和全面的概念。其次,获得感和幸福感这两个概念在强调主观性特征方面存在共通之处。获得感的形成是一个主观性的过程,受到个体对自身状况和社会比较的主观认知和评价的影响。这意味着个体对于所获得的经济、社会、文化等方面的成果会根据个人的价值观、经历和期望产生主观的感知和评价。相对而言,幸福感更加强调个体的主观情感状态、内在满足感以及对生活整体的主观评价在构建幸福感方面发挥关键作用,如古语"宠辱不惊,闲看庭前花开花落,去留无意,漫随天外云卷云舒"的深刻之处在于通过凝练而富有意象的语言,表达了个体心境的主观体验,传递了一种超越世俗纷扰、看破红尘的心灵境界。最后,获得感和幸福感两个概念共同强调积极性特征,然而,在具体表现和研究层次上存在一系列差异。获得感注重个体正面积极的心理感受,强调在实际生活中的获得过程中所产生的积极心态。与此不同,幸福感更为深入地涉及神学、哲学等领域对于终极生活追求的讨论,超越了简单的情感层面,关注了对于人生意义、存在价值的深刻思考。在具体研究方面,获得感和幸福感在多个层面上存在异质性和复杂性,即在情感维度、具体化程度、前因因素侧重、供给与需求关系侧重以及研究层次上都存在显著差异。第一,在情感维度上,获得感和幸福感展现出不同的特征。获得感更侧重于获得和非获得感的对比,情感体验在这里呈现出鲜明的对立。相比之下,幸福感则更重视积极情绪和消极情感的相对独立性,这两者可以同时存在而不相互排斥,个体在体验喜悦时并不一定伴随着缺少消极情感。第二,在具化程度上,获得感和幸福感呈现出明显的差异。获得感更为具体,更强调客观世界与主体体验的紧密连接。获得感的具体性体现在它直接关注个体在日常生活中的各个领域中所取得的实际成果,例如经济状况的改善、社会地位的提升等。这种具体性使得获得感更具实际可感知性,更容易引起个体情感的共鸣。相反,幸福感更强调个体对总体状况的总结性评估,倾向于对个体整体生活质量的抽象认知,而非单一领域的具体获得。第三,在前因因素侧重方面,获得感概念更为具体,更贴近我国改革成果,强调社会供给对于个体获得感的塑造作用,这种具体性使其更容易与我国改革开放的具体实践相契合,从而更为贴近民生、贴近社会现实。相对而言,幸福感概念长期根植于西方个人主义文化情境,注重个体主观感受和内在体验的特质,以及个体在小范围社会组织中的角色和互动对于幸福感的影响。

史鹏飞(2020)认为,获得感与幸福感不是可以相互替代的概念,是两个涵义不同的术语。安全感、满足感和获得感构成了幸福感的复杂网络,兼具个人客观体验和主观感受,反映了个体在生活中多层次的情感体验。这些体验既依赖于内在的情感需求,也受制于外部环境的影响。幸福感和获得感在衡量上的差异导致获得感注重实实在在的客观获得,而幸福感则更加强调个体的主观感受,因而获得感的衡量会更为客观、更加科学。郑凤田(2011)等人也持相似的观点,指出获得感是一种真实的"得到"。在社会发展的评估中,获得感作为一个全面而具有实际指导意义的标准,有助于更全面地了解社会成果对于个体幸福感的影响。

还有一些学者从逻辑层面分析对比了获得感与幸福感,认为获得感是幸福感的基础。徐斌(2017)认为获得感、幸福感、安全感这三感不仅是生活中的单一体验,而是构成了个体生活感受的基本维度,反映了人们对于自身生命经验的深刻认知。获得感是植根于个人劳动与收获之间关系的心理体验;幸福感是个体在实现自身愿望和期待、需求得到满足后所感受到的积极情绪情感体验;安全感是人们对于自身和周遭环境保持信心和乐观态度的一种稳定和安定感。三者之间具有某些共性,这三种感受都是主客观满足的表征,可通过具体的指标或测量工具进行量化评估以更精确地了解个体的主观体验。最终这三感也能够通过改善客观条件得到提高,形成一种良性循环。三者之间的本质联系如下:获得感是令人愉悦的低水平主观感觉；安全感是个体感到舒适、可靠，并受到外部条件和环境的保证的一种高水平的主观体验；幸福感则是基于获得和安全的最高水平的满足。因此在他看来，获得感和幸福感是个人主观感受的两个层面，它们都会因条件的优化而增强。这种满足感不仅来源于客观的获得，也受主观期望的影响：当个体的期望符合或超过其实际获得时，他的获得感就会增强。获得感和幸福感有不同的层次，获得感可以说是幸福感的基石，是个人幸福体验的重要组成部分。获得感的结果相对具体，易于量化，而幸福感则更具包容性，范围更广。马振清和刘隆(2017)对获得感、幸福感、安全感之间的关系进行深入分析，并揭示了其中复杂微妙的逻辑关系：幸福感的提升并非仅取决于获得感的提升，获得感在一定程度上为幸福感的提升创造先决条件。因此，获得感与幸福感的关系如马斯洛需要层次理论中的不同需要层次，获得感隶属基础层次，幸福感是较高层次的需求。但这并不是说，幸福感会更高级或者更重要，相反，实际得到获得感并引起主观上的满足，对人的驱动力更大。张士海等(2017)指出，理解获得感与幸福感之间的关系时，可以将其看作是内在的互动：获得感为幸福感提供了实质性的有形元素，而幸福感则在更广泛、更深刻的层面上综合和体现了获得感的价值。三感构成了一个紧密相连的关系体系，彼此之间相辅相成，协同作用：获得感为实现幸福感和安全感提供了坚实的基础，而幸福感和安全感则呈现为对获得感的深刻回应，成为个体满足感的最终显现。

二、获得感的测量

(一) 获得感的维度

从目前的已有文献发现，国内对获得感内容或结构的分析已经取得了一些进展。研究者们对获得感的划分从二维到六维，大多数学者将其划分为三维或四维，具体如表2-1所列。王浦劬等(2018)以空间与时间维度为基准，将获得感区分为横向获得感和纵向获得感两个独立的部分。赵卫华(2018)从消费的角度出发，认为获得感包括绝对获得感和相对获得感两个维度。郑风田(2017)认为，获得感可分为物质层面与精神层面两个独立但相互关联的部分。具体而言，物质层面的获得包括了一系列关乎个体生活质量和实际需求的方面，如医疗、收入、教育、养老等；精神层面的获得则涵盖了更为抽象和主观的层面，包括尊严、公平、梦想与追求等。李辉婕等(2019)对政治获得感进行了详细的拆分和具体细分，通过区分政治参与获得感和正风反腐获得感帮助个体更深入了解在政治层面上的感知和体验。也有学者针对某一领域不断细化获得感的维度划分，如梁土坤在经济获得感的研究中不断深化。在经济获得感的分类上，梁土坤(2018,2019)不仅明确了宏观的二维划分：经济总体获得感和经济相对获得感，还明确了三维或以上更为具体和深入细致的分类；通过横向比较、总体评价、未来预期三个方面明确了相对获得感、总体获得感和预期获得感这三个主要维度。同时，考虑到农村低收入群体，学者细化了预期获得感、横向获得感、纵向获得感和总体获得感四个维度。文宏和刘志鹏（2018）将人民获得感分为政治获得感、经济获得感和民生获得感三个维度。虽然对具体指标的观测并不详细，但这种划分是对人们生活各个方面的综合考量。董瑛（2017）考虑的维度更为宽泛，包括了人们多方面的感知和体验，提出随着新形势下反腐倡廉建设的推进，获得感由社会获得感、精神获得感、经济获得感和政治获得感四个维度构成。阳义南（2018）和吴克昌（2019）结合不同层次的需求和满足，将民生获得感细分为四个维度，更全面地了解个体的生活感受。唐敏（2020）将大学生思想政治工作获得感分为政治素养、实践能力、辩证思维和价值观认同四个维度，更全面地评价大学生的教育成效。周海涛等（2016）通过对民办高校学生获得感进行调查，关注个体在学校生活中的综合感受，将获得感分为参与感、认同感、满足程度和成就感四个维度。通过编制量表和实证分析，谭旭运等（2020）细致、深入挖掘了获得感的不同方面，提出了获得感的五个维度：获得分享、获得途径、获得环境、获得体验和获得内容。瞿晓理（2018）的质性研究突显了教育获得感的多维度性质，认为随迁子女的教育获得感来源于五个方面，即教育的物质条件、教育的师资信息、教育的权益保障、教育的人际资源和对教育的诉求情感。庞文（2020）提出了学生教育获得感模型，为深入研究学生的教育体验提供了框架，他将学生的教育获得感划分为学习、心理、社会、身体和成长五个维度。何小芹等人关注了贫困群体特有的需求和满足，调查了贫困大学生的相对获得感现状：将贫困大学生的获得感划分为家庭基本情况、家庭经济条件、个体人际关系、教师的关怀、学校的支持和个人发展情况六个维度。王道阳等（2021）更全面地考虑了青少年在成长过程中的多样化需求，将青少年的获得感细分为财富获得、健康获得、学业获得、机会获得、满足感获得、认同感获得六个维度。原光（2018）引入关键绩效指标法，将基本公共服务的获得感解构为服务公平感、便利可及感、服务数量感、服务质量感、服务持续感和服务支持感，这种划分更加细致，更具有可操作性。综上所述，获得感的维度划分目前仍在不断发展，广义划分从获得感直接着手，进行维度划分，结果基本上都是两个维度，或从物质获得与精神获得两方面，或从纵向获得与横向获得两维度。狭义划分，通常是具体到某一特殊领域或者某类共同群体，维度也随着增多，具体从三维到六维。综合来看，国内关于获得感的研究主要集中在物质和精神两个方面，研究的主要对象涵盖了思想政治教育、大学生群体以及民生领域，形成了一个多元而具体的研究范畴。目前，对于获得感的维度构念研究方面存在不同的视角，虽然都强调了个体对于所获得实质或精神收益的主观感受的重要性，但在获得感的维度构念上尚未形成共识。

表 2-1　获得感的维度划分

维度划分	维度内容	作者及发表时间
二维	横向获得感、纵向获得感	王浦劬等,2018
	绝对获得感、相对获得感	赵卫华,2018
	物质层面、精神层面	郑风田,2017
	政治获得感:正风反腐获得感、政治参与获得感	李辉婕等,2019
	经济获得感:经济总体获得感、经济相对获得感	梁土坤,2018
三维	人民获得感:经济获得感、政治获得感、民生获得感	文宏,刘志鹏,2018
	思政课获得感:知识论层面、价值观层面、方法论层面	姚迎春等,2018
	农民获得感:土地获得感、利用获得感、收益获得感	杨璐璐等,2017
	经济获得感:相对获得感、总体获得感、预期获得感	梁土坤,2019
四维	政治获得感、经济获得感、精神获得感、社会获得感	董瑛,2017
	思政课获得感:个人价值观的认同、辩证思维的强化、政治素养的提高、实践能力的提升	唐敏,2020
	民办大学生获得感:满足程度、认同感、参与感、成就感	周海涛等,2016
	民生公共服务获得感:便利性、充足性、普惠性、均等性	阳义南,吴克昌,2018
	民生获得感:教育、医疗、养老、就业	吴克昌等,2018
	个人发展感、社会安全感、社会公正感、政府工作满意度	吕小康等,2018
	农村低收入群体经济获得感:总体获得感、纵向获得感、横向获得感、预期获得感	梁土坤,2019
五维	获得体验、获得环境、获得内容、获得途径、获得分享	谭旭运等,2020
	乡村教师职业获得感:职业体验、职业意义、职业成就、职业投入、职业关系	唐艳琼,2021
	学生的教育获得感:学习、心理、社会、身体、成长	庞文,2020
六维	贫困大学生获得感:家庭经济条件、家庭基本情况、教师的关怀、学校的支持、个体人际关系、个人发展情况	何小芹等,2017
	青少年的获得感:财富获得、健康获得、学业获得、机会获得、满足感获得、认同感获得	王道阳,2021
	基本公共服务获得感:服务数量感、服务质量感、便利可及感、服务公平感、服务持续、服务支持感	原光,曹现强,2018

资料来源:根据知网文献整理。

(二)获得感的测量方式

获得感在中国实践中生根发芽,是人们基于亲身经历获得的实际感受,其内涵跨足各层次、各方面及各领域,不仅包括了经济方面,还涉及政治、社会、文化、生态等多个维度。尽管获得感作为一个新兴的学术概念在中国受到了广泛的重视，但是对于获得感的具体测量指标和评价标准却尚未形成共识[①]，总结归纳主要包括以下两种：

1. 直接对社会公开数据进行拟合

第一，基于中国综合社会调查（Chinese General Social Survey，CGSS）。李烨（2019）通过"横向和纵向经济社会地位流动变量"来测量居民的物质获得感，通过"抑郁沮丧频繁度"来衡量居民精神获得感。王积超和闫威（2019）采用"总的来说，您觉得您的生活是否幸福"来测量居民的获得感。黄艳敏，张文娟和赵娟霞（2017）通过"您个人去年全年的总收入是多少""您认为自己目前的公平收入应该是每年多少元"和"总的来说，您认为您的生活是否幸福"等问题来测量个体的获得感。也有研究者（李辉婕，胡侦，陈洋庚，2019；李鹏，柏维春，2019；王恬，谭运发，付晓珊，2018）从政治获得感、经济获得感和民生获得感来反映获得感。杨金龙和张士海（2019）则从经济获得感、公共服务获得感等五个方面考察获得感。

第二，基于中国家庭追踪调查（China Family Panel Studies，CFPS）。吕小康和张子睿（2019）通过"过去两周内，您是否有身体不适""您是否找医生看过"及"您对看病场所的整体就医条件满意吗"等问题来测量医疗获得感。廖福崇（2020）从劳动就业、医疗卫生、住房保障和社会保障等5个层面来考虑民生获得感。马红鸽和席恒（2020）从主观幸福感、生活满意度及未来信心度来测量获得感。Wang等（2020）则通过对当地环境问题、贫富差距、就业问题等的严重程度评价来反映居民的获得感。

第三，基于中国城乡社会治理调查（China Social Governance Survey of Urban and Rural）。吴克昌和刘志鹏（2019）在获得感研究中采用了经济获得感、政治获得感和民生获得感这三个核心维度，为构建个体获得感的指标体系提供了清晰的框架。经济获得感是其中一个关键维度，评估时需考虑经济增长和整体状况，通过"宏观经济增长获得感"和"宏观经济状况获得感"这两个具体的衡量指标考察；政治获得感的构建主要通过"正风反腐获得感"来衡量，人们对于政府的廉政和反腐行动的看法和体验被看作是政治获得感的重要组成部分；民生获得感则包括教育、养老、医疗和就业等方面。文宏和刘志鹏（2018）对获得感进行了深入而全面的划分，认为其由政治获得感、经济获得感和民生获得感三大维度构成，为理解获得感的多层次性提供了清晰的框架。用政治参与获得感和政风反腐获得感两个具体维度体现政治获得感；用宏观个人经济获得感、经济获得感和分配公平获得感三个具体维度体现经济获得感；用生存保障获得感和发展

---

① 吉木拉衣，李涛. 内涵、指标与路径：人民获得感的研究述评与展望[J]. 中共郑州市委党校学报，2020（4）：49－53.

保障获得感两个具体维度体现民生获得感，为研究者提供了更为具体的测量指标。文宏（2020）认为政治获得感包括国家认同获得感、政风反腐获得感、有序政治参与获得感和无序政治参与获得感四个维度。

第四，基于中国社会状况调查（Chinese Social Survey，CSS）。如赵卫华（2018）通过"与过去 5 年相比您的生活水平有什么变化""未来 5 年中您的生活水平将会怎样变化"和"您认为自己的社会经济地位在本地大体属于哪个层次"来测量城乡居民的获得感。冯帅帅和罗教讲（2018）则采用"您是否同意'我已经得到了我在生活中想得到的重要东西'"来测量获得感。吕小康和黄妍（2018）从政府工作满意度、社会公正感、社会安全感、个人发展感维度测量获得感。

第五，基于中国统计年鉴。如李斌和张贵生（2018）从资源提供的充足性、资源获取的便利性以及对一系列公共服务的满意度等方面来测量公共服务获得感。程迪尔和刘国恩（2019）在测量民生获得感时，采用了公共服务设施、经济安全、社会治理、环境卫生和社会保障五个类别中的 21 个指标，为深入理解个体在社会生活中的感受提供了翔实而全面的信息。陈海玉、郭学静和刘庚常（2018）把经济生活、政治生活、文化生活、生态文明等 5 个维度作为主观获得感的潜变量。

第六，基于其他数据库拟合获得感。如王浦劬和季程远（2018，2019）基于 2004、2009、2014 年全国公民价值观调查，通过对比五年前和预期五年后与当前家庭经济状况等测量公众的纵向获得感①，通过对比亲戚等平均水平与自己生活水平测量横向获得感。聂伟（2019）选用 2014 年国家卫计委开展的"流动人口心理健康与社会融合"调查，通过"生活大多接近我的理想""生活条件很好"等 5 个题项测量获得感。王毅杰和丁白仁（2019）使用 2014 年全国流动人口动态监测调查数据，通过"我的生活在大多数方面都接近于我的理想""迄今为止，我在生活中已经得到了我想要得到的重要东西""假如生活可以重新再过一次的话，我基本上不会作任何改变"三道题进行测量，然后进行主成分分析得到总体获得感指数。梁土坤（2018，2019）采用 2016 年六省低收入群体经济状况调查的微观数据，通过对"目前家庭经济状况评价是什么""家庭经济地位的变化情况是什么""目前家庭的经济地位属于什么"和"未来家庭经济状况会改善吗"等问题测量总体获得感、纵向获得感、横向获得感和预期获得感。项军（2019）采用中国劳动力动态调查 2016 年的数据，通过"您认为您自己目前在哪个等级上""您认为在您 14 岁时，您的家庭处在哪个等级上"和"您认为您 5 年前在哪个等级上"来测量主观地位获得

---

① 王浦劬，季程远.我国经济发展不平衡与社会稳定之间矛盾的化解机制分析——基于人民纵向获得感的诠释［J］.政治学研究，2019（1）：63－76＋127.

感、代际向上流动获得感和代内向上流动获得感。唐有财和符平(2017)基于农村籍进城工作或创业人员调查,通过"当您遇到困难的时候,以下单位或组织对您的帮助程度如何"来测量获得感。

2. 自编获得感量表

刘宁等(2019)从幸福感、工作状况、教育资源获取等七个角度考察女性流动人口的获得感。邵雅利(2018)从参与度、吸引力、感染力、认知度以及认同度五个方面建构大学生思想政治课获得感。陈海华,李珊珊和赵丽(2018)则从就医体验、对医疗费用的认识、对基层医疗卫生建设的评价和就医行为倾向影响因素考察农村居民就医获得感。王俊秀和刘晓柳(2019)从良好的教育条件、稳定的工作、满意的收入等16个方面的重要性、当前获得程度和未来获得预期测量民众的获得感。谢治菊和兰英(2019)分别通过基层公务员对收入的评价和基层公务员对工作生活的满意程度以及幸福感来测量物质获得感和精神获得感。李涛、陶明浩和张竞(2019)自编了15个题项来测量人们获得感。李丹和张苗苗(2018)通过贫困人口对精准扶贫政策落实获得感、公平感,参与扶贫生产项目和参与技能培训的评价来反映其获得感。李丹等(2018)提出了一个包含物质、安全、能力、公平和尊严五个方面的获得感框架,强调了社会生活中多个方面对获得感的影响。分析村民获得感主要从权益保障感、利益获得感、期待满足感和政策公平感四个方面考虑(中共上海市青浦区委党校课题组,2016)。代景华(2018)提出了获得感的另一种维度划分:知识技能获得、自我成长获得、情感获得和物质获得,突出了情感和自我成长等心理维度的重要性。

综上所述,获得感的维度划分更多基于社会公开调查数据。董洪杰等人(2019)探讨了中国人获得感,并编制了标准化的测量工具,但幼儿教师作为一特殊群体,具有其所独有的特异性。因此,对幼儿教师获得感的进一步探索对学前教育的发展及其研究都是必要的。

三、获得感的影响因素

目前关于获得感影响因素的研究还不多,且大多研究属于思辨研究。获得感涉及领域宽泛,与社会经济发展的程度有关,也与人民群众获得的利益有关[①]。吕小康和黄妍(2018)认为,获得感中的客观获得与物质利益、经济利益、抽象的政治权利、公正公平等相关,主观感受又与收获感、满足感、成就感和幸福感相关联。由此可见,获得感的影响因素是非常多且庞杂的,学者们的研究也证实了这一点。目前的研究中,一是从宏观

---

① 汤丁.人民群众获得感的内涵辨析与提升策略[J].中国经贸导刊,2017(25):40-41.

层面考虑到获得感的影响因素,如社会文化、制度政策等,二是从微观角度探索具体领域内获得感的影响因素,如个人财富、身心健康、人际交往等。以下分别从这两个层面加以阐述。

(一) 宏观层面的影响因素

宏观层面上,社会发展、社会文化及制度的合理推行与实施会对民生发展类获得感产生重要影响。邵雅利(2019)在研究新时代人民主观获得感的影响因素中发现,宏观社会发展对获得感影响最大。邱伟国等(2019)发现农民获得感的形成受到多方面因素的影响,包括对社会重大问题的关切、乡村教育的提升和乡风文明建设。赵卫华(2018)提出不合理的制度是影响城乡居民获得感的因素之一,与此同时,不平等的机会和上升的困难也深刻地影响着个体的获得感。李丹等(2018)使用案例法对西南民族地区贫困人口的获得感进行调查研究发现,民族地区贫困人口获得感被民族习俗、区域文化特征及扶贫政策等因素影响。以上海几个古镇的发展为例,黄和平等进行了对乡村发展成效的获得感的实证研究,为理解乡村发展对居民获得感的影响提供了有力的证据。产业兴旺、生态宜居、有效治理和文明乡风等多个方面的因素共同塑造了居民在乡村中的主观感受。

(二) 微观层面的影响因素

微观层面的获得感的影响因素挖掘得更具体深入。王恬等(2018)发现民族、性别、年龄、教育程度、工作状况、健康情况、婚姻状况、子女数量等个人特征因素都对获得感有显著影响。还有部分学者在特定的研究领域内研究某一部分群体的获得感。曾维希等(2018)在城市新移民群体的获得感分析中发现,他们的城市获得感会受到进取心和人际主动性这种心理资本的正向影响。吕小康等(2020)发现中国居民的医疗获得感会受到医患信任、主观社会地位的积极影响。王道阳等(2021)在对青少年的获得感心理机制研究中发现了获得感与成长思维以及学校适应变量之间的关系。结果发现,青少年的获得感能显著预测其学校适应变量;成长思维在健康获得、学业获得、认同感获得与学校适应各变量关系中的部分中介作用显著。

近年来,研究者们越发关注大学生和教师的获得感,也做了相关研究。吕小亮等(2020)采用问卷法,调查了全国 55 所高校、16 000 余名本科生,试图探讨影响大学生思政课获得感的因素,发现教学组织与实施、教学内容与方法、教学互动形式与频率以及学生学习成效评价等因素对大学生选修思政课获得感有显著的积极影响。何小芹等(2017)研究发现,贫困大学生群体可能面临经济上的困境,但依然在非物质性和人际关系层面上能够感受到一定的支持和满足。而在这些因素中,学校支持对贫困大学生的获得感影响最为显著。钱晓国(2017)认为教师本身的专业知识与专业成长是影响当前教师获得感的重要因素;周亚芳和屈家安(2017)则认为物质上的获得感、声誉上的认同感、文化上的融合感和事业上的成就感对教师获得感有很大的影响。王璐瑶(2021)认为教师付出回报不对等、幼儿园安全问题及提供教师专业发展有限、家庭社会的不理解不信任都是影响幼儿教师获得感的重要因素。张展(2021)的研究中发现影响乡村中学教师获得感的因素众多,涵盖社会、政府、学校和个人层面。在社会方面,城乡经济发展不平衡导致存在差距,乡村缺乏尊师重道的氛围。政策执行力度不足,乡村教师培训模式僵化,荣誉制度形同虚设。学校层面也有待改进,管理制度尚需完善,分配方式缺乏公平。此外,个人因素也起到一定作用,包括教师专业提升意识不强、专业素养待提升,以及专业理想不够坚定。这四个方面的因素共同影响了乡村中学教师的获得感。

四、获得感的提升路径

提升人民群众的获得感,可以增强群众信心,也是时代背景赋予的使命。关于如何提升获得感,研究者也提出了建设性意见。以下从宏观和微观两个角度来整理这些路径。

(一)宏观层面的获得感提升

从宏观意义上来说,获得感是一种主观感受,基于个体对客观获得的评估。获得感包括物质和精神两个层面,其中物质层面涵盖了收入、医疗卫生、基础教育、就业质量、住房保障、社会保险、社会保障、城乡基础设施和文化体育等与民生相关的事项;而精神层面包括了个体有梦想、有追求、有尊严、积极向上,以及能够享受社会公平正义等方面[1][2]。所以,从宏观层面上来讲,要提升获得感,其一要促进经济发展、完善社会体系[3],其二要着眼于民生福利保障制度,促进公共服务事业发展。

彭薛琴(2021)提到新时代人民获得感的提升路径为不忘本来、毫不动摇地坚持和完善中国共产党的领导,加强和巩固人民群众获得感的执政基础是关键,抓住机遇,积极推动我国社会生产力的蓬勃发展,夯实增强人民群众获得感的物质基础,着眼未来,不断推进全面深化改革,制定切实可行的策略,巩固增强人民群众获得感。辛秀芹

---

① 阳义南.民生公共服务的国民"获得感":测量与解析——基于 MIMIC 模型的经验证据[J].公共行政评论,2018,11(5):117-137+189.

② 吉木拉衣,李涛.内涵、指标与路径:人民获得感的研究述评与展望[J].中共郑州市委党校学报,2020(4):49-53.

③ 王瑾.共享发展:让群众有更多的获得感[J].当代世界与社会主义,2016(2):37-43.

（2017）主张以充分发挥国家政策引领作用、完善基础设施和塑造农民健康休闲观念三个方面为切入点，以提升农民的获得感。栗智宽（2018）强调人民群众的获得感提升需要结合具体社会现实，与国家整体的繁荣和进步相一致，同时注重加强中国特色社会主义的公平公正，以构建更为公正和持续发展的社会体系。田旭明（2018）认为增强人民群众的获得感可以通过改善利益协调、资源分配和整合机制，加强制度法规的规范力和保障力。钱力等（2020）建议加强公共服务假设和政策机制保障的优化与整合。樊松延（2022）强调提升人民群众的获得感需要采用科学的方法，在关键领域集中力量大力发展。在社会发展中关注整体的公平正义，确保发展的成果能够更加均衡地惠及全体人民，从而提升整体的获得感。还有一些学者也提出从促进全民医保、精准扶贫脱贫、完善就业救助福利、创建法治社会、推动义务教育均衡发展等方式让人民更具获得感。史鹏飞（2020）指出可从加快经济社会发展、健全社会公平正义法治保障制度、加强社会心理引导要增强个人获得感，个人必须从自身奋斗做起，充分发挥主观能动性，通过辛勤劳动和努力创造价值。在自我实现和投身社会的过程中，一定要提高警惕，不能让改革的获得感被欲望式的剥夺感过度侵蚀。

（二）微观层面的获得感提升

从微观意义上来讲，首先，在提高人民的获得感方面，需要优先满足个体的客观生活需求，提供更好的社会服务和优越的教育条件，包括但不限于改善社区服务、加强高校基层工会建设、提升教师薪资待遇、满足职业教育需求等方面的努力。其次，在心理层面的满足感方面，应重视基层干部心态建设。为了创造积极向上的社会氛围，需要培养基层干部具备开放、理性、负责任的态度，以更好地引导社会情绪，如：积极正向评价低收入群体，强调其在社会建设中的贡献；注重个体认知评价和心理预期的建设，引导个体树立积极的人生态度；构建和维护心理契约，让个体感受到公平、正义和安全；充分发挥个人主观能动性等。

微观层面获得感的实现策略，可以基于个人不同视角视情况而定。如城市居民的获得感提升可以通过提高智慧城市建设，根据消费情况提高相对收入水平；贫困地区人民获得感提升可以通过提高政府公信力；农村低收入群体的获得感可以通过增加经济获得途径、改善婚姻状况、提高教育程度等来提升；幼儿教师的获得感提升可以通过增强幼儿教师自我认同、保障教师基本待遇需求、提供专业发展渠道并提高社会对幼儿教师的认可和信任等；乡村中学教师可以从全面保障乡村教师收入、开拓专业素质提升渠道、完善学校管理制度、激励教师实现自我认同、重振尊师重道社会氛围等方面提升获得感。除此之外，刘继青（2017）的观点强调在教育改革中坚持完善制度安排，优化政策过程,创新改革路径和模式,直接、实质性地回应人民的期望,确保人们能够感受到实实在在的改善,以逐步提高人民群众对教育改革的"获得感"。谢治菊(2019)在提高基层公务员的获得感方面提出了一系列建议,主张通过在薪资待遇、考核激励、职位晋升、容错纠错等方面制定并完善体制机制,创造更好的工作条件和发展机会,以实质性地提高基层公务员的工作体验和满意度,从而提高其获得感。关于提升大学生思政课获得感,张一(2018)提出从加强思政课教师队伍建设、教材建设、教学方法改革等方面着手;王自芳(2020)提出了一系列如创新教学方式、优化教学内容、丰富教学手段以及拓展教学空间等教学改革方式,为学生提供更为全面的成长和发展机会,以满足学生的成长发展需求和期望。

第三节　国外获得感研究

"获得感"的含义与客观获得和基于客观结果的主观感受密切相关。在我们的语境中,这一概念指的是人们享受社会经济发展成果的程度及其对这些成果的主观感受和满意度。它包含客观获得和主观感知两个有机结合的维度,包括物质和精神两个方面。曹现强(2017)指出获得感是一个源自中国本土文化的新概念,在中国特有的文化传统和时代背景下孕育而出,为中国在全球舞台上发挥独特作用提供了独特的语境和视角,而在国外理论与实践中尚不存在直接的概念对应。

获得感作为一个源自中国本土文化和社会发展的新概念,尚未在国际学术界形成明确的理论框架。然而,西方学者对于类似概念的研究侧重于诸如幸福感、主观生活质量等方面,聚焦于个体在社会环境中的感受和评价,建立了相对成熟的理论范式。追溯国外获得感的渊源,可以发现获得感作为一种心理状态,其理论实质融合了社会学和心理学的研究范畴。因此,就社会学和心理学的双重视角出发,对获得感和幸福感进行理论解释。

一、关于获得感的研究

国外心理学家虽然没有明确提出"获得感"这一概念,但在对人类需求的研究中,总结出一系列理论,其中两种主要观点影响深远。其一是赫尔的驱动理论,个体的行为受到内在的生物驱动力驱使,强调了人类的先天生理需求,如饮水、食物、排泄等。其二是默里的心理需求理论,注重个体的心理层面,包括对成就、社交和自我实现等方面的追求。随着研究的深入,学者们逐渐意识到不同的个体对需求的重视程度和追求方向可能存在差异，而这种多元性使得理解和满足个体的需求变得更为复杂。马克思曾指出："人的需要是人的本性"。从发展的角度由低到高的层次可以分为生存需求、发展需求和超越型需求。马斯洛的著名五大需求层次理论在这一分类中占据重要地位。其理论体系涵盖了从低层次的、与生存直接相关的物质需求，如食物、水源、住所等，逐步升至更高层次，涉及与个体精神和心理状态有关的需求，如人际关系、尊重和自我发展的愿望。国外学者在研究需求和获得方面也强调对人类需求本质的全面认知，着重于将生理需求和心理需求统一考虑。

二、关于幸福感的研究

布拉德伯恩和诺尔(1969)认为幸福感是一种相对稳定的情感状态，取决于个体欲望得到满足时积极和消极情感之间的相互平衡。安德鲁斯和维西从心理学的角度对幸福感提出了一个综合性的概念，该概念融合了情绪体验和生活满意度的多个维度，主要包括积极情绪、消极情绪和满意度三个方面①。这一理论框架在解释和测量幸福感方面取得了一定的共识，为学术界和研究者提供了通用的理论工具。在人本主义心理学和积极心理学的发展背景下，雷夫和凯斯提出了一种新的心理幸福感理论。同时，凯斯引入社会幸福感的概念，并将其分为五个维度，试图从多个角度全面理解幸福感，旨在更全面地把握个体在心理和社会层面上的幸福感受。他将社会幸福感定义为个体对自己与他人、群体以及社会关系的自我评价，以及对自己生活环境和社会功能的自我评价。以上采用综合性的视角总结了国外学者幸福观，涵盖了主观心理体验和社会体验等多个方面，利于深入理解和解释人类幸福的多维性。

在幸福感与获得感的对比中，由于幸福感是个人的主观体验，相对于获得感而言，其衡量更为困难，本质更为模糊。在当前我国的国情下，可以观察到获得感更符合国家发展的实际需求，它在一定程度上更贴近民生，更贴近民心，更贴近民意，从而更接地气。获得感虽然在一定程度上能够转化为幸福感。但获得感和幸福感是两个不同的概念，获得感是幸福感的前提和基础，幸福感是获得感的归宿。

---

① 樊松延.习近平关于人民群众"获得感、幸福感、安全感"的重要论述研究[D].合肥：安徽医科大学,2023.

第三章

获得感的理论基础

虽然获得感这一概念被提出的时间相对短暂,对其涵义界定和语义共识尚缺乏一致性认可,但是人们对获得感的关注是有迹可循的,可以追溯到中国传统文化、传统的民本思想以及社会学和心理学的相关理论。

第一节　传统文化视角的理论基础

一、中国传统文化中"得"的内涵

在中国文化中,"获"与"得"概念最早出现在上古时期,二字的甲骨文字形和字意都非常相近。"获"的字形像一只手捉住了鸟,表示捕获、获取、获得,多用于猎物的获取;"得"的字形像一只手拿到了贝(财货),表示获得、取得的意思,又有"贪得"之义,如《论语》的"戒之在得。""获"与"得"最早连用出现在《吕氏春秋》中,见于"竭泽而渔,岂不获得"一句中,意为"捕得,得到"。可见,古代文献中,"获"与"得"二词的含义接近,如《左传》《玉篇》说:"得,获也。""凡获器用曰得,得用焉曰获。"《韵会》:"凡有求而获皆曰得,又赋受亦曰得。"现代汉语中的"获得"与古代文献中的"得"的含义几乎一致。

传统文化中的"得"并没有细分类别,基本上是关于人的获益的,但关于获益的来源或归宿有所不同,由此,可以大致将"得"分为心理上的"得"和行为上的"得"两类。

首先,心理上的"得",或者说精神上的"得",由需要是否被满足决定着心理的体验。《鱼我所欲也》中有大量关于得到的感悟。"一箪食,一豆羹,得之则生,弗得则死",基础的生理需要满足关系到个人的生死,"二者不可得兼,舍生而取义者也",但是面对高级的心理需求,有时候也可以舍去低级需要的满足。《游褒禅山记》中,"古人之观于天地……往往有得",这是一种知识增长、精神开阔的心得。再如《管子·禁藏》中"得所欲则乐,逢所恶则忧";《淮南子·泰族训》中"晏然自得,其为乐也";《庄子·让王》中"心意自得"等,都是描述精神上的获得。

其次,行为上的"得",通过某些途径或切实的行为,从而获得、实现。《说文》中"得,行有所得也",《孟子·梁惠王上》中"缘木求鱼,虽不得鱼,无后灾",《礼记·曲礼》中"临财毋苟得",《垓下之战》:"汉皆已得楚乎?"这些均是与"失"相对的得到、取得。《魏公子列传》:"自王以下,欲求报其父仇,莫能得",《谏太宗十思疏》:"既得志则纵情以傲物。"这里的"得"就是实现、达到的意思。

二、中国传统的民本思想

新时代人民获得感的理论渊源植根于中华民族传统的民本思想。这一思想源远流长,起源于夏商周时期,经历春秋战国时期的发展、汉代的定型,虽然历经朝代更迭,但其核心理念始终如一,主要体现为"重民""贵民""恤民""安民""爱民"等。早在商周时期,《尚书·盘庚》中便有了"施实德于民""重我民"等观点,以及"民惟邦本,本固邦宁"这种思想,表明当时已经深刻地理解到人民是国家的根本,只有将人民置于国家治理的核心位置,改善人民生活状况,才能促进国家的繁荣和安宁,这可以看作人民获得感理念在中国古代的萌芽。

春秋战国时期,民本思想得到了进一步发展。《谷梁传》说:"民者,君之本也。"认为民众是君主的基础和根本。《吕氏春秋》说:"失民心而立功名者,未之曾有也。"意思相同。先秦儒学中蕴含了很多民本思想,孔子提出了"为政以德"的思想,孟子在《尽心·下》中提出了"民为贵,社稷次之,君为轻",荀子说:"君者舟也,庶人者水也。水能载舟,亦能覆舟"[1],《管子》提出的"政之所兴,在顺民心;政之所废,在逆民心。"表明了对君民关系的认识更加深刻,强调人民群众在国家建设、社会发展以及政治决策中的参与和贡献,为新时代获得感理念提出的直接理论来源。

"以民为本"的思想理念在历史的长河中无一例外地体现了这一原则:从古代思想家的倡导到历代明君的"惜民爱民"实践,再到历史上一些盛世的兴盛时期,如文景之治、贞观之治、康乾盛世等。唐太宗李世民在位期间一直奉行《贞观政要》中"君依于国,国依于民"的治国原则。清朝康熙皇帝也非常注重百姓感受,在决策过程中,经常考虑"必至派累百姓",多次否决提高矿税的要求,体恤百姓疾苦、保障百姓利益,表明古代中国的民本思想逐渐成熟,也为新时期增强人民群众的获得感提供了有益的历史经验。民本思想不仅深刻影响了官员和学者,还培养了他们可贵的为民情怀。王夫之在《张子

① 王先谦.荀子集解[M].沈啸寰,王星贤,点校.北京:中华书局,1988.

正蒙注》中强调深刻洞察人民情感、了解和体察广泛民情的重要性。其主张"宽以养民",在治理上要采取宽容的态度,以保障人民的权益和福祉;"宽之恤之,使自赡之",从经济上减轻百姓的负担。被称为"中国思想启蒙之父"的黄宗羲在《原臣》中说:"我之出而仕也,为天下,非为君也;为万民,非为一姓也",还提出了"天下为主,君为客"①的观点,该思想强调统治者与被统治者之间并非单向的支配与服从关系,而是基于平等和法治的关系。他在限制统治者权力的同时,特别强调了人民利益的重要性,并通过法治理念提出了保护人民基本权利的重要性。这一观点是中国古代民本思想的巅峰,标志着对"平等"和"人民主体"思想的深刻理解。黄宗羲的思想为新时期党和国家在治理中增进人民利益的重要任务提供了历史指引。

中国传统的民本思想为获得感理论提供了历史的土壤,促使了中国特色和时代特征的人民获得感理论得以形成。习近平总书记反复强调人民在塑造历史进程中的关键作用,提出治理工作的初心和根本目标应当始终紧密围绕着满足人民群众的合理期望和基本需求展开,通过创造更为美好、富裕、幸福的生活条件,全面提升人们的获得感。因此,中国传统的民本思想可作为获得感理论提出的基础理论来考量。

第二节 社会学视角的理论基础

一、马克思的需要理论

马克思从唯物史观提出"人的本质"以及"现实的人"②,进而科学地对人类的需要做出了界定和阐释。马克思认为,需要是人对物质生活条件和精神生活条件依赖关系的自觉反映,而人类作为有意识、有需求的个体,在追求生存和发展的过程中展现了独特的能动性和创造性。与其他生物不同,人类不是被动地适应环境,而是能够有意识地根据自身需求主动创造和改造周围的万物。在人类社会的演进中,人类的需求并非孤立存在,而是相互联系、相互依存的,继而构成了一个庞大的社会体系,涵盖了多个方面和多个层次。这种社会性需求体系对社会的运作和发展产生深远影响,"人以其需要的无限性和广泛性区别于其他一切动物"③。

马克思不仅对需要的含义和本质做出了阐释,他还对人的需要进行了层次划分。

---

① 黄宗羲.明夷待访录[M].北京:中华书局,2011.
② 马克思,恩格斯.马克思恩格斯选集:第1卷[M].北京:人民出版社,2012.
③ 马克思,恩格斯.马克思恩格斯全集:第3卷[M].北京:人民出版社,1960.

马克思将其分为三个层次，即生存、享受和发展需要。第一层是人的生存需要，是人作为自然存在物，为了延续个人生存产生的基础性需要，如吃饭、喝水、睡眠等。第二层涉及对人类享受和物质财富的需求。这一层次的需求既包括对必要劳动的需求，也包括对剩余劳动的需求，反映了人类为满足自身生存需要而进行劳动的现实；既包含直接从事物质生产活动的需求，如对食物、水源、住房和基本生存资源的追求，还涵盖了从事再生产过程中所必需的各种经济活动的需求，如对工业、农业、商业等多个领域的需求。这意味着人类不仅局限于基本的生存需求（吃、喝、住、穿），还扩展到了更深层次的精神文化和社会政治关系的需求。第三层是人的全面发展的需要，这代表着社会体系的最高层次，也是需求历史序列的高级阶段。后来，根据唯物史观的原理，需求理论得以进一步扩展，即马克思提出的人的需要层次理论。该理论属于六个层次的理论框架，其中包括生存、情感、服务、社会、享受和发展，构成了人的全面需求层次，反映了人类社会的多元性和复杂性。人的需要是变动的，总体趋势是由低级向高级的需要发展。生理需求是人类需求历史序列中的最基本层次，代表了整个发展历程的高级阶段。这层需求是人类劳动和生产体系形成的最初动因，关乎着个体的基本生存。人类的需求发生和发展的不断演变是人类文明不断进步的标志，标志着人类正在逐步实现对更高层次幸福和满足的追求，它标志着人类终于走出了动物界，迈入了真正的人类历史时代[①]。马克思的唯物史观深刻指出，人类实践活动的根本目的在于满足人的生存需要并创造良好的社会环境。唯有在满足了人的基本生存需求的基础上，构筑了良好的社会环境，人作为个体存在和社会存在才能得以充分体现和实现。在这一理念的指引下，提高人民的获得感成为实现社会主义现代化强国目标的关键任务，是社会主义事业的内在要求，是推动国家发展的关键动力，也是丰富和深化马克思人民主体思想的必然选择[②]。

　　马克思的需要理论结合他关于人的本质、人的需要和人的自由全面发展等观点来看，可以帮助我们更好地理解获得感。在马克思的理论体系中，他强调社会历史的存在和发展的前提与基础是"现实的个人"。所谓现实的个人，是广泛的社会阶层，即实际生活并参与各种社会实践的大众，而非社会中的权力精英或统治者。这一理论确立了获得感的主体应该是广大人民。这一主体地位决定了最终的发展目标是实现人民的自由而全面的发展。马克思以实现人的自由而全面的发展为人民主体思想的最高价值追求，将其视为合法性和目的性的统一，乃至社会发展的终极目标。在他看来，真正的人的自由而全面的发展并非仅限于某个社会阶层或少数人，而是要求每个个体都能够平

　　① 姚顺良.论马克思关于人的需要的理论——兼论马克思同弗洛伊德和马斯洛的关系[J].东南学术，2008（2）：105-113.
　　② 樊松延.习近平关于人民群众"获得感、幸福感、安全感"的重要论述研究[D].合肥：安徽医科大学，2022.

等获得发展机会,无论个体的背景、性别、种族或其他身份特征如何,都不应成为获得发展机会的障碍;个体不论是在物质层面还是在精神层面,都应该能够得到全面的发展。这一理念的核心是在于确保社会中每个个体都能够实现其潜在的能力和需求,而不是某些特定群体或利益集团独享发展权益。因此,人自由全面发展理论为人民获得感理念提供了明确的价值导向和目标,人民获得感理念的提出可视为对这一马克思主义核心思想的延伸和落地。

马克思认为,发展的最终目标是无产阶级主导社会的各个领域,实现对生产力和生产资料总和的全面掌握。在这一理念中,他强调对资源分配过程的公正和民主参与的追求,旨在实现全体社会成员的合理需求。马克思对社会变革的设想,实现生产资料的社会化,实质上就是对人们"获得感"的具体体现。此外,马克思、恩格斯所设想的共产主义社会中,无产阶级,即工人阶级,积极参与社会事务的决策过程并成为社会管理的主导力量,实现生产资料的社会化和公有化,以确保对生产资料的合理使用和充分供给,满足全体社会成员的需要。他希望人民都可以在社会活动中有所获得,也就是希望人人都能有获得感。

二、马尔库塞的"真假需要"理论

赫伯特·马尔库塞的人类需求理论在对发达工业社会的深刻分析基础上,将人类需求划分为两大类别:真实需要和虚假需要。这一划分旨在探讨现代社会中人们所追求的需求与社会条件之间的复杂关系。真实需要涵盖了人类自身及其群体在充分利用各种资源的基础上的发展。虚假需要指的是那些被特定社会利益外加于个体身上的需求,它们旨在使得艰辛、侵略、痛苦和非正义的状态得以永久化[1],在这种情境下,人们可能被迫去追逐并符合虚构的标准,而忽略了真实的个体需求和价值。此外,马尔库塞在强调人类需求时,突出了在考察需求时需要考虑生产发展水平的影响。他指出,除了人类最基本的生理需要之外,需求的虚实性在一定程度上受到社会条件的制约。

马尔库塞的观点也突出强调了社会发展与个体发展之间的相互关系:社会的演变和发展对个体的发展产生重要影响,而个体的需求和愿望也反过来影响社会的方向和特征,其中特别强调了个体需求受到所处时代的社会制度和社会利益的制约,而非与社会脱离开。该观点强调人的需要受到社会结构和制度的制约,从而表现出一种不完全的自由状态。这种不完全的自由体现在人的需求中既有真实需要,也有虚假需要,而这些需要受到多方面的制约和影响。比如,攻击行为容易导致肢体冲突,

---

① 赫伯特·马尔库塞.单向度的人[M].刘继,译.上海:上海译文出版社,2014.

社会体制的不健全往往让个体的身心和意志遭受严重的摧残,过度的市场宣传滥觞了消费主义文化,影响了个体在闲暇时对自身兴趣和需求的正常体验,这种消费表面上带来的快乐实质上是在有限的选择范围内被引导,受制于商品市场和社会整体利益的一种表现。

马尔库塞还阐述了"匮乏"与"虚假需要"的关系。马尔库塞认为表面繁荣掩饰了深层次的问题,包括资源匮乏、环境压力以及对于虚假需求的过度关注[①]。马尔库塞认为,资本的掠夺会给弱小的国家和地区或者不发达的地区带来压抑性的生产和虚假需要。也就是说,匮乏会导致担忧,从而出现过度的弥补性的需求,如同受过饥荒的人在富足年代对于囤粮囤物资仍有大量的心理需要。威廉·莱斯在对"匮乏"问题的深入研究中,提出了一种新的解读,着重强调了匮乏心理的心理机制。他认为这种心理状态与社会中不断涌现的新商品、新科技的推陈出新有关。这种现象导致了人们在消费中始终感到一种欲望无法被完全满足的状态[②]。因此,匮乏心理这一社会心理现象不仅关联着物质层面的需求,更涉及社会文化、技术进步以及人类心理欲望的交织。这一观点强调的是从人的内在需求出发的匮乏心理,与马尔库塞侧重于匮乏可能导致的虚假需求和生产力压抑的角度有所不同。这种匮乏心理的本质是源自个体内在需求的不断追求,而这些需求往往是动态变化的、不断发展的。

三、威廉·莱斯的需要理论

威廉·莱斯的需要理论在马克思的基础上进行了深入考察,着眼于人类的基本需求以及高级动物的心理因素。马克思强调了人与动物的本质区别在于劳动,同时论述了人类需要的客观性和科学性,而在威廉·莱斯看来,人类的需求不仅局限于基本的吃、喝等物质层面,更在于文化符号的表达。因此,他对马克思的需要理论给予认可的同时,强调了人类独有的文化符号表达和复杂模糊的需求。威廉·莱斯的理论在马克思的基础上对人类需求进行了更加深刻的剖析,更进一步地顺应了当代社会发展的要求,突显了发达资本主义社会下人类需求的复杂性和高度模糊性[③],将人的需要和特定的历史时段、社会组织形式作为一个不可分割的整体来讨论。

莱斯首先对"需要"和"欲望"做了区分。他认为,"欲望"主要体现了个体内在的主观愿望,表达了个体感受到的渴望和追求,通常承载着情感、理想和个人意愿。相对而言,"需求"更侧重于客观或真实的需求,通常基于个体在特定情境下的实际生存和发展

---

① 赫伯特·马尔库塞.单向度的人[M].刘继,译.上海:上海译文出版社,2014.
② 威廉·莱斯.满足的限度[M].李永学,译.北京:商务印书馆,2016.
③ 杨嬰欣.威廉·莱斯需要理论研究[D].成都:四川师范大学,2022.

所必需的条件。比如购买商品时,真正客观需要的、用得到的那些商品是需要购买的;而一时兴起,盲目跟风要买的商品则是由于被激发了购买欲望。尽管住房等基本需求通常被认为是人类首先需要满足的需求,但随着社会的不断发展和人们生活水平的提高,人类的需求已经逐渐超越了基本的物质满足,更加注重主观、多层面的需求,而不再局限于必需品的范畴。威廉·莱斯在对马尔库塞的真实与虚假需要观点进行改进时,引入了"需要"与"欲望"这两个概念,以更清晰地区分真实的需求和对社会环境的虚构欲望。他强调理解这两个概念产生的环境和原因,而非过于强调二者的分界。

然后,威廉·莱斯对人类需要与欲望产生环境做了分析。人类的欲望在个体层面上表现出独特性、多样性和差异性,受到个体认知和周围环境等多方面因素的影响,人类欲望和商品在现代社会都呈现出碎片化和模糊化的特征。这表明商品不再仅仅是实物,更成为信息的集合体。每件商品携带多方面而丰富的信息,不同的人在面对同一商品时可能关注的方面各异。这种趋势表明了社会对商品需求的复杂性,尤其是在高度市场化的社会结构下,这种复杂性愈加显著。在这样的情况下,莱斯指出,要审视功利主义思想在现代社会中的影响,以更加理性和全面的视角思考人类欲望的本质及其在商品世界中的体现。

关于人类满足需要的手段,威廉·莱斯明确提到三个方面:第一,注重产品的质量,提高对产品实用性的判断力,追求整体的使用体验。与追求拥有尽可能多产品的消费模式相比,注重产品的质量和实用性,以及延长产品使用寿命和提高效率,更能够提高个人的幸福感。第二,熟悉商品的估算特征,全面考量商品的优缺点,避免在消费中盲目跟随潮流或受到过度营销的影响,从而实现个体主观需求与商品的客观属性之间的辩证统一,提高识别或获取商品关键信息的能力,理性思考、科学选择。同时,提高对商品的议价能力,减少受各种广告等信息对视觉或心理冲击的影响,避免因为冲动而做出不明智的消费决策。第三,主张将人类需要导向非单一的商品领域,即人类的需要不是完全的指向商品领域,还应该注意到人的精神上的愉悦。

四、接受理论

接受是个体适应外界事物的一种行为特征,是个体对对象的一种接纳、吸收和内化为自我的过程[①]。个体的接受程度及接受内容会影响个体的获得感,尤其是相对获得感和获得感受。

国外对于接受理论的研究涉及多个方面,其中解释学的角度是其中之一。现代解

---

① 唐震.接受与选择[M].北京:中国社会科学出版社,2009.

释学在西方文化中崭露头角，构建了以"理解"为核心的接受理论，为文学作品的解读提供了独特的视角。其中，"复原说"是解释学的主要观点之一，认为通过重构和理解作者意图，读者的理解可以与作品原意相一致。现代解释学理论的观点是"意义创造说"，认为理解不仅是对文本的理解，还要考虑读者本身的主体地位，是自我理解，正如一千个读者眼中有一千个哈姆雷特。美学中的接受理论在延续美学的解释学视角时，强调了读者在欣赏和审视作品时所携带的过去审美经验的重要性。这一理论核心思想认为，当读者在接受作品时能够感受到作品所展现的美感时，这意味着作品已经成功地融入了个体的审美经验之中。接受美学的观点强调文学作品的教育和娱乐功能应当通过读者的主动阅读来实现，而且更加重视读者在阅读过程中的主观参与[①]。这两种理论将焦点置于读者的角色，都共同强调了读者在文学价值生成过程中的关键作用，都围绕着读者的主观体验展开，强调读者对文本的解释和理解。第三种接受理论属于传播学领域，也称为传播的受众理论。这一理论框架倡导从传播者单向灌输信息转变为与受众之间建立更为互动的关系。传播者的角色不再仅仅是教育者，而是更注重与受众的互动，实现从灌输到接受的转变，最终达到一种双方互动、相互接受的良性关系[②]。总的来说，接受者不仅是接受活动的主体，更是决定活动效果和意义的关键因素。

国内学者对近现代接受理论进行了深入的研究，关注点主要集中在认知接受论、道德接受论、思想政治教育接受论、意识形态接受论等多个方面。胡木贵等人（1989）从认识论的角度出发，对接受的本质进行了深入的探讨，提出了对接受的新理解：接受活动中接受者拥有积极性和主观能动性，不再将接受看作是被动的、机械的行为，而是将其视为一种复杂的认知过程。道德接受论、思想政治教育接受论和意识形态接受论，均是探索根据接受理论提高个体相关的认同，影响其接受的影响因素，以便进行相关教育内容时有更好的着力点，提出更好的教育措施。这可以说是促进接受理论的应用。刘建军是我国最早将接受理论与思想政治教育这一具体领域相结合的学者，他认为受教育者对思想政治教育的接受程度对教育的实效性有着关键的影响，主张在设计和实施思想政治教育时，应该充分考虑受教育者的个体差异、心理特点和接受过程，以提高教育的实效性和针对性。他提出应据此进一步阐述接受理论，为思想政治教育提供更深层次的理论指导和实践建议，重视接受者的主体性、能动性、差异性、接受度等[③]。接受理论在借鉴、继承和发展受众理论、接受美学和解释学等领域方面发挥着关键作用。接受理论的核心思想着眼于接受者在接受过程中所发挥的主体性作用，该理论认为，在

---

① 范丽君.大学生网络思想政治教育创新研究[D].济南：山东大学，2020.
② 曾程.接受理论视阈下高校思想政治教育研究[D].济南：渤海大学，2015.
③ 刘建军.接受理论对思想政治教育的启示[J].教学与研究，2000(2)：71-73.

接受行为中,接受者并非被动接受,而是通过对接受内容的理解和内化,达到对自身和社会的认同。在研究大学生思想政治教育获得感的过程中,接受理论特别强调了大学生在这一过程中的主动性和积极作用。大学生在接受思想政治教育的过程中,并非仅仅是知识的传递和接收,而是通过对思想政治教育内容的"前结构"和"历史性"深入思考,实现了与教育内容的双向互动。基于自身的现实需求和利益诉求,以及对思想政治教育的期待来主动接受思想政治教育。在这一过程中,大学生通过主动参与、理解和运用所接受的信息,实现了与思想政治教育的视角融合。

五、中国共产党的以人为本思想

中国共产党在革命、建设和改革的历史经验都深刻体现出重视提升人民群众的获得感的目的。习近平总书记明确提出了"人民获得感"理念,将人民群众置于改革成果的评价核心地位,强调在改革过程中要关注群众的实际利益得失,更要重视他们对改革成果的主观感受,彰显了关注民生、服务人民的坚定决心,为推动全面深化改革提供了明确而有力的指导思想[①]。十八大后,党中央提出了"五位一体"总体布局和"四个全面"战略部署,在这一框架下,对于增强人民群众的获得感,党中央进行了全面而系统的规划。此外,政府在推动社会进步方面采取的一系列措施,包括主导的"三大攻坚战"和强力反腐,实质性地提高了社会治理水平,将增强人民群众幸福感的目标落到了实处。十九大报告指出:"我国社会的主要矛盾已经是人民日益增长的美好生活需要与当前不平衡不充分的发展之间的矛盾"[②]。中国共产党时刻不忘"以人为本"的宗旨,领导全国人民在发展和治理中,真实地感受到生活的改善和进步,切实全面提升人民群众的获得感。

六、人的全面发展理论

关于人的全面发展研究,国外主要聚焦在对人的研究以及关于人的发展内容的研究。

首先,对人的研究随着人置身领域的变化,越发具有现实意义。神话故事的人类创生表明对人的现实存在有了初步的探索,尽管被神话的符号体系所包裹,但这标志着人类开始从自身的角度审视存在的意义;西方哲学家在人的思考上提出了"人是万物的尺度"的思想,这一理念突显了人作为主体的独立性和相对性,人类开始逐渐从传统神学

---

① 潘建红,杨利利.习近平"人民获得感思想"的逻辑与实践指向[J].学习与实践,2018(2):5-11.

② 习近平.决胜全面建成小康社会夺取新时代中国特色社会主义伟大胜利[M].北京:人民出版社,2017.

的束缚中解放出来,自我认知和自我探索成为思想的中心;文艺复兴时期,艺术家们通过作品表达了对人类智慧、美德以及艺术创造力的推崇,各类文艺作品中凸显了对人的个性、自由、价值等的宣扬;在启蒙运动时期,以孟德斯鸠为代表的理性主义学者推动了对人的概念的重新思考。这一时期,学者们通过深入研究人的本质,强调人的平等、自由等概念,以突破哲学领域的限制。这种对人的新思考推动了人文主义的兴起,尤其是强调现实的人存在于自然界中的人文主义观念。与此同时,马克思将"现实的人"视为一切人学的出发点,关注在具体的历史时期对人的思考,强调社会、经济和历史条件对人的发展产生深刻影响。

其次,对人的发展内涵的研究主要总结了西方马克思主义者和其他学派学者的一些观点。马尔库塞和弗洛姆从人类的欲望、需求来看人的发展内容,从而认为发展的内容是受限的、不自由的[1][2][3]。阿玛蒂亚·森认为自由是可贵的,发展应以自由为最高标准,他认为人们只有在充分享有自由的情境下,才能够更好地参与社会、表达个性、追求理想,并最终实现个体的全面发展[4]。马斯洛从人的动机和需求出发探索人的发展,认为人的发展是低阶需求向高阶需求发展的过程。

国内关于人的全面发展的研究主要集中在其基本内涵以及中国化理论的深化方面。首先,研究者们致力于探讨人的全面发展的基本内涵。这一领域的研究强调人的全面发展是一个复合概念,理解人的全面发展内涵需要考虑到主体(个体自身)与客体(外在环境、社会制度等)之间的相互关系和相互影响。关于主体"人",俞吾金(2004)认为马克思强调的发展主体应该是现实中具体存在的个体,而不是一个空泛的、抽象的概念,所以马克思关于人的发展侧重于个人的全面发展[5]。韩庆祥(2005)也认同发展的主体是个人,也是倾向于每个人都获得自由而全面的发展,每个人都应该成为发展的受益者[6]。王志建、潘红(2018)认为全面发展是根据个体的具体情境和需求来界定的,既包含个体的主动努力,也受到外部条件和社会发展的引导。创造一个充分尊重个体选择和多元发展的社会环境,使每个人都能够全面地发展和运用个人的各种能力[7]。贺文霞(2019)基于马克思主义唯物史观的视角,深刻剖析了人的全面发展的内涵,强调这一过程是包含了需求、能力和社会关系三个重要方面的复杂过程。她认为,自由的环境

①　赫伯特·马尔库塞.爱欲与文明[M].黄勇,薛民,译.上海:上海译文出版社,2008.
②　赫伯特·马尔库塞.单向度的人[M].张峰,吕世平,译.重庆:重庆出版社,1998.
③　艾里希·弗洛姆.逃避自由[M].刘林海,译.北京:人民文学出版社,2018.
④　阿马蒂亚·森.以自由看待发展[M].任赜,于真,译.北京:中国人民大学出版社,2002.
⑤　俞吾金.也谈"人的全面发展"问题[J].毛泽东邓小平理论研究,2004(1):27-30.
⑥　韩庆祥,亢安毅.马克思开辟的道路——人的全面发展研究[M].北京:人民出版社,2005.
⑦　王志建,潘红.马克思人的全面发展理论的时代诠释[J].长春理工大学学报(社会科学版),2018(3):5-9+20.

为个体提供了展示个性和实现潜能的空间,是全面发展的基础。同时注意避免异化现象对发展的消极影响,以充分释放个体的潜能和创造力。其中,他认为人的全面发展的根本在于保障个体的自由活动和支配本质能力①。人的全面发展理论在苏联与中国获得了一些前沿性的发展。列宁在肯定"现实的人"为出发点时,强调个体的发展不仅与自身的需求和能力息息相关,更紧密地关联着整个社会的进步与发展。他认为,教育与劳动关系的紧密联系是人的全面发展的关键要素之一,通过教育与劳动的结合,个体不仅能够满足自身的需求和提升个体能力,同时也能为社会的进步和发展做出积极贡献。然而,列宁明确指出,只有在共产主义社会,即社会的生产关系彻底变革的前提下,人的全面发展才能真正实现。在对中国化马克思主义人的全面发展理论的研究中,我们可以概括出以下两个关键方向:第一,对中国化马克思主义人的全面发展理论进行历史发展内容的总结。通过系统梳理理论的发展轨迹,更清晰地把握理论的内在逻辑和演进过程,从而更好地理解其核心思想。第二,对人的全面发展理论与社会热点进行结合性研究。如将创新、协调、绿色、开放、共享五点同人的全面发展构成一个有机整体研究②,或立足"四个全面"战略布局探寻人的全面发展理论新境界③,抑或是将乡村振兴战略的目标同实现人的全面发展这一社会主义建设的终极价值目标协调一致④。

人的全面发展理论的形成经历了一个符合科学进化论原则的复杂过程,包括提出、多次反复论证,并最终确定。马克思和恩格斯的人类全面发展理论有四个要点。第一,人的需要具有多样性,人的发展也要多层次。从起源上看,人的需要可分为自然需要和社会需要,前者保证生存,后者促进提升。从主体看,人的需要又分为个人需要和群体需要。从层次上看,人的需要可以分为三个层次:满足人的生命延续的生存需要、满足人的精神愉悦的享受需要、满足人的可持续发展的发展需要。社会只有通过各种手段充分满足人们多层次、多样化的需求,才能实现代表高度发达的社会生产力的共产主义社会,实现人的全面发展。第二,人的发展是能力的发展。旧式分工造成了人的体力和智力的分隔,这不利于人的全面发展,智力和体力的合二为一实现了人劳动技能的多重转换,是实现人能力全面发展的必要手段。目前人的全面发展理论提倡德智体美劳全面发展,这就是能力的全面发展。第三,人的全面发展不仅包括个体在个人层面的各类需求,还涵盖了人的社会关系的全面发展。从这一角度来看,人并非一个孤立的个体,

① 贺文霞.唯物史观与人的全面发展[J].社会科学家,2019(11):34-37.
② 李娉.新发展理念与人的全面发展[J].思想教育研究,2019(3):53-58.
③ 李静波.论人的全面发展理论新境界——基于"四个全面"战略布局的思考[J].重庆理工大学学报(社会科学版),2018(3):144-149.
④ 缪雨.人的全面发展视域下的乡村振兴战略[J].云南民族大学学报(哲学社会科学版),2018(3):11-15.

而是在无数社会关系中相互交织的存在。人的社会关系普遍体现在生产实践中的交流,人们通过协同合作、交流分享,共同推动社会的生产和发展;社会关系还体现在人际交往过程中形成的思想联系的平衡过程中,这种关系还延伸到政治、法律、伦理道德等方面的各种社会主体之间的关系。第四,要促进人的个性的全面发展。在人的自由而全面的发展过程中,人的个性不应该被压抑,而是要充分绽放。人的个性得到充分发展才是真正摆脱了物欲限制的、非虚假的发展,才能真正感受到获得感。

实现人的全面发展一直是马克思主义执政党的终极奋斗目标。在社会主义国家的建设过程中,这一目标得到了不断的强调和实践。对于人的全面发展理论,这些国家都结合自身国情进行了深入的研究,不断创新和发展。之所以提出"获得感"一词,是党对中国国情和人的全面发展的深刻认识。获得感强调了在多维发展中客观获得与主观感受的有机结合,更加关注个体在实际生活中的真实感受和体验。所以获得感一词是离不开发展的,没有实打实的发展成果,就无法切实提高人民的客观获得;没有人的全面发展,也无法带给人民主观上的获得感受。人的全面发展理论蕴含了获得感的内在诉求和价值导向,提升人的获得感就要充分实现人的全面发展,将其落实到实践中,落实到获得感的提升路径中。

第三节 心理学视角的理论基础

一、马斯洛的需要层次理论

马斯洛认为人的需要可以分为五个层次,分别是生理需要、安全需要、归属与爱的需要、尊重的需要、自我实现的需要。如图 3-1 所示,生理需要包括人对食物、水分、空气、睡眠、性的需要等。这是最基本、最原始、最强有力的需要,是维系个体和群体生存、延续种族的不可或缺的基本需求。当人面临生命危险之际或者生存受到挑战之时,其他需要就会显得微不足道。安全需要是指人类对生活中受到有效的保护的内在渴望,远离危险和威胁,以获得安全感的需要,其主要涵盖了生命、财产和职业等方面。例如,当人们追求一份相对稳定的工作、购买各种保险时,都是在表达他们对安全的强烈需求,这种对安全的需求超越了单一的物质层面,涵盖了个体对生活的各个方面的稳定性和可预见性的追求。特别是在婴幼儿阶段,由于他们在面对环境中的潜在危险时缺乏足够的自我保护能力,因而对于稳定、可预测的环境有着极强的渴望。生理需要和安全需要是人保证生存的初级阶段,即温饱阶段。归属与爱的需要,是人希望被他人或群体接纳、爱护、关注、鼓励及支持的需要。它表现为一个人要求与其他人建立联系,如结交朋友、追求爱情、参加一个团体并在其中获得某种地位等。尊重的需要是对自己社会价值追求的需要,包括自尊和他尊。自尊和他尊的满足对个体的心理健康和生活适应有着重要的影响:当个体感受到自尊和他尊时,会培养一种对自己力量和价值的信仰,使其更具自信和创造力。相反,缺乏自尊可能导致个体感到自卑,缺乏足够的信心来应对生活中的各种问题。尊重及其以下阶段的需要得到满足,便可以达到小康阶段。自我实现的需要体现了一个人对于充分发挥个体潜能、成为理想人物,并成功完成与自身能力相匹配的活动的强烈愿望。通过不断追求自我实现,人类社会将能够培育更富有创造力、责任感和创造更多社会价值的个体。不同角色的人都可以去完善自己,满足自我实现的需要。自我实现的需要得到满足,说明个体得到了充分且自由的发展。马斯洛认为,这五种需要都是构成人的基本心理结构的重要组成部分,是天生的、与生俱来的,为解释个体的动机和行为提供了一个有序和结构化的框架,有助于理解人类行为的根本驱动力[1]。

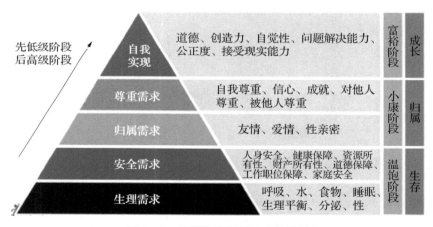

图 3-1 马斯洛需要层次理论模型

马斯洛强调了不同层次需求之间的关系,揭示了这些需求如何影响个体的行为和动机。第一,较低层次的需求是更为基本和紧迫的需求,这些需求直接关系到个体的生存和基本的生活安全。第二,个体拥有不断发展和追求更高目标的心理倾向,一旦基本需求得到满足,个体就会寻求更高层次的发展和实现。第三,在需求的层次结构中,对于每个人而言,不同层次需求的优先级和重要性会有所不同:若某一层次的需求长期得不到满足,个体可能会停滞在对该层次需求的追求上,将其作为主导需求。第四,需求

---

① 彭聃龄.普通心理学[M].北京:北京师范大学出版社,2019.

具有动态性,个体在面对困难时可能会调整其需求的优先级:当个体在追求较高层次的需求时遭遇压力或挫折,他们可能会回到较低层次的需求,通过满足这些需求来安慰自己。第五,自我实现的需求是永无止境的,在满足基本需求的同时,个体将不断追求更高层次的自我发展和实现。

总之,马斯洛认为人的需求是一个从低层次向高层次发展的过程,强调人的需求是按照一定的层次和发展顺序逐步满足的:只有在低层次的需求相对得到满足时,才能实现更高层次的需求。在个体发展中,高级需要出现得较晚。例如,婴儿有生理的需要和安全的需要,但自我实现的需要则要在成人后才出现。因为各人的动机结构发展状况各异,这五种需要在个体内形成的阶段也存在差异。他认为,人的需要具有主导性,而五个层次的需要逐步上升、波浪式演进,符合人的发展规律。获得感作为主观性与客观性的统一体,与个体需要的满足程度密切相关,是个体在其切实需要得到满足后产生的良好心理感受。层次需要理论为我们展现了一个从物质到心理的、呈阶梯状分布的需要层次框架,这表明,需要实现的结果——获得感也存在一个由物质获得向精神获得的转变趋势。

二、社会比较理论

社会比较,又称人际比较,是一种广泛存在的社会心理现象。费斯廷格最早提出了社会比较的概念和理论,该理论深刻揭示了人类内在的一种强烈驱动力:对自身观点和能力进行评估,而这种内在驱动力驱使着个体在社会互动中不断地与他人进行比较,以寻求对自我价值和成就的认同,这一过程即为社会比较[①]。费斯廷格进一步认为,个体在社会比较的观念和能力这两个关键维度上存在着显著差异:首先,当个体参与与他人的能力比较时,往往感受到一股强劲的向上驱动力。这种内在动力根植于对个体自我提升和卓越性的坚定价值信仰,正是这种单向向上的驱动力推动着他们朝着更高的目标不断努力,推动着人类社会不断发展。其次,在能力比较的情境中,个体似乎受到了某种无形的束缚,难以完全改变或提升自身的技能水平,这种现象被称为"非社会抑制"。与此不同的是,在观点比较中,个体却具备更大的灵活性和变化空间,可以相对容易地调整、改变自己的看法和观点,受制于较少的非社会性制约[②]。也就是说,因为对于某些事情,没有普遍的、客观的、非社会的规范可用,所以人们会通过与他人的观点和能力进行比较来评价自己的观点和能力。比较的强度随着个人和时间的不同而不同,

① 邢淑芬,俞国良.社会比较研究的现状与发展趋势[J].心理科学进展,2005(1):78-84.

② Suls J M, Miller R L. Social Comparison Process: Theoretical and Empirical Perspectives[M]. Washington DC: Hemisphere Publication Services, 1977.

在能力方面是单向向上的,而在观点方面则不是。这种向上攀比的倾向是由一种趋同于具有社会重要性的群体的冲动所激发的。比较能力不是简单地比较他们的能力,而是比较他们的成就以及他们相对于其他人做得有多好[①]。观点的社会比较描述的则是思想、价值观和信仰的比较[②]。有研究表明,认为比别人赚得多的研究对象更快乐,但那些认为比较收入很重要的研究对象就不那么快乐[③]。社会比较研究在当代学术领域中占据着重要地位,其不断深入的内容和多维度的考察为我们提供了更全面的理解人类行为和社会现象的途径。学者们对社会比较的概念达成了广泛共识,认为这是一个关于个体在能力、观点、身体健康等方面与他人相比较的过程,该过程的研究范围涵盖了认知、情感和行为等多个方面。社会比较的进化价值在于它为人类提供了一种适应社会环境的机制。

社会比较理论认为,个体因与他人比较而存在[④]。从社会比较的结果看,比较又异化向不同的极端:获得与剥夺。当个体在与他人或过去的自己进行比较,取得优势时,便产生获得感;反之,则产生相对剥夺感[⑤]。熊猛(2021)等认为,相对剥夺感在很大程度上是基于个体对自身与他人进行比较的感知,进而觉察到差距之处。这样的主观体验在心理上构建了一种失落感,为愤怒和不满等负性情绪提供了土壤。与工作获得感的内在涵义形成鲜明对比,而二者又共同处于主观认知和情绪体验的范畴中[⑥]。陈沛然(2020)提出,可以将获得感作为相对剥夺感的镜像进行研究[⑦]。有证据表明,人们在与同龄人相比的收入水平上获得的幸福感特别大,可以说,相对收入,而不是绝对收入,驱动着幸福感[⑧]。换句话说,基于社会比较理论产生的是"相对获得感"。产生"绝对获得感"的主要环节是社会分配,强调的是个体对自身获得的客观回报的关注。而"相对获得感"的核心在于社会比较,即将个体的获得与他人相比较,形成对"绝对获得"的合

① Gibbons F X, Buurk B P. Individual Differences in Social Comparison: Development of a Scale of Social Comparison Orientation[J]. Journal of Personality and Social Psychology, 1999, 76(1): 129 – 142.

② Yang C C, Holden S M, Carter M D K. Social Media Social Comparison of Ability (but not Opinion) Predicts Lower Identity Clarity: Identity Processing Style as a Mediator[J]. Journal of Youth and Adolescence, 2018: 1 – 15.

③ Alderson A S, Kath-Gerro T. Compared to Whom? Inequality, Social Comparison, and Happiness in the United States[J]. Social Forces, 2016, 95(1): 25 – 55.

④ Schaufeli W B, Bakker A B. Job Demands, Job Resources, and Their Relationship with Burnout and Engagement: A Multi-Sample Study [J].Journal of Organizational Behavior, 2004, 25(3): 293 – 315.

⑤ 邹琼,佐斌,代涛涛.工作幸福感:概念、测量水平与因果模型[J].心理科学进展,2015,23(4):669 – 678.

⑥ 熊猛,刘若瑾,叶一舵.单亲家庭儿童相对剥夺感与心理适应的循环作用关系:一项追踪研究[J].心理学报,2021,53(1):67 – 80.

⑦ 陈沛然.员工获得感及其镜像研究的管理启示[J].甘肃社会科学,2020(3):208 – 214.

⑧ Carrieri V. Social comparison and subjective well-being: Does the health of others matter? [J]. Bulletin of Economic Research, 2012, 64(1): 31 – 55.

理性评判。这表明,获得感的生成不仅受到个体切身利益的牵引,也深受社会公平正义观念的引导。相对于"绝对获得","相对获得"更显内在,直接影响着个体对于幸福感的感知和评价①。因此,社会比较理论的相关研究能够为获得感的研究提供理论依据。

三、相对剥夺理论

相对剥夺感(Relative deprivation,RD)这一概念最早由美国社会学家斯托弗(Stouffer)等人于1949年首次引入学术界,于《美国士兵》一书中正式提出。它在社会学研究中被用来解释个体对比他人或社会标准而感到的失落和不满。这一概念的起源可以追溯到对二战期间美国士兵士气的研究。研究发现那些晋升速度较快的士兵却表现出较低的士气,这并非是因为他们在职务上的提升所带来的正面激励,而是根植于个体对社会地位的敏感性和对于比较对象的选择:他们选择将地位显赫的高层领导作为比较的对象。个体通过与他人进行比较来评估自己的地位,并在此基础上形成对于剥夺的主观感受,从而产生了一种特殊的心理体验,即"相对剥夺感"②。因此,相对剥夺感指个体将自身的处境与某种标准或参照物相比较,从而发现自己相对于他人或社会标准而言处于劣势,导致了被剥夺、被歧视、被失去的主观感受③。在过去的半个多世纪里,相对剥夺理论已经成为心理学、社会学、政治学,甚至经济学等领域的重要研究课题,学者们也从不同视角重新阐释界定相对剥夺感。

莫顿(Merton,1957)认为相对剥夺感的本质在于"相对"的社会心理体验,关注的是相对剥夺感是如何形成的,他认为个体对自身的评价往往是建立在与他人或群体的比较之上。当个体感知到自己相对于他人或特定群体处于劣势地位时,就会产生相对剥夺感。

伦茨曼(Runciman,1966)在研究相对剥夺感时,以经济学视角为基础,提出了一种具有操作性的定义,突显了个体在社会比较中所关注的资源分配和拥有情况:个体期望拥有的自己缺乏而他人却拥有时所产生的一种主观感受。他进一步将相对剥夺感分为两个维度:个体相对剥夺感和群体相对剥夺感。前者涉及个体对在社会中的地位、收入、职业成就等方面的比较,指个体通过与其他个体的某些方面相比较时所产生的一种剥夺感:当个体感受到自己在某些方面相对于他人处于劣势时,个体相对剥夺感就会显现出来;群体相对剥夺感涉及群体在资源分配、社会地位、文化认同等方面的比较,指某

①　王毅杰,丁百仁.流动人口的社会融入、相对剥夺与获得感研究[J].社会建设,2019,6(1):16-29.

②　聂顺婷.相对剥夺感对建言行为的影响研究[D].漳州:闽南师范大学,2023.

③　Stouffer S A.The American Soldier:Adjustment during Army Life[J]. Journal of the American Medical Association,1949,140(14):1189.

一个群体通过与其他群体的某些方面相比较时所产生的一种剥夺感:当群体感知到自己在某些方面相对于其他群体处于不利地位时,群体相对剥夺感就会显现。国内学者孙灯勇和郭永玉认同 Runciman 的观点,也倾向于这种维度划分。格尔(Gurr)在对相对剥夺感进行研究时,从价值期待和价值能力的角度提出了一种清晰的定义,试图解释在参照群体视角下产生相对剥夺感的两种特殊情形。这两种情形分别是:① 当个人利益实际上高于其他群体时;② 当个人利益与其他群体没有比较时。Gurr 认为相对剥夺感的根源在于个体对于价值期待和价值能力不一致的认知,是对于个体在不同层面期望与实际能力之间认知落差的一种反映。他将相对剥夺感划分为三种形式,以更全面地描述这一心理现象:一是下降的相对剥夺感,指的是个体原本期望维持的社会地位或个人成就的预期被现实的能力下降所打破,从而导致一种对过去优越状态的失落感;二是渴望的相对剥夺感,指的是个体的期望较之前有所提升,然而由于实际的能力水平未能达到这一期望,因而产生了一种对未来愿望的未能实现的失望感;三是渐进的相对剥夺感,指的是个体的期望不断超越实际能力的下降,导致一种逐渐加深的相对剥夺感,这种逐步加深的相对剥夺感可能导致个体对于过去抱有较高期望的领域逐渐失去信心,感受到相对剥夺感的程度也因而不断加深①。随后,李俊对价值期待做了进一步的探讨,拓展了对相对剥夺感的理论认识②,相对剥夺感的产生与个体的价值期待息息相关,主要源自参照群体、过去的生活条件和公平理念,强调了社会比较对于个体心理状态的影响,尤其是在涉及收入、社会地位或声望等方面的比较时③。个体对于自身过去的生活条件以及期待的生活条件是产生相对剥夺感的关键因素之一:个体倾向于以自己曾经拥有的生活水平作为参照标准,一旦发现当前的状态不如过去,就可能感受到一种被剥夺的情绪;如果个体对于未来有一定的期望,但现实无法与这些期望相匹配,就容易导致相对剥夺感的形成。

此外,相对剥夺感是一个涉及认知、情感和行为的心理状态,学者们从心理学的角度对其进行了定义和解释。这种感觉不仅包含对于自身与他人的比较的认知成分,还涵盖了与之相伴随的情感和可能的行为反应。在心理学层面,相对剥夺感被理解为在与他人进行比较的过程中,个体或群体察觉到自身处于相对劣势地位的主观认知,并随之产生一系列负面情绪,如不满、愤怒等,继而产生对社会不公平现象的不满抗议,或者

---

① Gurr T R. Why Men Rebel[M]. NJ: Princeton University Press, 1970.
② 李俊.相对剥夺论与弱势群体的心理疏导机制[J].社会科学,2004(4):74-78.
③ Zhang S W, Wang E P, Chen Y W. Relative deprivation based on occupation: An effective predictor of Chinese life satisfaction[J]. Asian Journal of Social Psychology, 2011,14(2):148-158.

是一些寻求变革的行动①。参照群体的概念涉及在社会横向关系中确定个体或群体位置的问题,同时也包括对个体或群体过去、未来或期望状况的认知、情感和行为反应。通过对自身相对不利或弱势地位的认知,个体或群体更能够意识到自己在社会中的位置及社会中存在的潜在不平等问题,以及可能需要采取的行动来争取更加公正和平等的社会地位。在认知基础上引发的消极的情感体验包括不满、愤怒等。最终,这些认知和情感往往会转化为具体的行为反应,如个人努力改善、消极被动、言语和肢体冲突等。当然也有研究者侧重于其中的某一方面来进行定义,如侧重情绪感受。克罗斯比(Crosby)认为相对剥夺感是一种常用于描述愤恨情绪的术语,其根源在于个体或群体相对于某一特定参照水平,对自己被剥夺了应当得到的某些结果产生的主观体验;聂顺婷将相对剥夺感聚焦于个体对自身与他人甚至自身过去、现在和未来状态的深刻比较,强调了个体在这一过程中察觉到自身利益的相对不利地位所产生的负面情感反应②。

综合上述对相对剥夺感概念的探讨,可以得出结论:相对剥夺感的本质是社会比较所催生的主观认知和情感体验。相对剥夺感的核心在于社会比较,这种比较不仅限于个体当前状况与参照个体或群体的当前情况之间的横向对比导致了个体对自身地位的主观认知和情感体验,还涉及个体在时间维度上的自我感知和社会比较,这其中包括了个体当前状况与自身,或与参照个体或群体的过去、未来状况进行的纵向比较。人们对于获得感的体验并非仅仅是客观获得的结果,更涉及一个与他人比较的社会过程。这就是说,获得感的形成与个体在社会中的相对位置息息相关,而人们通常通过与他人进行比较来评估自己的成就和价值。获得感的复杂性在于个体的付出—收益与他们所选择的参照物之间的关系。当个体的付出与收益相对稳定,并且与他们所参照的群体相当时,获得感通常是积极的,个体感受到的相对剥夺感相对较低;反之,当差距较大时,当个体的相对剥夺感水平较高时,其获得感往往相对较弱,形成了一种比对的、相对不利的获得状态。简而言之,相对剥夺感的增加通常伴随着获得感的减弱。相对剥夺感高与获得感弱的关系也可以从另一个角度理解,即相对剥夺感的降低可能助推获得感的提升。

个人相对剥夺感受多方面因素的综合影响,其中社会环境和个人因素是主要的塑造因素。首先,社会公平、社会经济地位和社区文化等社会环境因素都会对个体的相对剥夺感产生深远的影响。其中,社会不公平是导致相对剥夺感的最主要原因之一。其次,个人因素也在相对剥夺感的塑造中发挥着重要作用。个体的性别、年龄、收入水平、

① 熊猛,叶一舵.相对剥夺感:概念、测量、影响因素及作用[J].心理科学进展,2016,24(3):438-453.
② 聂顺婷.相对剥夺感对建言行为的影响研究[D].漳州:闽南师范大学,2022.

受教育程度等人口学特征都与相对剥夺感有一定的关联。此外，个体的个性、归因风格、成就动机和歧视经历等个人人格特质也会影响其对相对剥夺感的敏感度和反应方式。研究发现，个体对事件的归因方式在塑造相对剥夺感方面发挥着至关重要的作用。一方面，将成功或失败的归因主要归于自身的人往往相对剥夺感较低。这种内部归因方式有助于个体建立积极的自我认知，减少了相对剥夺感的可能性。相反，将成败归因于他人或外部环境的个体可能更容易感受到相对剥夺感，因为他们倾向于将责任和原因归咎于外部因素。另一方面，个体的成就动机和欲望水平越低、歧视经历越少，相对剥夺感的程度就越低。

四、霍曼斯行为主义交换理论

乔治·霍曼斯的社会交换理论得益于斯金纳的操作行为心理学研究成果，因此也被称为行为主义交换理论。行为主义强调行为是可观察和可测量的，并试图通过对行为的研究来理解心理过程。斯金纳认为，人的意识是无法直接观察和测量的，需求的满足被视为通过生理中介来实现。因此他将注意力集中在可以直接观察的行为上，试图建立一种刺激—反应的功能关系，强调个体对外部环境刺激作出的行为反应。个体通过寻求奖励来增加或强化某种行为，同时通过避免或减少惩罚来抑制或减少不良行为。霍曼斯的行为主义交换论融合了行为心理学和经济学的概念，以解释社会中的交换行为规律。他认为，社会交换行为的运作原则与经济学中的交换原则之间的普遍一致性，使得个体在社会互动中能够遵循共同的规范和准则，理性地追求最大利益，从而有助于建立更加有序和和谐的社会关系①。个体的差异和限制使得个体单凭自身资源难以满足所有需求，从而催生了社会交换的复杂机制。在资源相对有限的条件下，社会交换成为行为主体之间满足各自需求的重要途径。个体之间通过相互交换资源，不仅能够弥补自身资源的不足，还能够获取其他个体拥有的、对其具有价值的资源。

霍曼斯理论主要内容是关于人类社会行为的六个命题②。① 成功命题：个体行为遵循报酬原则，个体在追求自身目标和满足需求的过程中，倾向于寻找并坚持那些获得积极回馈的行为模式。② 刺激命题：该命题强调报酬刺激的规律性，个体通过在特定刺激下获得奖励或报酬，逐渐形成对这一刺激的积极认知，从而增加在相似情境中重复类似行为的倾向。③ 价值命题：该命题主张奖励对行为塑造的价值影响，突显了个体在行为选择中对积极回馈的敏感性以及对避免惩罚的趋避倾向。④ 剥夺满足命题：个

---

① 周志娟，金国婷.社会交换理论综述[J].中国商界(下半月)，2009(1)：281.

② Homans G C. Social Behavior as Exchange[J]. American Journal of Sociology，1958：597 - 606.

体在经历多次特定奖励后逐渐适应已经获得的奖励,使得其对于相同奖励的满足感随着时间的推移逐渐减弱[1]。⑤ 攻击赞同命题:攻击触发源于个体对于未能预期获得奖励或者受到意外惩罚的强烈不满,这种愤怒情绪在缺乏适当情感调节机制的情况下会转化为攻击行为。与攻击行为相对应的是正向的奖励避罚机制。当个体在行为中获得额外奖励或成功避免了应得的惩罚时,他们会在心理上赞同受奖励的行为,更倾向于这种行为或避免错误行为。⑥ 理性命题:该命题强调了个体在选择行动时的理性思考过程,通过平衡成功的概率和行动的价值来作出决策。行动发生的可能性＝价值×成功概率,这一关系揭示了个体在决策时如何权衡不同因素,以最大化可能的利益。

总之,霍曼斯认为社会交换就是以资源和报酬为基础的个体交换,他将人们的一切行为视为以获得利益和报酬为目的的交换,指出社会交换行为的发生与否取决于个体从预期的互动中获得的报酬与所付出代价的差值,即"报酬－代价＝后果"。而获得感也正从这一机制中产生:若收益大于成本,则个体产生获得感,交换关系得以维持,并引导下一次交换互动的产生。

五、动机的自我决定理论

自我决定理论(Self-Determination Theory,SDT)由美国心理学家德西(Deci)和里安(Ryan)提出,是一种关于个体自我决定行为的动机过程理论[2]。自我决定理论将动机分为三种形式:无动机、外部动机和内部动机。无动机指的是没有自我决定的行为,即个体在执行某项任务时缺乏内在的驱动力或目标。这种情况下,行为可能仅仅是出于习惯、惯例或外部压力的结果。外部动机是一种自我决定程度较低的行为形式,个体可能会受到外部奖励或惩罚的影响,而不是出于内在的兴趣或价值观。自我决定理论认为,只有内在动机才能实现真正的自我决定。内在动机的关键在于个体对任务的认同感、兴趣和自主性。当个体感到他们有能力并且对活动感兴趣时,他们更有可能在执行任务时体验到自主性,从而更加自主地参与其中。这一理论提倡重视人的内源性心理需要,认为当个体的心理需要得到满足时,自我决定过程就是外部动机内化为内部动机的过程。

自我决定理论提出,个体具有三种基本心理需要,揭示了个体心理需求与自我决定行为之间的关系,心理需求的满足与否会产生不同类型的自我决定行为。这三种基本心理需要分别是:胜任需要、自主需要和关系需要。胜任需要主要指的是个体对于环境控制的需要。自主需要强调了个体内在的自主性和动力,促使其在行为选择中更多地

①　赵姗.社会交换理论下国有企业知识型员工激励研究[D].青岛:中国海洋大学,2014.

②　Deci E L, Ryan R M. Handbook of Self-determination Research[M]. New York:The University of Rochester Press, 2004.

体现自我决定的特征。以上二者是产生内在动机的直接动因。关系需要,即个体希望得到周围环境的关爱和理解,会为了满足他人需要而采取行动。这三种心理需要得到满足会使个体感到胜任感、自主感和关联感。如果社会环境能够有效促进这三种需求的满足,那么个体的动机和本性将迎来积极的发展,共同努力建设更加支持和促进个体发展的社会环境,从而实现个体的健康成长。

获得感包括了主体对客观层面的获得和主观层面的感受两个维度。自我决定理论中提到的三种心理需求也是个体希望能切实感受到的心理获得或者基于客观现实得到的心理感受。胜任感是个体基于以往的个人经验或成果从而体会到自己对于从事活动具有控制权,胜任感会促使个体积极地发展自我、建设自我。自主感是个体在进行活动时具有个人选择权,这种选择倾向于个体感兴趣的、有所收益的活动。关联感是个体与周围他人相联系,获得关爱与支持后的一种心理归属感;人类是集体动物,需要这种社会联系,它会促使个体更加积极地发展。

第四章

幼儿教师获得感的现状调查分析

本书在界定幼儿教师获得感概念的基础上，编制了适合我国幼儿教师的获得感问卷，对幼儿教师的获得感水平进行了调查，以期更客观、更科学地了解我国幼儿教师获得感的水平，为提高幼儿教师获得感提供理论依据。

了解幼儿教师获得感，有助于教育主管部门对幼儿园进行管理。幼儿教师获得感影响幼儿教师的健康、生活满意度、工作投入等，教育主管部门可以通过增强幼儿教师的获得感，从而提高幼儿教师对工作的投入水平。本研究厘清幼儿教师获得感的内涵，找出影响幼儿教师获得感的因素，从而为教育主管部门调整发展思路，为制定增强幼儿教师获得感的政策提供理论基础。

了解幼儿教师获得感，有助于社会关注幼儿教师，增进公众对幼儿教师职业的了解。从内在和外在两个层面研究幼儿教师获得感，探寻幼儿教师获得感形成的机制，从而从社会角度为提高幼儿教师获得感提出有效建议，提高公众对幼儿教师这一职业的关注度，消除对幼儿教师的误解。

了解幼儿教师获得感，有助于提高幼儿教师专业素养，促进其专业成长。教师本身的工作成就是教师获得感的重要来源之一，通过对幼儿教师的获得感的研究，可以引发幼儿教师关注自身的专业成长和职业生涯发展，从内在多方面、多层次拓宽自己的专业发展道路。

第一节　幼儿教师获得感问卷指标体系的构建

幼儿教师作为一种教师工种，其获得感不同于其他教师群体，这主要取决于幼儿教师职业的特殊性。幼儿教师面对的教育对象是生活不能完全自理的儿童，他们不仅要进行正常的教育教学，还要照顾儿童的生活。幼儿园所教课程也与其他学段有着本质的区别,幼儿园教师要承担教学任务,不仅要掌握理论和实践知识,还要掌握歌唱、舞蹈、绘画等技能。因此,幼儿教师获得感较其他教师更复杂。

一、访谈调查

访谈法包括"访"和"谈",寻访被研究者并对其进行询问或与其交谈的一种活动。访谈是研究性的交流活动,通过研究者的主动询问,被研究者的深情倾诉,从而建构研究问题的理论意义①。访谈法的主要特点有:访谈围绕一定的主题和目的;研究者在访谈时要有一定的倾听和追问的技术;在访谈时要注意发现被访谈者的感受和想法;访谈时注重研究者的倾听和被访谈者的倾诉。

基于访谈的特点,为了确切了解幼儿教师获得感的内涵和维度,在理论研究和文献分析的基础上,笔者设计了访谈提纲,对 30 名幼儿教师进行访谈调查,其中女性 28 名,男性 2 名。访谈问题如表 4-1。

表 4-1 幼儿教师获得感访谈提纲

访谈序号	访谈内容
1	你对"获得感"一词是怎样理解的?
2	在近一段时间内,您有哪些方面的获得感? 为什么?
3	您认为未来一段时间内您期待的获得感在哪些方面,请详细说明。
4	您认为影响幼儿教师获得感的事件或因素有哪些?
5	您认为幼儿教师获得感的高低对您有哪些影响?

访谈后采用武汉大学开发的内容挖掘软件 ROST 6.0 对访谈结果进行分析词频分析、语义网络分析,具体结果见表 4-2 和图 4-1。

表 4-2 幼儿教师获得感访谈词频

关键词	频次	关键词	频次	关键词	频次
获得	186	论文	23	教学	16
幼儿	95	收获	23	教育	16
教师	84	成长	22	积极	16
家长	44	能力	19	努力	15
职业	37	撰写	17	同事	14
自身	30	学习	16	成就感	13
发展	27	幸福感	16	满足感	13

① 党登峰,王嘉毅.浅听教育研究中的访谈法[J].教育评论,2002(2):31-33.

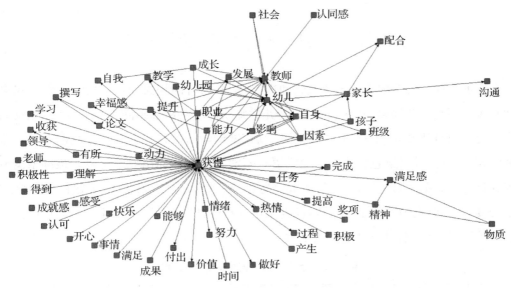

图 4-1 幼儿教师获得感访谈词频语义网络

二、理论假设结构的确定

分析发现,高频词汇集中于获得、幼儿、教师、家长、职业、自身、发展等几个方面,语义网络图中高频词也是集中于获得、教师、幼儿、自身等几个方面。由此可以归纳出,幼儿教师获得感涉及的两个方面:物质获得和精神获得。物质获得包括工资待遇和政策制度,精神获得包括尊重体验和工作成就。因此,基于马斯洛需要层次理论,根据访谈结果,结合《小学教师职业获得感问卷》①,拟定幼儿教师获得感维度,如表 4-3。

表 4-3 幼儿教师获得感结构维度初探

	一级指标	二级指标
幼儿教师的获得感	物质获得	工资待遇
		政策制度
	精神获得	尊重体验
		工作成就

① 韩芬.小学教师职业获得感问卷编制与现状分析[D].南通:南通大学,2020.

第二节 幼儿教师获得感问卷的编制

依据访谈和各个因子给定的概念和内涵,结合已有的相关问卷,包括张敬的《民办幼儿园教师获得感问卷》[①]、束从敏的《幼儿教师获得职业幸福感问卷》[②],形成原始问卷项目池。项目池共 35 个题目,项目池形成后,邀请学前教育专业的专家判断题目与维度的相关程度,并对题意表述不明确或语意不清晰的题目提出修改意见。最终根据专家的意见对有关项目进行修改,删除 3 个题目,最终确定原始问卷 32 个题目,包含有 4 个维度,每个维度由 8 个题目组成,问卷采用 5 点计分法,从 1 分"完全符合"到 5 分"完全不符"。指标体系对应题项见表 4－4。

表 4－4　幼儿教师获得感问卷对应题项

维度	题目序号
工资待遇	1、5、9、13、17、21、25、29
政策制度	2、6、10、14、18、22、26、30
受尊重感	3、7、11、15、19、23、27、31
工作成就	4、8、12、16、20、24、28、32

一、初测问卷的施测

(一) 研究对象

随机选取苏州市、南京市的幼儿园教师进行施测,参与调查的幼儿园教师共有 350 名,剔除无效问卷,共收到有效问卷 330 份,有效率为 94.28%。调查对象情况见表 4－5。

表 4－5　幼儿教师获得感初测对象基本情况

变量	具体情况	人数	百分比/%
性别	男	9	2.70
	女	321	97.30
教龄	1—3 年	86	26.07
	3—5 年	49	14.85

---

① 张敬.幼儿园教师获得感研究[D].重庆:重庆师范大学,2020.
② 束从敏.幼儿教师职业幸福感研究[D].南京:南京师范大学,2003.

续　表

变量	具体情况	人数	百分比/%
教龄	5—10 年	69	20.90
	10—15 年	57	17.28
	15 年以上	69	20.90
是否有编制	有	223	67.58
	无	107	32.42
学历	专科及以下	34	10.30
	本科	294	89.09
	硕士	2	0.61
年龄	20—30 岁	150	45.45
	30—35 岁	77	23.33
	35—40 岁	42	12.73
	40—45 岁	29	8.79
	45 岁以上	32	9.70
婚否	是	100	30.30
	否	220	66.67
园所所在地	城市	279	85.55
	乡镇	49	14.84
	农村	2	0.61

(二) 施测结果

1. 探索性因素分析

探索性因素分析是基于数据统计分析的因素生成方法,只考虑数据之间的纯数字特征而没有任何理论前提;根据探索性因素分析的基本理论,因素之间的相关应该较小才能认为所编测验是一个较好的测验,即测验应有较小的会聚效度[1]。

(1)项目区分度分析

项目区分度是指测验项目对不同被试的知识、能力水平的鉴别程度。在本研究中,项目的区分度是指题目鉴别幼儿教师获得感水平高低的特性的度量。

采用施测的 311(剔除 330 个样本中 19 个所有项目填写重复率＞90％的被试结果)份数据进行项目分析。首先,根据总分将量表得分从高到低排序,分别取前 27％、

---

① 刘红云,孟庆茂.探索性因素分析在测验编制中局限性的模拟实验[J].心理科学,2002(2):177-179.

后 27% 的个案组成高分组和低分组,对两组被试在每个项目上的平均分差异进行独立样本 t 检验,以检验项目的区分度。结果表明,两组被试在 32 个项目上的平均分均达到显著差异($p<0.001$),说明各题项均具有良好区分度。其次,进行题项总相关分析,计算各项目与量表总分的相关,剔除相关度低于 0.30 的项目 13 结果如表 4 - 6 所示。

表 4 - 6　幼儿教师获得感各题项相关系数

题号	相关系数	题号	相关系数	题号	相关系数
H1	0.64	H12	0.73	H23	0.77
H2	0.63	H13	0.21	H24	0.74
H3	0.75	H14	0.64	H25	0.64
H4	0.62	H15	0.63	H26	0.56
H5	0.76	H16	0.44	H27	0.80
H6	0.70	H17	0.57	H28	0.51
H7	0.54	H18	0.60	H29	0.37
H8	0.36	H19	0.72	H30	0.78
H9	0.61	H20	0.55	H31	0.66
H10	0.70	H21	0.76	H32	0.48
H11	0.68	H22	0.71		

（2）因素提取

探索性因素分析的核心是因素提取,也就是求解因素载荷矩阵,亦即得到项目与因素之间的关系矩阵。提取因素的方法包括主成分法、不加权最小二乘法、广义最小二乘法、最大似然法、主轴因素法、α 因素法、图像因素法。

根据上述理论模型及碎石图(如图 4 - 2 所示),使用 SPSS 21.0 软件对问卷进行探索性因素分析,因子抽取个数限定为 4 个,结果显示:KMO 值为 0.94,Bartlett 检验的 χ^2 值为 5 740.10($p<0.001$),表明量表各题项间存在共同因素,适合进行因素分析。采用主成分分析法与最大方差法进行因子提取,并根据以下标准剔除不符合条件的条目:① 共同度小于 0.3;② 因子载荷小于 0.4;③ 条目数少于 3;④ 明显归类错误的项目。经多次探索,剔除不符合条件的项目或因子后,该问卷保留了 21 个项目,解释了量表总方差变异的61.33%,各项目载荷、贡献率及共同度如表 4 - 7 所示。

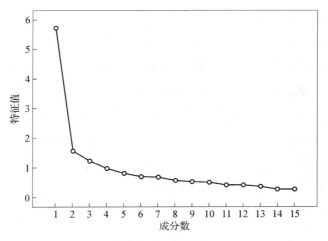

图 4 - 2　碎石图

表 4 - 7　各项目因子载荷($n=311$)

项目	因子载荷				共同度
	1	2	3	4	
T9	0.88				0.82
T29	0.78				0.63
T17	0.77				0.65
T1	0.72				0.63
T21	0.60				0.65
T25	0.55				0.52
T19		0.78			0.71
T3		0.72			0.64
T23		0.71			0.67
T31		0.65			0.61
T5		0.57			0.68
T7		0.54			0.38
T15			0.84		0.77
T11			0.78		0.71
T14			0.59		0.61
T10			0.53		0.60
T16				0.75	0.63
T8				0.72	0.55
T28				0.68	0.53
T20				0.57	0.45
T4				0.44	0.45
特征值	7.88	2.32	1.54	1.14	合计
贡献率	37.54	11.03	7.35	5.40	61.33

2. 验证性因素分析

验证性因素分析是在一定的理论前提假设下考虑的模型,即在验证性因素分析中,模型中因素之间是否有关,因素的个数均为已知,目的只是为了验证假设的模型结构是否合理,而对模型中潜在因素之间的相关没有任何限制,只要潜在因素间的相关不等于 1 即可(与 1 相比不存在显著差异),即所拟合模型对潜在因素间的相关并没有低相关的限制[①]。

本研究中使用 Mplus 8.3 软件对量表进行验证性因素分析。根据验证性因素分析的 MI 修正指数,剔除与其他项目存在高共线的项目 4、5、9、11、21、29,最终保留了 15 个项目,结果如图 4-3 所示。修正后的量表验证性因素分析拟合指数:$\chi^2/df=2.36$,RMSEA$=0.07$,CFI$=0.93$,TLI$=0.92$,SRMR$=0.05$,达到较高水平。

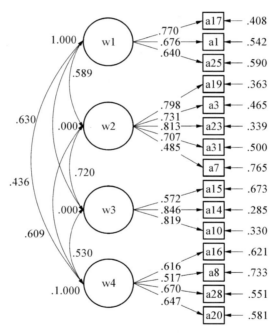

图 4-3 验证性因素分析结果

3. 信度检验

信度检验是指问卷的可靠性检验,信度指采用同样的方法对同一对象重复测量时所得结果的一致性程度,也就是反映实际情况的程度。信度分析的方法主要有四种:重测信度法、复本信度法、折半信度法以及 α 信度系数法。本研究采用的是 α 信度系数法,对修正后的量表及其下属因子进行信度分析,结果表明:总量表内部一致性 α 系数为0.88,达到可接受水平,表明该量表具有一定的可信度。

① 刘红云,孟庆茂.探索性因素分析在测验编制中局限性的模拟实验[J].心理科学,2002(2):177-179.

二、正式问卷的形成

通过探索性因素分析和验证性因素分析，正式问卷共有 4 个维度，15 个题目。其中工资待遇 3 个题目、政策制度 5 个题目、尊重体验 3 个题目、工作成就 4 个题目。

第三节　幼儿教师获得感的现状调查

党的二十大报告再次强调"幼有所育"，但随着经济的发展，"幼有所育"已不能满足民众的需求，在众多影响因素中，幼儿教师是实现"幼有所育"迈向"幼有优育"的根本保障，但幼儿教师流失严重，高质量的幼儿教师更是"一师难求"[①]，幼儿教师的生存状态一直是学术界关注的要点之一，有研究发现，幼儿教师的幸福感程度处于中等偏下水平[②]，职业倦怠严重，离职率比较高[③]，而幼儿教师的获得感对幼儿教师整体的职业发展有着至关重要的影响[④]。因此，关注幼儿教师获得感对于幼儿教师队伍建设、学前教育事业的长远发展有着深远的影响。

获得感是国内研究的热点问题，研究范围相当广泛，但是关于教师获得感的研究并不多见，已有研究大多针对乡村教师[⑤][⑥]、小学教师[⑦]、思政课教师[⑧][⑨]，由于幼儿教师获得感本身的复杂性和特殊性，致使至今尚未出现关于幼儿教师获得感的较为全面的研究[⑩]。近几年仅有的几篇研究集中在质性研究和理论思辨，缺乏关于幼儿教师获得感的调查研究。由此可见，幼儿教师获得感的研究其实才刚刚开始。本研究采用问卷调查法，使用自编问卷，对幼儿教师的获得感进行调查，以期获得幼儿教师获得感量化的第一手资料，为幼儿园以及相关教育部门提高幼儿教师获得感提供理论依据。

---

① 王妍妍.是什么影响了幼儿教师的获得感[J].教育家，2019(5)：24-26.
② 洪丹.苏州市工业园区幼儿教师职业幸福感调查研究[D].苏州：苏州大学，2019.
③ 张琼，吴真.幼儿教师工作压力对离职意向的影响：职业倦怠的中介作用[J].河南科技学院学报，2020，40(12)：12-17.
④ 张立新，凌春媛.关注初任幼儿教师专业发展问题[J].现代中小学教育，2013(11)：87-90.
⑤ 崔友兴.论乡村教师获得感生成的实践逻辑——基于布迪厄时间逻辑的视角[J].教育理论与实践，2022(5)：58-63.
⑥ 陈红艳.乡村教师获得感的价值意蕴、制约因素和实现路径[J].教育评论，2021(5)：115-119.
⑦ 张鹏程，陈宁.教师获得感：内涵诠释、结构体系与价值意蕴[J].南通大学学报（社会科学版），2022(11)：122-128.
⑧ 李露阳.高校思想政治理论课教师获得感现状及提升对策研究[D].金华：浙江师范大学，2021.
⑨ 张晖，于秀丽.思政课教师获得感提升研究[J].经济师，2022(3)：160-161.
⑩ 张鹏程，缪洁，桑宇杰，杨铭哲.幼儿教师获得感的质性研究——基于 NVivo11 的质性研究.中国健康心理学杂志，2022(6)：1-9.

一、研究对象

随机选取苏州市、南京市、泰州市、哈尔滨市的幼儿教师进行调查,共收回问卷 530 份,有效问卷 519 份,有效率 97.9%。其中男性教师 17 人,女性教师 502 人;年龄:20~30 岁 279 人,30~35 岁 87 人,35~40 岁 58 人,40~45 岁 44 人,45 岁以上 51 人;教龄:1~3 年 125 人,3~5 年 96 人,5~10 年 116 人,10~15 年 76 人,15 年以上 106 人;学历:专科及以下 67 人,本科 448 人,硕士研究生及以上 4 人;职称:初级及以下 374 人,中级 137 人,副高级 3 人,高级 5 人;未婚 192 人,已婚 327 人;有编制 302 人,无编制 217 人。

二、研究方法

本研究聘请心理学专业教师和研究生当主试,利用幼儿教师统一培训时间进行调查。为了确保整个调查过程严格与规范,笔者统一指导语,匿名填写,当场收发。所有调查信息录入计算机,采用 SPSS 24.0 统计软件进行处理。

三、研究结果

(一)幼儿教师获得感的总体状况

本次调查发现,幼儿教师获得感总体得分为 3.81,工资待遇得分为 4.17,政策制度得分为 3.55,尊重体验得分为 3.65,工作成就得分为 3.62,具体结果见表 4-8,均高于理论中值,表明幼儿教师获得感水平处于中等偏上。

表 4-8 幼儿教师获得感的总体水平

因素	最小值	最大值	理论中值	$M \pm s$
工资待遇	1	5	3	4.17±0.76
政策制度	1	5	3	3.55±0.84
尊重体验	1	5	3	3.65±0.68
工作成就	1	5	3	3.62±0.82
获得感总分	1	5	3	3.81±0.56

(二)幼儿教师获得感的性别差异

对幼儿教师获得感的性别进行差异检验发现,幼儿教师获得感不存在性别差异,具体见表 4 - 9。

表 4 - 9　幼儿教师获得感的性别差异

	性别		
	男	女	F
工资待遇	4.14±0.97	4.18±0.75	0.14
政策制度	3.57±0.88	3.55±0.84	0.13
尊重体验	3.68±0.69	3.65±0.68	0.38
工作成就	3.43±1.06	3.63±0.82	1.4
获得感总分	3.81±0.65	3.81±0.56	0.72

注：$^*p<0.05$，$^{**}p<0.01$，$^{***}p<0.001$。

（三）幼儿教师获得感的教龄差异

对幼儿教师获得感的教龄差异进行检验发现，不同教龄幼儿教师的获得感在总分上存在显著差异，在政策制度、尊重体验维度存在显著差异，而在工资待遇、工作成就维度则没有差异。进行多重比较发现，在政策制度维度和获得感总分上，教龄 15 年以上的幼儿教师获得感明显高于教龄 3~5 年的幼儿教师（$m=0.36$，$p<0.05$；$m=0.26$，$p<0.01$），在尊重体验维度，教龄 15 年以上的幼儿教师获得感明显高于教龄 1~3 年的幼儿教师（$m=0.23$，$p<0.01$）。具体见表 4 - 10。

表 4 - 10　幼儿教师获得感的教龄差异

	1—3 年	3—5 年	5—10 年	10—15 年	15 年以上	F
工资待遇	4.14±0.77	4.01±0.75	4.25±0.70	4.23±0.75	4.24±0.80	1.78
政策制度	3.49±0.75	3.36±0.84	3.51±0.96	3.69±0.73	3.72±0.82	3.17*
尊重体验	3.55±0.69	3.60±0.71	3.71±0.71	3.63±0.66	3.78±0.58	4.14**
工作成就	3.61±0.76	3.44±0.87	3.65±0.94	3.75±0.75	3.71±0.75	1.01
获得感总分	3.72±0.55	3.68±0.58	3.83±0.63	3.90±0.49	3.94±0.50	4.22**

注：$^*p<0.05$，$^{**}p<0.01$，$^{***}p<0.001$。

（四）幼儿教师获得感的学历差异

对幼儿教师获得感的学历差异进行检验发现，获得感总分存在学历上的差异（$p<0.01$），但是在具体维度上不存在差异。进一步检验发现，硕士研究生学历教师的获得感与专科及以下、本科学历的教师的获得感有显著差异。

表 4 - 11　幼儿教师获得感的学历差异

	专科及以下	本科	硕士	F
工资待遇	4.13±0.77	4.18±0.76	4.67±0.47	0.97
政策制度	3.47±0.89	3.56±0.83	3.83±0.43	0.57
尊重体验	3.80±0.63	3.63±0.68	4.00±0.43	1.35
工作成就	3.69±0.84	3.61±0.82	4.33±0.82	1.73
获得感总分	3.82±0.58	3.81±0.56	4.23±0.39	6.14**

注: $^*p<0.05, ^{**}p<0.01, ^{***}p<0.001$。

(五) 幼儿教师获得感的职称差异

对幼儿教师获得感的职称差异进行检验发现,获得感总分存在职称上的差异($p<$ 0.01),在工资待遇、政策制度、尊重体验三个维度,幼儿教师的获得感存在显著差异,但在工作成就维度上不存在差异。具体见表 4 - 12。

表 4 - 12　幼儿教师获得感的职称差异

	初级及以下	中级	副高级	正高级	F
工资待遇	4.16±0.73	4.00±0.67	4.22±0.83	4.13±0.87	5.54**
政策制度	3.47±0.85	3.73±0.79	4.11±0.38	4.20±0.30	4.96**
尊重体验	3.63±0.69	3.69±0.64	4.33±0.41	3.92±0.44	4.58**
工作成就	3.60±0.85	3.66±0.78	4.22±0.38	4.07±0.43	1.05
获得感总分	3.77±0.57	3.90±0.53	4.38±0.29	4.17±0.30	4.51**

注: $^*p<0.05, ^{**}p<0.01, ^{***}p<0.001$。

为了进一步明确幼儿教师职称的获得感差异,对其进行了多重比较分析,结果发现,从获得感总分看,职称初级及以下与中级的幼儿教师的获得感不存在显著差异,但是与副高级、高级教师存在显著差异($m=-0.51, p<0.01; m=-0.40, p<0.01$);中级与副高级、高级教师存在显著差异($m=-0.48, p<0.01; m=-0.27, p<0.01$);副高级与高级教师存在显著差异($m=0.21, p<0.01$)。在工资待遇维度,初级及以下的幼儿教师获得感与中级、副高级教师存在显著差异($m=-0.16, p<0.05; m=-0.06, p<0.01$),与高级教师不存在差异;中级与副高级、高级教师存在显著差异($m=-0.22, p<0.01; m=-0.13, p<0.05$);副高级与高级教师存在显著差异($m=0.09, p<0.01$)。在政策制度维度,初级及以下与中级、副高级、高级教师均存在显著差异($m=-0.35, p<0.01; m=0.64, p<0.01; m=-0.73, p<0.01$);中级与副高级、高级教师存在显著差异($m=-0.38, p<0.01; m=0.47, p<0.01$);副高级与高级教师也存在显著差异

（$m=-0.09,p<0.05$）。在尊重体验维度，副高级与初级及以下、中级、高级教师均存在显著差异（$m=0.61,p<0.01;m=0.48,p<0.01;m=0.21,p<0.01$），其他职称之间无差异。

（六）幼儿教师获得感的婚况差异

对幼儿教师获得感的婚姻状况进行检验发现，获得感总分存在婚况差异（$p<0.01$），已婚的幼儿园教师获得感总分高于未婚幼儿教师；政策制度和尊重体验存在婚况差异（$p<0.05$），已婚的幼儿教师在政策制度和尊重体验维度均高于未婚的幼儿教师，而工资待遇和工作成就则不存在差异，具体见表4-13。

表4-13　幼儿教师获得感的婚况差异

	已婚	未婚	F
工资待遇	4.21±0.75	4.11±0.77	2.48
政策制度	3.61±0.86	3.44±0.80	5.34*
尊重体验	3.71±0.63	3.56±0.73	6.32*
工作成就	3.67±0.83	3.56±0.82	2.28
获得感总分	3.87±0.54	3.71±0.58	10.07**

注：* $p<0.05$，** $p<0.01$，*** $p<0.001$。

（七）幼儿教师获得感的编制差异

从表4-14可知，有无编制的幼儿教师在获得感总分、工资待遇、政策制度三个维度上存在显著差异，有编制的幼儿教师获得感均高于无编制的教师。

表4-14　幼儿教师获得感的编制差异

	无编制	有编制	F
工资待遇	4.11±0.77	4.21±0.75	5.63*
政策制度	3.44±0.80	3.61±0.86	46.03**
尊重体验	3.56±0.73	3.71±0.63	0.08
工作成就	3.56±0.82	3.67±0.83	0.52
获得感总分	3.71±0.58	3.87±0.54	7.95**

注：* $p<0.05$，** $p<0.01$，*** $p<0.001$。

（八）幼儿教师获得感的园所所在地差异

对幼儿教师获得感的园所所在地进行差异检验发现，获得感总分存在地域差异，工资待遇和尊重体验存在地域差异,而工资待遇和工作成就则不存在差异,具体见表4-15。

表4-15 幼儿教师获得感的幼儿园所在地差异

	城市	乡镇	农村	F
工资待遇	4.21±0.75	4.12±0.71	4.10±1.07	6.35**
政策制度	3.59±0.84	3.51±0.82	3.25±0.88	2.24
尊重体验	3.71±0.67	3.61±0.60	3.11±0.88	11.11**
工作成就	3.66±0.83	3.59±0.80	3.35±0.90	2.17
获得感总分	3.85±0.58	3.77±0.50	3.51±0.66	5.10**

注: * $p < 0.05$, ** $p < 0.01$, *** $p < 0.001$。

为了进一步明确园所所在地的获得感差异,进行了多重比较分析,结果发现,从获得感总分看,城市幼儿园教师与乡镇幼儿园、农村幼儿园教师均存在差异显著($m=0.07, p<0.01; m=0.31, p<0.01$),乡镇幼儿园教师与农村幼儿园教师也存在显著差异($m=0.24, p<0.05$);在工资待遇维度,城市幼儿园教师与乡镇幼儿园、农村幼儿园教师差异均显著($m=0.09, p<0.01; m=0.12, p<0.01$),乡镇幼儿园教师与农村幼儿园教师不存在显著差异($m=0.02, p>0.05$);在尊重体验维度,城市幼儿园教师与乡镇幼儿园、农村幼儿园教师均存在差异显著($m=0.10, p<0.05; m=0.60, p<0.01$),乡镇幼儿园教师与农村幼儿园教师也存在显著差异($m=0.50, p<0.01$)。

四、分析与讨论

(一) 幼儿教师获得感的总体状况

从表4-8中可以看出,幼儿教师获得感总分为3.81,整体处于中等偏上水平,因此,可以认为,幼儿教师获得感总体水平尚可,与以往的研究基本一致[①]。近年来,国家加大对学前教育的投入,强调学前教育的重要性,幼儿教师地位有所提高。新一轮基础教育改革强调幼儿教师是幼儿学习的引导者,其专业得到越来越多的认可,这些均让幼儿教师在职业上有所收获。尽管如此,本调查也同时反映了幼儿教师获得感亟待提高,得分在3分到4分之间,离"基本符合"还有一点距离。

幼儿教师获得感各个维度得分从高到低为:工资待遇、尊重体验、工作成就、政策制度,幼儿教师工资待遇获得感最高,政策制度获得感最低。以往研究认为,幼儿教师工

---

① 邵小佩.民办幼儿园教师获得感研究[D].重庆:重庆师范大学,2020.

资待遇水平较低,而在本研究中发现幼儿教师对自己的工资待遇比较满意,这也表明幼儿教师的工资水平虽然距离中小学教师有一定的差距,但是幼儿教师对自己的工资待遇还是存在一定程度的认可。任何一项事业的蓬勃发展都离不开法律的保驾护航,只有建立健康的、具有活力的制度保障体系,才能推动事业取得突破性发展[①]。幼儿教师的专业性和社会地位虽然政策文件上已经有所表示,但还比较模糊和笼统,缺乏操作性,更没有为幼儿教师专门立法[②]。因此,幼儿教师对于政策制度获得感较低。

(二)幼儿教师获得感的性别差异

关于教师获得感是否存在性别差异,迄今没有统一结论。有研究认为,女性小学教师职业获得感水平显著高于男性小学教师[③]。而有的研究则发现,小学教师的获得感不存在性别差异[④]。

本研究没有发现幼儿教师获得感存在性别差异,这说明,男性和女性在教师工作上满意度基本一致。本研究男教师仅为 17 人,虽然调查人数较少,但总体符合幼儿园男女教师分布。幼儿园男性教师比较稀缺,但男幼儿教师在幼儿园有着无法比拟的职业优势[⑤],男性教师在幼儿园更受重视,经常会有男性幼儿教师团队建设的活动,男性教师可以从丰富的活动中感受到幼儿园的重视和尊重,收获更多的专业成就。

(三)幼儿教师获得感的教龄差异

研究发现,教龄 15 年以上的幼儿教师获得感明显高于教龄 3~5 年的幼儿教师,有研究也认为教龄在 15 年及以上的小学教师获得感水平在各维度上显著高于教龄在 5 年及以内的教师[⑥]。刚工作的教师虽然会面对很多问题,如适应幼儿园环境、适应儿童、理论如何与实践衔接等,但新教师对工作充满热情,这份热情可以帮助新教师减缓工作压力。而工作了 3~5 年的幼儿教师虽然掌握了一定的专业技能,但是面对日复一日的工作会感受到疲惫,他们既不是新教师,也不能算是成熟教师,面对未来感到迷茫。有研究表明,教龄 3~5 年的幼儿教师离职率最高[⑦]。在政策制度和尊重体验维度,教龄 15 年以上的幼儿教师获得感明显高于教龄 3~5 年的幼儿教师和教龄 1~3 年的幼

① 洪秀敏,庞丽娟.学前教育事业发展的制度保障与政府责任[J].学前教育研究,2009(1):3-6.
② 单文顶,袁爱玲.身份重构:提高农村幼儿教师社会地位之路径.当代教育论坛,2015(3):52-59.
③ 吕亭亭.重庆市 B 区小学教师职业获得感调查研究[D].重庆:重庆师范大学,2020.
④ 程颖.重庆市 Y 区小学教师获得感现状及管理对策[D].重庆:重庆大学,2018.
⑤ 罗雪颖,谢华.当前男幼儿教师职业发展的困境及破解路径研究[J].黑龙江教师发展学院学报,2020,39(11):22-24.
⑥ 韩芬.小学教师职业获得感问卷编制与现状分析[D].南通:南通大学,2020.
⑦ 姚兰.幼儿园青年教师离职倾向及对策研究[D].南充:西华师范大学,2020.

儿教师,从整个教龄阶段来看,这两个维度也是教龄 15 年以上的幼儿教师得分最高。国家重视学前教育,颁布学前教育法律法规是在最近二十年中逐步进行的,也就意味着,教龄 15 年以上的幼儿教师是各种政策的直接受益者,他们看到了国家发展学前教育的决心,对国家颁布的各项政策比较认可。而年轻教师因为工作年限比较短,在工作岗位上感受到政策的力量比较有限,因此对于政策制度的获得感比较低。教龄在 15 年以上的幼儿教师专业技能比较强,甚至有些已经是专家型教师,对待工作比较得心应手,也知道如何与儿童、家长、领导相处,加之他们的生活已经相对稳定,对幼儿教师这份职业的心态已经平和,在对待同事、儿童和家长时更容易心平气和,在工作中更容易受到尊重。有研究认为,教龄越长越容易收获来自同事、幼儿家长的尊重[①]。

(四) 幼儿教师获得感的学历差异

本研究表明,学历为硕士研究生的幼儿教师获得感明显高于学历为专科及以下、本科的幼儿教师。近些年教育高速发展,人们受教育的程度越来越高,文化素质水平也越来越高,以往幼儿园招聘只需要专科学历即可,现在本科毕业的学生进入幼儿园都需要层层考核,硕士研究生到幼儿园工作只需要面试通过即可。很多已经在幼儿园工作的本科毕业生,也有提高自己学历的愿望。即使是这样,学历为硕士研究生的幼儿教师在幼儿园中仍旧屈指可数。学历体现了人接受科学文化知识的经历,也就是说,学历水平高的幼儿教师在从事幼儿园的科研教育方面有一定的优势。学历较高的本科生、研究生的理论知识与科学研究能力水平相对较高,通过在科研工作方面的努力,能更加感受到自我潜能的发挥和自我价值的实现,对待工作会更加有动力,也能感到充实感[②]。而且现在信息时代强调信息技术能力及对知识的运用和转化能力,而学历高的幼儿教师在此方面做起来容易得心应手。

(五) 幼儿教师获得感的职称差异

本研究发现,副高级职称的幼儿教师的总体获得感明显高于其他职称的幼儿教师。副高级的幼儿教师工资待遇、政策制度获得感与尊重体验获得感明显高于其他职称的幼儿教师。有研究证明,高级职称教师比其他职称教师拥有更高水平的幸福感,也从侧面印证了这一点。职称是幼儿教师职业发展规划和职业发展动力的重要影响因素,又与教师的薪资、福利待遇等密切相关[③]。职称较低的幼儿教师为了评定职称,会在教学

① 刘贤敏,徐莹莹.幼儿教师工作生活质量调查研究[J].现代中小学教育,2015(12):92-94.
② 李丹.幼儿教师职业幸福感与工作投入的关系研究[D].天津:天津师范大学,2021.
③ 沈艳华.A 民办幼儿园教师工作满意度调查及对策研究[D].重庆:重庆理工大学,2022.

水平和教科研方面投入较大的时间和精力,因此会感受到更多的压力。而在幼儿园中,正高级教师评定要求非常高,副高级是很多幼儿教师职业的顶点,因此,副高级职称的幼儿教师总体获得感要高于正高级教师。

(六) 幼儿教师获得感的婚况差异

有研究表明,已婚的小学教师职业获得感水平显著高于未婚的小学教师[①]。本研究发现,已婚教师不但总体获得感高于未婚教师,政策制度获得感和尊重体验获得感也高于未婚教师。究其原因,有以下两点:首先,已婚的幼儿教师获得的支持更多。已婚的幼儿教师相较于未婚的幼儿教师,除了能够得到父母、朋友、领导等的支持,还能够得到源于配偶甚至是子女的支持,也就是说得到的支持会更多,获得感也就越高[②]。其次,已婚教师的身份多样,更具有同理心。已婚教师不仅具有教师的身份,还有父母的身份等,因此在与人交往中,更容易设身处地体会他人的感受。同时,她们在教育子女的过程中会积累个人经验,把父母的情感和经验应用于工作中,更容易受到儿童和家长的欢迎。

(七) 幼儿教师获得感的编制差异

本研究发现,有编制的幼儿教师的总体获得感、工资待遇获得感和政策制度获得感都明显高于没有编制的幼儿教师。幼儿园聘用的大量非在编教师,在工作中比在编教师感受到更多的付出与回报不对等,薪酬福利待遇低等问题[③]。

幼儿园教师编制非常难以获得,有些地区甚至取消了编制,代之以备案制,即使是这样,幼儿园招聘的人数也一减再减。首先,没有编制的幼儿教师工资较有编制的幼儿教师低,由于非在编教师与在编教师"同工不同酬",综合待遇得不到保障,非在编教师离职意愿也高于在编教师[④]。其次,没有编制的幼儿教师评定职称更为困难,相对获得提升的机会也更少,这些都不利于幼儿教师的个人成长。最后,国家颁布的各项政策虽然在不同程度上提升了幼儿教师的地位,但是在执行中往往缺乏具体细则,落实到无编制的幼儿教师则更为模糊,导致无编制的幼儿教师对国家政策缺乏感受。因此,无编制的幼儿教师获得感低于有编制的幼儿教师。

---

① 韩芬.小学教师职业获得感问卷编制与现状分析[D].南通:南通大学,2020.
② 程颖.重庆市 Y 区小学教师获得感现状及管理对策[D].重庆:重庆大学,2018.
③ 林榕,王海英,魏聪.嵌入与调适:普惠性民办幼儿园教师生存状态的社会学分析[J].教育发展研究,2019,39(8):41-48.
④ 王涛,李梦琢,刘善槐,张雪.乡村振兴背景下农村幼儿教师离职倾向的影响机制研究——基于有调节的中介效应分析[J].华东师范大学学报(教育科学版),2022(6):82-96.

（八）幼儿教师获得感的园所所在地差异

本研究表明，城市幼儿教师的获得感总体状况、工资待遇获得感、尊重体验获得感均明显高于乡镇幼儿教师和农村幼儿教师。而乡镇幼儿教师的获得感总体状况、尊重体验获得感也明显高于农村幼儿教师。有研究表明，城乡小学教师在获得感及获得感各维度上存在一定差距，城市小学教师比农村小学教师获得感更强[1]。乡村教师的生活状况与城市教师相比一直处于不利境遇[2]。对于农村幼儿教师来说，幼儿教师是一种职业而不是专业，在长期城乡二元制的影响下，人们总容易简单、抽象化地理解乡村教师的价值，忽视乡村中小学教师工作的特殊性，夸大其所承担的社会责任，从而使乡村中小学教师的专业获得感减弱[3]。农村的幼儿家长普遍文化水平不高，对学前教育的理解存在很多误区，因此要提高农村幼儿教师在幼儿家长心目中的地位，必须转变幼儿家长的陈旧观念，认可农村幼师的身份是掌握科学育儿方法的专业人士，而非照顾孩子的看护者[4]。

五、结论

（1）《幼儿教师获得感量表》由工资待遇、政策制度、尊重体验、工作成就 4 个维度构成，共 15 个项目。《幼儿教师获得感量表》具有较好的信度和效度，是研究幼儿教师获得感的有效工具。

（2）幼儿教师获得感处于中等偏上水平，在教龄、职称、编制、婚况、学历、园所地域六个方面存在差异，在性别方面不存在明显差异。

---

① 朱雨炜.城乡小学教师获得感比较研究——以 Y 市为例[D].西宁:青海师范大学,2020.
② 吴亮奎.乡村教师的专业获得问题及其弥补性对策[J].中小学教师培训,2017(8):10-14.
③ 唐松林.理想的寂灭与复燃:重新发现乡村教师[J].中国教育学刊,2012(7):28-31.
④ 丁彩云,时松.某县农村幼儿教师社会地位现状调查研究[J].包头职业技术学院学报,2016(9):38-41.

第五章

幼儿教师获得感的形成机制研究

在教师获得感的影响因素研究方面，国内研究并不丰富，已有研究基本集中在内因和外因两个方面。但是要研究获得感，仅仅停留在影响因素的研究上是远远不够的。首先，获得感概念内涵的复杂性导致影响因素也呈现多维性。其次，单纯研究影响因素无法明确这些因素之间的相互关系，不理清内在联系就无法寻根溯源，从根本上提升获得感。因此，不仅要研究影响获得感的因素，更要发掘获得感的形成机制，为获得感的提升找到确切的路径。

第一节　人口统计学变量对获得感的影响

人口统计学变量包括性别、教龄（工龄）、年龄、职称等，影响获得感的人口统计学变量主要集中在教龄和职称上。

一、教龄

教龄是影响教师获得感的重要因素，但教龄对职业获得感的影响却没有统一的结论。有研究发现，不同教龄乡村小学青年教师职业获得感上存在显著差异，2年及以下教龄的教师群体获得感最高[①]。唐艳琼（2021）的研究得出了类似的结论，随着教龄的增加，乡村教师的职业获得感总体水平以及各维度呈现下降的趋势，但是到了一定的年龄又呈上升趋势，5年以下教龄的乡村教师职业获得感最高。而有研究对民办幼儿园教师调查发现，职业待遇感、园所认同感在教龄上存在显著差异，随着教龄的增加，教师

---

① 杨纳.乡村小学青年教师职业获得感现状研究[D].伊犁:伊犁师范大学,2021.

的职业获得感逐渐增加,16 年及以上教龄的教师职业获得感得分最高[1]。还有研究发现,教龄在 11～20 年的小学教师职业获得感水平较高[2]。

二、职称

职称对于教师获得感是否有影响,研究的结论相对比较一致,有研究调查了乡村教师,发现教师的职业获得感总体水平以及各维度水平随着职称的升高呈上升趋势[3]。虽然不能就此而出职称级别越高的教师职业获得感的水平越高的结论,但是众多研究中公认的一点是:就职称来说,职称高的教师比职称低的教师职业获得感的水平高。

三、性别

关于获得感是否存在性别差异,尚没有统一的结论。有研究发现,男性与女性获得感之间存在差异,女性青年比男性青年体育教师的获得感分数高。性别不同的职业获得感总体水平不同,男教师要低于女教师[4]。但是有研究发现,男性教师与女性教师获得感总分上不存在差异,但在某些维度则存在差异,有些研究发现,女性教师相较于男性教师,其职业获得感精神实现维度得分较高[5]。

第二节　影响幼儿教师获得感的内源性因素

一、教师的需要

教师因学段不同,其需要亦有所不同,但是所有的教师都有一个共同的身份——自然人,这使得教师会有共同的需要,如物质需要、归属需要、尊重需要、成就需要等。物质需要是所有人最基本的需要,同样也是教师最基本的需要,如果要想让教师能认真完成教学任务,就应该满足教师基本的物质需要,提高教师的工资和福利待遇[6]。教师的物质需要得到了重视,基本生活需要获得了满足,才能使教师在心理上感受到重视和满

① 张敬.民办幼儿园教师获得感研究[D].重庆:重庆师范大学,2020.
② 吕亭亭.重庆市 B 区小学教师职业获得感调查研究[D].重庆:重庆师范大学,2020.
③ 唐艳琼.积极心理学视角下的乡村教师职业获得感研究[D].长沙:湖南师范大学,2021.
④ 范金刚,永光,刘佳宝.新时代我国高校青年体育教师"获得感"的调查分析[J].喀什大学学报,2020,41(06):114-116.
⑤ 韩芬.小学教师职业获得感问卷编制与现状分析[D].南通:南通大学,2020.
⑥ 王璐瑶.幼儿教师获得感:内涵、影响因素与提升路径[J].科教导刊,2021(11):36-38.

足。获得感是一个新概念,内涵丰富,但其作为一种心理认知和体验,与人的需要满足程度密切相关。简单来说,就是教师的需要越能得到满足,获得感就越高;如果有很多种需要,主导需要被满足也会产生获得感,反之则获得感越低。获得感与马斯洛需要层次理论密切相关,除了马斯洛需要层次理论,克雷顿·奥尔德弗的需要理论也可以为获得感形成提供一定的理论参考。

 资料链接

克雷顿·奥尔德弗的需要理论[①]

克雷顿·奥尔德弗认为,人们共存在 3 种核心的需要,即生存(Existence)的需要、相互关系(Relatedness)的需要和成长发展(Growth)的需要,因而这一理论被称为"ERG"理论。他在 1969 年在《人类需求新理论的经验测试》一文中修正了马斯洛的观点,将需求层次进行重组。ERG 理论认为,生存、关系、成长这三个层次需要中任何一个的缺少,不仅会促使人们去追求该层次的需求,也会促使人们转而追求高一层次的需要,还会使人进而更多地追求低一层次的需求。生存的需要与人们基本的物质生存需要有关,它包括马斯洛提出的生理和安全需要。第二种需要是相互关系的需要,即人们对于保持重要的人际关系的要求。这种社会和地位的需要的满足是在与其他需要相互作用中达成的,它们与马斯洛的社会需要和自尊需要分类中的外在部分是相对应的。奥尔德弗把成长发展的需要独立出来,它表示个人谋求发展的内在愿望,包括马斯洛的自尊需要分类中的内在部分和自我实现层次中所包含的特征。任何时候,人们追求需要的层次顺序并不那么严格,优势需要也不一定那么突出,因而激励措施可以多样化。

马斯洛的需要层次是一种刚性的阶梯式上升结构,即认为较低层次的需要必须在较高层次的需要满足之前得到充分的满足,二者具有不可逆性。而相反的是,ERG 理论并不认为各类需要层次是刚性结构,比如说,即使一个人的生存和相互关系需要尚未得到完全满足,他仍然可以为成长发展的需要工作,而且这 3 种需要可以同时起作用。

ERG 理论还提出了一种叫做"受挫—回归"的思想。马斯洛认为当一个人的某一层次需要尚未得到满足时,他可能会停留在这一需要层次上,直到获得满足为止。相反地,ERG 理论则认为,当一个人在某一更高等级的需要层次受挫时,那么作为替代,他的某一较低层次的需要可能会有所增加。例如,如果一个人社会交往需要得不到满足,可能会增强他对得到更多金钱或更好的工作条件的愿望。与马斯洛需要层次理论相类

---

① 樱子.ERG 需要理论的创始人——克雷顿·奥尔德弗[J].现代班组,2009(12):25.

似的是,ERG 理论认为较低层次的需要满足之后,会引发出对更高层次需要的愿望。不同于需要层次理论的是,ERG 理论认为多种需要可以同时作为激励因素而起作用,并且当满足较高层次需要的企图受挫时,会导致人们向较低层次需要的回归。因此,管理措施应该随着人的需要结构的变化而做出相应的改变,并根据每个人不同的需要制定出相应的管理策略。

奥尔德弗指出,各个职工的需要结构和强度是各不相同的。有的职工是生存需要占主导地位,有的职工是关系需要或发展需要占主导地位。管理人员应该了解每个职工的起初需要,然后采取适当措施来满足职工的不同需要,以便激励和控制职工的行为,实现组织和职工个人的目标。

二、职业认同

教师职业认同决定了教师在工作时的基本态度,这既是一种状态,也是一种过程。有研究发现,职业认同不仅影响着教师的幸福感,还影响着离职意向以及教师感受到的压力水平[1]。职业认同对于教师非常重要的观点已经被研究者认可,但职业认同通过何种途径影响教师获得感,尚无统一结论。有研究者认为,教师获得感形成的过程就是教育职业认同的建构的过程[2],认同自己的职业能够给教师带来高尚的职业情操、愉悦的职业体验,在工作中更容易产生强烈的成就动机,这些都有利于提升职业获得感[3]。还有研究发现,辅导员的身份可以带来很多积极情感,辅导员越认同自己的职业,越能感知这些情感,那这些积极情感会使辅导员对自己的工作环境及条件产生更高的评价,从而对自己未来的职业发展有信心,因此职业获得感也会越强[4]。这些研究都证明了一点:职业认同可以通过直接或间接的方式影响获得感。

三、人格特质

人格主要是指人所具有的与他人相区别的独特而稳定的思维方式和行为风格。人格表现出的是一个人的整体精神面貌,是心理特征的总和,具有一定倾向性和稳定性[5]。获得感是一种主观感受,同样的工作,同样的收获,不同人的获得感不尽相同。

① 姚琼,许颖.定向师范生的职业认同与学习投入:心理资本的中介效应和主动性人格的调节效应[J].安徽工业大学学报(社会科学版),2022,39(6):111-114.
② 栗波.获得感:教师职业认同的时代建构[J].教育理论与实践,2018(38):36-38.
③ 郑育琛.高校辅导员职业认同与路径选择的质性研究[J].思想理论教育,2016(11):106-110.
④ 陈丽英.高校组织公平对辅导员职业获得感的影响——职业认同的中介效应[J].吉林省教育学院学报,2021,37(3):165-172.
⑤ 姚琼,许颖.定向师范生的职业认同与学习投入:心理资本的中介效应和主动性人格的调节效应[J].安徽工业大学学报(社会科学版),2022,39(6):111-114.

第一,价值观影响获得感。价值观是一个人进行价值判断的主要依据,物质观念较重的人往往以获得多少物质来衡量自己的获得感,而重情意的人往往会倾向人际关系的收获,如果没有合理的价值标准,就很难有正确的获得感。第二,主动性人格影响获得感。心理学家们对人格特质进行了划分,研究者尝试寻找这些人格特质和获得感之间的关系。何小芹(2019)的研究表明,主动性人格与学业获得感具有显著正相关,可以预测学业获得感。具有主动性人格的个人面对各种情境会采取更为主动的行为,争取创造出更适合自己的环境,从而提高个体的满意度和幸福感。第三,外倾性人格影响获得感。个体具有外倾性人格,会表现出对社会和物质世界充满活力,合群、自信、温暖、开朗和寻求刺激等心理特点。李思瑾(2021)发现,外倾性人格能正向预测个体主观幸福感。高外倾的个体热情开朗、喜爱社交,容易被团体接纳,工作更为积极,更容易获得团队的认可和支持,体验到的积极情绪也就越多,因而收获比较多。

 资料链接

人格特质理论①

一、奥尔波特的人格特质理论

奥尔波特把特质分为共同特质和个人特质。

(1)共同特质是属于同一文化形态下人们所具有的一般人格特质。它是在共同的生活方式下形成,并普遍地存在于每一个人身上的。从共同特质看,个体间的差异,只不过是指个人所具备这种特质的多寡或强弱不同而已。奥尔波特提出了人格的14种共同特质,如:支配—顺从,外向—内向,自信—自卑,合群—孤独,理论兴趣高—理论兴趣低等。

(2)个人特质是个人所独有的人格特质。奥尔波特特别重视个人特质,才能表现个人的真正特质。他指出:"严格地说,只有个人特质是真实的特质。因为,特质是个人的而不是地区社会的;特质是以个人经验独特方式发展起来的动力倾向,所以共同特质不是真正的特质。"在世界上没有两个人的个人特质是完全相同的,即使两个人在共同特质上是相似的,但他们行为上所表现的,仍各具独特性。例如与人格特质需求对应关系,有两个人的攻击性特质(共同特质)可能相似,但两人对人或对物作攻击表现时,仍有差异。所以个人特质不能在个人间彼此比较。奥尔波特主张心理学家应该集中力量研究个人特质。

奥尔波特认为个人所具有的个人特质并不是对一个人的人格起相同的影响和作用

---

① 彭聃龄.普通心理学[M].北京:北京师范大学出版社,2012.

的。他进而把个人特质按其对人格不同的影响和作用，区分为三个重叠交叉的层次：首要特质、重要特质和次要特质。

（1）首要特质，是个人最重要的特质，代表整个人格，往往只有一个。它在人格结构中处于支配地位，具有极大的弥散性和渗透性，影响到个人行为的所有方面。有些人因具有单个首要特质而成为著名人物。例如，创造是爱迪生的首要特质，多愁善感是林黛玉的首要特质。不过，这种首要特质，未必每个人都具有。

（2）重要特质，是人格的构件。每个人都有几个彼此相联系的重要特质构成其独特的人格。它虽然不如首要特质那样对行为起明显的支配作用，但本身还相当概括，对人格有一般意义的倾向。例如，为学生写操行评语时，所考虑到代表某个学生人格的那些特质（如：准时、整洁、勤奋、诚恳，等等），即属于其个人的重要特质。奥尔波特认为每个人所具有的重要特质，一般在5～10种之间。由此可见，每个人的重要特征并不多。

（3）次要特质。顾名思义，次要特质不是决定人格的主要特质。它最不明显，渗透性极小，对个体行为影响小。与首要特质和重要特质相比，次要特质是从更为狭窄的各种刺激来说的，它包括一个人独特的偏爱（如对某些食物、衣着的偏爱）、一些片面的看法和由情境所制约（如某人有恐高症）的特质，等等。

二、卡特尔的人格特质理论

卡特尔将人格特质分为：共同特质和个人特质，表面特质和根源特质，体质特质和环境特质，动力特质、能力特质和气质特质。

1. 共同特质和个人特质

共同特质，是在某一社会文化形态下，大多数人或一个群体所共有的、相同的特质。在研究人格的文化差异时，可以比较不同文化中的共同特质。个人特质是一个人相对稳定的思想和情绪方式，是其内部的和外部的可以测量的特质。

2. 表面特质和根源特质

表面特质是指从外部行为能直接观察到的特质；根源特质是指那些相互联系而以相同原因为基础的行为特质。表面特质和根源特质既可能是个别的特质，也可能是共同的特质。它们是人格层次中最重要的一层。

3. 体质特质和环境特质

根源特质可以再分为体质特质和环境特质。体质特质是由先天的生物因素决定；而环境特质则由后天的环境决定。

4. 动力特质、能力特质和气质特质

动力特质是指具有动力特征的特质，它使人趋向某一目标；能力特质是表现在知觉和运动方面的差异特质，包括流体和晶体智力；气质特质是决定一个人情绪反应速度与强度的特质。

雷蒙德·卡特尔对人格特质理论的主要贡献在于提出了根源特质。1949年,卡特尔用因素分析法提出了16种相互独立的根源特质,并编制了《卡特尔16种人格因素测验》(16PF)。这16种人格特质是:乐群性、聪慧性、情绪稳定性、恃强性、兴奋性、有恒性、敢为性、敏感性、怀疑性、幻想性、世故性、忧虑性、激进性、独立性、自律性、紧张性。

卡特尔认为在每个人身上都具备这16种特质,只是在不同人身上的表现有程度上的差异。

三、大五人格模型

研究者通过词汇学的方法,发现大约有五种特质可以涵盖人格描述的所有方面。大五人格(OCEAN),也被称之为人格的海洋,可以通过NEO-PI-R评定。这五种人格为以下五类:

(1)开放性(openness):具有想象、审美、情感丰富、求异、创造、智能等特质。

(2)责任心(conscientiousness):显示胜任、公正、条理、尽职、成就、自律、谨慎、克制等特点。

(3)外倾性(extraversion):表现出热情、社交、果断、活跃、冒险、乐观等特质。

(4)宜人性(agreeableness):具有信任、利他、直率、依从、谦虚、移情等特质。

(5)神经质或情绪稳定性(neuroticism):具有焦虑、敌对、压抑、自我意识、冲动、脆弱等特质。

四、职业价值观

职业价值观是社会人对自己所从事的职业内在意义的一种认识[1]。教师职业价值观对于教育职业承诺、工作投入、教师队伍的稳定以及教师专业发展等均有一定影响。职业价值观会影响职业价值判断,因此,职业价值观不同,面对同一事件会有不同的价值判断,从而形成不同的感受[2]。皮常玲(2019)研究发现,职业价值观对于获得感具有显著的正向影响,也就是说,教师在工作过程中满足自身需求、实现个人目标、践行个人价值均受职业价值观的影响,这些心理的满足会让教师产生积极的体验从而形成获得感。美国心理学家赫茨伯格的双因素理论认为,只有激励因素(工作有成就感、工作成

---

①　高梦君.他为什么心系贫困学子——基于职业价值观的分析[D].金华:浙江师范大学,2019.

②　刘文华,苗荣华,王秋莹.让教师在专业发展中收获幸福——提高教师职业幸福的实践探索[J].山东教育学院学报,2010,25(5):35-39.

绩受到社会的认可性、工作的责任感）才能够给人们带来满意感①，它能使教师自我实现的需要得到满足，因而影响教师在工作中的获得感。

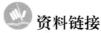 **资料链接**

职业价值观的结构

职业价值观结构的维度划分，常见的主要有二分法、三分法、四分法和多分法。具体来说，二分法是学者从外在价值和内在价值概括地划分职业价值观的结构内容；三分法在二分法的基础上增加社会价值一项。后来的学者在前人的基础上将维度的类目划分得更为详细，以便制订量表内的各项指标因子。下表中尽管表述有所不同，但所表示内容基本一致。多分法中关于物质报酬、社会声望、职业发展、自我实现等维度是所有学者公认的，属于职业价值观维度内容，因此都有提及。而人际关系、组织管理环境、家庭等维度只被部分学者因研究对象的个体特殊性有所增加或删减。之后，有些学者开始考虑到部分职业群体的特殊性和其职业价值观的研究价值，将研究对象明确在特定群体上，再有针对性地划分维度，如利他奉献维度与教师职业的特定属性相契合，因此被划分到职业价值观维度中。

国内外职业价值观的维度划分

研究者（年份）	维度类型
Ginzberg（1951）	工作伙伴、工作活动、工作报酬
Herzberg（1966）	内在职业价值、外在职业价值
Super（1970）	内在价值、外在价值、物质报酬
Elizer 等（1982）	地位、成就、利他、自由、舒适、安全
Surkis（1992）	内部价值、外部价值、社会价值、威望价值
宁维卫（1991）	声望、物质报酬、自我发展、工作安全、生活方式
凌文铨（1999）	声望因素、发展因素、保健因素
王立新等（2003）	威望、自我发展、贡献、家族、物质生活
金盛华等（2005）	地位追求、成就实现、社会促进、家庭维护
张凤琴（2005）	外在社会价值观：社会责任、义务、使命、社会贡献； 内在自身价值观：地位、自我发展、精神自由、权力、待遇
胥兴春（2007）	职业发展、物质报酬、人际关系、组织管理、利他奉献、安全稳定、社会声望

---

① 吴晓云，朱悦珉.双因素理论视阈下"90 后"高职院校共青团干部激励机制研究［J］.湖北开放职业学院学报，2023，36（5）：129－131.

第三节　影响幼儿教师获得感的外源性因素

一、薪资水平

有研究认为,教师教学获得感的要素应该包括四种:教学物质、教学安全、教学情感、教学尊重获得感[1]。在这四种获得感中,教学物质获得感是指教师所需要的教学物质(如教具、教学资料等)得到满足后产生的心理体验。除了教学物质获得感,生活中的物质获得感也非常重要。幼儿教师是一门职业,付出劳动必然要收获相应的物质报酬,如工资、津贴以及其他各类物质福利等,这些物质获得是教师生存、生活以及发展的经济基础[2]。总体来看,幼儿园教师在薪资待遇方面普遍不够理想。因为幼儿教师的工作比较繁杂,需要照顾幼儿生活的方方面面,除了基本教学外,还需要撰写各种计划、笔记、论文、观察记录等,从这个方面来看,幼儿教师工作量与薪资待遇之间不成正比。这种现象在农村幼儿园与民办幼儿园尤甚。付卫东(2020)[3]对湖北、湖南、山东、四川、广西和广东等6个省的幼儿园教师进行了调查,结果发现,2018年,山东公办幼儿教师年平均工资为26 236元,广西壮族自治区为32 336元,湖北为32 292元,湖南为33 915元,四川为48 028元,广东公办幼儿教师年均工资则达到66 056元。虽然广东的年平均工资最高,但标准差也最大。幼儿教师的获得感普遍偏低。

二、专业发展

教师的专业发展是教师专业化、教师获得感的重要表征之一[4]。影响幼儿教育质量的因素中最为重要的是幼儿教师的专业发展水平。专业发展水平越高,在教育教学中越得心应手,在评职称、晋升等方面越有优势。教学能力的提升有助于增强幼儿教师自我效能感,进而增强工作的认可,减少离职倾向。幼儿园工作繁重,充满了挑战性,幼儿教师觉得工作压力大,是因为没有解决关键的问题——专业发展。专业发展水平高的幼儿教师能认识到工作不仅是谋生的手段,更是实现自我价值的途径,在寻求自我意

①　吴宸琛.小学语文教师教学获得感生成研究[D].海口:海南师范大学,2022.

②　吴宸琛,崔友兴.中小学教师教学获得感的构成要素与生成逻辑[J].教学与管理,2022(21):10-13.

③　付卫东,沙苏慧.县(区)域公办幼儿教师工资待遇不平衡不充分:难题及破解——基于我国6省(区)16个县(区)160余所幼儿园的调查[J].黄冈师范学院学报,2020,40(04):59-67.

④　张红丽.农村中小学教师获得感提升路经探析[J].现代中小学教育,2019,35(12):89-91.

义的过程中不断体验到成就感、价值感。一个教师,如果真正立志于教育事业,他可以从专业发展上体验到强烈的幸福感,作为教书育人者实现自己的价值与追求[1]。幼儿教师通过努力成为专家型或学者型教师,强化了作为教师的职业信念,也就保持了职业激情,更能在职业中感受到幸福。幼儿教师教学或工作过程中自我的发展、进步、提升或成长能有效提升幼儿教师的获得感[2]。

 资料链接

促进幼儿教师专业化发展之途径——创设幼儿游戏[3]

一、创设幼儿游戏的环境是幼儿教师的首要专业素养

(一)保证游戏空间和时间

保证游戏的空间,安排好室内外游戏的空间。保证各类游戏的时间,除了服务于教学任务的集体游戏以外,还应保证幼儿自主游戏的时间,并且恰当地安排各种游戏所需的时间,在游戏过程中,教师要善于观察幼儿游戏中的表现,适时调整游戏时间,例如:组织幼儿做沙坑寻宝游戏,规定每次寻宝时间为 1 分钟,游戏时间结束时,如果教师发现幼儿兴趣还很浓厚、还在兴奋地挖寻宝物,可以将时间延长到 1 分半,以保护幼儿的游戏兴趣。

(二)适合幼儿年龄特点

幼儿年龄特点不仅表现在生理上,还表现在幼儿的心理发展水平不同,即不同年龄班的幼儿已有经验和能力不同。游戏环境的创设要适合不同班阶的幼儿。例如:小班幼儿的思维多是随动作进行,小动物、水果、生动活泼的环境是幼儿感兴趣的内容;中班幼儿主要凭借事物的具体形象进行思维,可提供半成品材料进行游戏;大班生活经验积累较丰富,以抽象逻辑思维为主,开放性的环境、材料能激发其好奇心和求知欲。

(三)准备丰富的游戏材料

游戏材料是游戏的物质支柱,是幼儿游戏的工具,幼儿是通过使用玩具、材料在游戏中学习。

不同的玩具、材料有不同的功能和特点,但都要适合幼儿的操作,避免出现投放重装饰、轻游戏、中看不中玩的游戏材料。例如,投放制作精美的纸卷花,远不如投放大量彩纸,让幼儿自己制作纸花更利于幼儿游戏开展;同时提供的游戏材料要丰富多彩,创设游戏环境的可变性、新颖性,不断地吸引幼儿,引起他们的游戏兴趣。

① 颜运珍.教师幸福感从专业发展开始[J].中国教育学刊,2008(4):74.
② 张鹏程,缪洁,桑宁杰,杨铭哲.幼儿教师获得感的质性研究——基于 NVivo11 的质性研究[J].中国健康心理学杂志,2022,30(12):1809-1813.
③ 刘萍.促进幼儿教师专业化发展之途径[J].教育实践与研究,2014(5):13-14.

当幼儿不再对某一种材料感兴趣时,该材料对幼儿的教育价值就不大了,应及时更新补充。游戏中为幼儿创设的游戏环境、提供的材料不仅要能激发幼儿的好奇心、求知欲,启发幼儿的想象力、创造力,引发幼儿去发现问题、解决问题,而且要能使幼儿学会如何去学习,如何去主动探求获得有益的知识经验。

二、营造宽松自主的精神环境

(一)尊重幼儿,建立平等、和谐的师幼关系

教师要有宽容、接纳的胸怀和饱含温暖的爱心,尊重幼儿的学习方式和身心发展特点,尊重幼儿间的个体差异。明确在游戏中的角色定位,尊重理解幼儿的游戏意愿,不过多地支配、干涉,不主观驾驭和包办代替,而是积极充当幼儿游戏的合作者和支持者,鼓励和引导幼儿构思,协助幼儿创作,给予幼儿肯定和支持,确保幼儿积极乐观地开展游戏。

(二)积极合作,建立互助、友爱的伙伴关系

在游戏进程中,教师要以身作则,文明礼貌、宽容大度、热情真诚、遵守规则,做幼儿学习的榜样。

三、有效推进幼儿发展的游戏指导是幼儿教师重要的专业能力

游戏中,教师的介入和指导很重要,但一定要把握介入时机,适时介入,要仔细观察幼儿表现,寻找最佳契机。

判断教师是否有效介入,就看是否尊重幼儿的游戏意愿,是否支持并推进了幼儿游戏的开展,是否帮助幼儿获得新的经验,提升发展水平,教师介入要赶在幼儿放弃之前,帮助幼儿提升已有经验。要真诚、积极地与幼儿合作,帮助幼儿解决困难,成为幼儿信赖友好的游戏伙伴。

三、人际关系

集体主义的文化背景下,每个人的存在既是他人存在的前提,也要以他人存在为前提。有研究指出儿童的友谊同他们的幸福感存在明显的关系,儿童拥有亲密友谊会更幸福,对生活更满意,体验到更多自尊,而体验到的孤独感和压抑感较少[1]。人际关系对成人同样重要,有研究提出需要层次理论与人际关系有着重要的关系:个体因为存在归属与爱的需要,为了满足这种需要,会积极主动参与社会交往[2]。同事是教师在工作和生活中的重要他人,具有良好的人际关系可以满足教师归属和爱的需要。同时,良好

---

① 丁杭兰.父母关爱与留守儿童个体幸福感的关系:友谊支持的调节作用[D].长沙:湖南师范大学,2019.

② 王海萍.从社会支持理论谈高校辅导员如何促进学生心理健康[J].广东工业大学学报(社会科学版),2004
(S1):211-212.

的人际关系意味着更多的认可和支持,拥有更多的积极情绪,更少的心理健康问题,从而提升获得感。

人际关系作为影响幼儿教师获得感的外在因素之一,从心理学层面上讲,指的是交往中人与人之间产生的直接的联系,其主要形式是亲密性、深度性、依赖性、协调性、愉悦性[①]。对于教师而言,良好人际关系的作用主要从两个方面体现出来:首先,良好的人际关系可以为教师营造安全的工作环境和教学氛围,对教师事业的发展起着重要的作用。教师群体关系和谐,教师之间相互信任,相互理解,相互帮助,相互借鉴思想、观念、价值观,不断改变自己,提高自己的知识与能力,时刻保持豁朗的心境和积极的心态[②]。教师良好人际关系就意味着和谐的人际氛围,人际距离更近,在交往中更能体会愉悦。其次,良好的人际关系意味着教师可以获得更多的社会支持,当教师遭遇挫折和失败的时候,良好的人际关系可以提供社会支持,帮助教师快速从挫折和失败中吸取经验,恢复如常。良好和谐的人际关系可帮助教师增进心理健康,反之,将会使教师处在亚健康状态,严重的甚至会导致教师出现心理卫生问题[③]。基于以上,有理由认为幼儿教师的人际关系可以影响幼儿教师获得感。因此,本研究提出假设1:幼儿教师的人际关系可以预测其获得感。

四、社会支持

社会支持是一个人在社会和团体中得到承认的重要体现,丰富和良好的社会支持可以给幼儿教师提供物质或精神的帮助,这种帮助会增加幼儿教师的愉悦感、归属感、幸福感。研究表明,得到来自身边亲属、朋友、同事支持较多的教师,比那些支持较少的教师身心更为健康[④]。教师的社会支持还与职业倦怠密切相关,可以减少职业倦怠对教师工作的消极影响,提高应对问题的能力,维持教师的身心健康。社会支持较多的教师,生活满意度也高。心理健康、生活满意度高、幸福感高的教师的获得感也相应不低。有研究表明,教师是否主动、合理利用了社会支持是影响其幸福感的关键因素[⑤]。社会支持利用度高的教师可以有效应对职业倦怠感和压力。幼儿教师是幼儿生活习惯和学习品质的培养者,社会应该认可和支持他们,提高幼儿教师的职业获得感,让幼儿教师安心工作。

社会支持指个体从其所拥有的社会关系中获得的精神上和物质上的支持,包含主

① 刘银花,闫保山.中小学教师人际关系状况调查与分析[J].教育实践与研究,2019(6):42-44.
② 龚鹏."生态型"校园呼唤和谐的教师人际关系[J].中国电力教育,2008(10):38-39.
③ 李晶,刘根义,隋桂英,等.中小学教师人际关系与心理健康的相关性研究[J].济宁医学院学报,2003(9):8-9.
④ 杨金焕.小学教师人际关系与主观幸福感的关系[D].长春:吉林大学,2020.
⑤ 崔云.教师主观幸福感影响因素的调查研究[J].上海教育科研,2016(7):56-60.

观支持、客观支持和对支持的利用度①。有研究表明,作为自我系统认知的重要成分之一的社会支持,会影响个体的获得感②。有研究发现,对企业员工进行领悟社会支持训练项目干预后,企业员工的获得感有了明显改善③,这也从侧面反映了社会支持可以影响获得感。人际关系作为社会支持的主体,同时也是社会支持的基础,良好的人际关系有助于个体获得社会支持④。良好的人际关系带来了坚实的社会支持⑤。

五、幼儿成长

通过自身努力获得的成果,对于个体来说更有收获感。幼儿教师的工作有其特殊性,无法通过知识的获得来衡量。幼儿教师工作的对象是幼儿,因此,幼儿的一点一滴的成长都会带给幼儿教师惊喜,这种由于参与带来成长的深刻体验是别的职业无法达到的。幼儿从不会吃饭到自己吃饭,不会如厕到自己如厕,对于别人来说是小事,但是对于幼儿园教师来说,因为有自己的亲身参与,即使是小事,也能体会到获得的感受。再者,幼儿教师也希望自己的工作有价值,期望工作能带给自己成就感,在幼儿教师的引领下幼儿逐渐成长,这恰恰是幼儿教师价值感和成就感的最突出的体现。幼儿成长对于幼儿教师来说属于精神上的"隐形获得感",也是容易被忽略的获得感。

除此之外,教师获得感的还受其他因素的影响,肖潇(2020)的对民办幼儿园教师的研究表明,职业中的评价、公平、参与、情感四个因素可以正向预测教师职业获得感整体及各组成部分。邢婷(2020)的研究表明,小学教师职业获得感、组织公正感和离职倾向三者之间存在显著相关,小学教师的组织公正感对职业获得感有显著预测作用。张冬梅(2021)的研究指出,工资待遇、幼儿教师职业成长、社会声望等是幼儿教师获得感的主要影响因素。朱雨炜(2020)的研究发现,获得感的影响因素可分为教师个人、学校和社会三个层面,教师个人层面包括教师职业态度、入职动机、自我角色认知、工作成就感,学校层面包括环境支持力度、管理评价制度、教师发展机遇,社会层面包括物质待遇保障、教师流动机制、教育氛围环境。

综上所述,影响教师的获得感外因是薪资水平、专业发展、人际关系、社会支持、幼儿成长,不仅要有物质基础,还需要精神支持,教师要切实有收获,才能对收获有所感受,正所谓:有"获"才有"得"。

---

① 肖水源.《社会支持评定量表》的理论基础与研究应用[J].临床精神医学杂志,1994(2):98－100.
② 朱英格,董妍,张登浩.主观社会阶层与我国居民的获得感:社会排斥和社会支持的多重中介作用[J].中国临床心理学杂志,2022,30(1):111－115.
③ 李明宇.劳动密集型企业员工领悟社会支持对获得感的影响及干预研究[D].重庆:重庆师范大学,2021.
④ 周立健.戒毒康复人员人际关系、社会支持与其复吸倾向的关系研究[D].长沙:湖南师范大学,2016.
⑤ 傅安国,郑剑虹.人际关系网络对事业生涯发展影响的质性研究[J].青年研究,2012(4):63－71.

第四节　幼儿教师获得感形成的路径分析

目前,关于教师影响因素的研究在国内并不多。有研究者认为,个人、社会、政府以及学校因素均可以影响教师的获得感[①]。有研究认为,影响教师获得感的因素主要包括内在因素和外在因素,内在因素主要是指教师个人的内在层面的因素,如职业价值观、专业认同感、职业胜任能力等。外部因素主要指教师所处的社会环境的因素,包括教师的收入待遇、学校对教师的考核、社会大众对教师的期望与评价等[②]。显而易见,外在和内在的因素均可以影响幼儿教师获得感,但是外在因素和内在因素对于幼儿教师获得感是平行影响还是交互影响? 目前有关这方面的研究比较缺乏,外在因素和内在因素对于幼儿教师获得感的作用机制尚不清楚。

本研究提出假设 2:社会支持在幼儿教师人际关系和获得感之间起中介作用。

教师职业认同是教师对其职业及内化的职业角色的积极的信念、情感和行为倾向的综合状态与发展过程[③]。职业认同作为影响幼儿教师获得感的内在因素之一,高度的职业认同是抵抗职业压力、缓解职业倦怠的心理基础,同时也是促进教师专业发展的根本推动力。教师的工作信念与职业情感在很大程度上受教师的职业认同的影响,职业认同会潜移默化的浸染教师日常工作中的一言一行[④]。有以辅导员为对象的研究表明,职业认同对其工作满意度有着明显的正向影响[⑤]。教师职业认同越强,越能认识到自己工作的意义,也就能在工作中获得越多。研究发现,同事关系可以正向预测教师职业认同,教师与同事之间出现的善意的、互惠的关系,比如相互信任、相互合作、互相关爱等,会在学校组织中形成凝聚力,促使教师融入学校这个集体。教师越融入学校的集体,组织关系就会越紧密,教师对于职业的归属感就越强烈[⑥]。来自家人和朋友,甚至是其他团体的支持,会使幼儿教师在情感上获得满足,

① 张展.乡村中学教师获得感的影响因素及提升路径研究——以重庆市 T 区三所学校为例[D].湘潭:湖南科技大学,2021.

② 郭燕,王勇.新时代教师获得感的影响因素及提升路径探究——基于特殊时期的感悟[J].教师,2021(13):77-78.

③ 蒲阳.教师职业认同的意义与现状[J].人民教育,2018(8):13-16.

④ 曹嘉轩.组织支持理论视角下提升农村教师职业认同的实证研究——以 N 区为例[D].杭州:浙江工商大学,2022.

⑤ 董秀成,吴明证.普通高校辅导员的职业认同与工作满意度的关系[J].心理科学,2010,33(1):241-243+231.

⑥ 蒲阳.学校因素对教师职业认同的影响——基于北京市义务教育阶段教师的调查[J].教育测量与评价,2021,9:9-20.

产生积极的情绪;反之,幼儿教师则失去长期稳定的情感支持,会阻碍其对职业的探索,导致职业认同水平降低。幼儿教师的职业认同水平受同事、领导、朋友及同学的影响,积极健康的关系对其职业认同水平会产生促进作用,反之则会产生阻碍作用[①]。王钢(2018)对 500 名幼儿教师的调查指出,幼儿教师应主动寻求外界的支持,从而提高自身的职业认同感。因此,本研究认为社会支持可以通过影响职业认同,从而影响获得感。基于此,本研究提出假设 3:社会支持不仅可以直接预测获得感,还可以通过职业认同影响获得感。

假设 4:幼儿教师职业认同与社会支持在人际关系与获得感之间,具有链式中介作用,如图 5-1 所示。

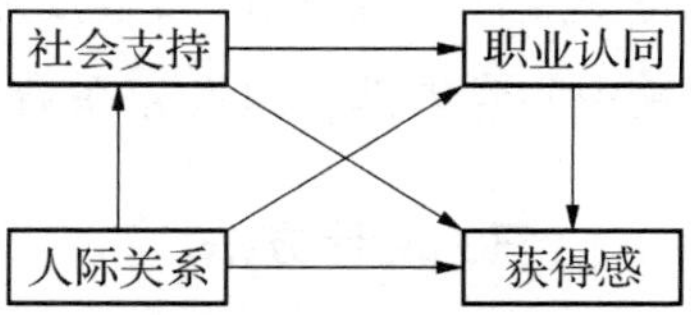

图 5-1　本研究提出的理论模型

一、对象与方法

(一)研究对象

采用整群抽样的方法,抽取幼儿教师共 520 名,回收有效问卷 502 份,有效率 96.54%。其中教龄 1～3 年 121 人,占 24.1%,教龄 3～5 年 88 人,占 17.5%,教龄 5～10 年 111 人,占 22.1%,教龄 10～15 年 76 人,占 15.1%,教龄 15 年以上 106 人,占 21.1%。学历为专科及以下 64 人,占 12.7%,学历为本科 434 人,占 86.5%,学历为硕士 4 人,占 0.8%。初级及以下职称 363 人,占比 72.3%,中级职称 131 人,占比 26.1%,高级职称 8 人,占比 1.6%。

(二)研究工具

1. 人际关系

采用郑日昌编制的《人际关系量表》测量幼儿教师人际关系,该量表包括 4 个维度,采用"是""否"2 级计分,共 28 个项目,各项目得分相加即为人际关系总分,得分越高表示人际关系越和谐。本研究中量表内部一致性 α 系数为 0.89。

2. 幼儿教师获得感

采用自编的《幼儿教师获得感量表》,该量表分为 4 个分量表,采用李克特 5 点计分,共 15 个项目,获得感总分为各项目得分相加,总分越高代表获得感越高。本研究中量表内部一致性 α 系数为 0.83。

---

① 孙孟娟.基于扎根理论的幼儿教师职业认同差异形成机制研究[J].教育观察,2021,7:60-64.

3. 社会支持

采用肖水源编制的《社会支持量表》，该量表包括 3 个维度，共 16 个项目，总分越高代表社会支持水平越高。本研究中问卷内部一致性 α 系数为 0.81。

4. 职业认同

采用魏淑华编制的《职业认同量表》，该量表分为 4 个维度，共 18 个项目，采用李克特 5 点计分，职业认同总分为各项目得分相加，总分越高代表职业认同水平越高。本研究中问卷内部一致性 α 系数为 0.92。

（三）统计方法

采用 SPSS 23.0 进行描述性统计分析；采用 SPSS 23.0 的宏程序 PROCESS 进行模型检验、Bootstrap 检验。

二、研究结果

（一）共同方法偏差检验

因采取被试自我报告的方式收集数据需要检验共同方法偏差，采用 Harman 单因素法进行检验，结果显示：KMO＝0.89，Bartlett 值为 32 719.93，$p < 0.001$，特征值大于 1 的因子共 22 个，最大因子方差解释率为 18.66%，一般的经验标准为 40%，本研究中的数据远远小于整个标准，这表明该数据不存在明显的共同方法偏差。

（二）描述性与相关分析

相关分析显示（如表 5 - 1 所示），幼儿教师的人际关系、社会支持、职业认同、获得感四个因素之间两两呈显著正相关（$r＝0.23 \sim 0.42$）。

表 5 - 1　幼儿教师人际关系、社会支持与职业认同之间的相关

	$M \pm SD$	1	2	3	4
1. 人际关系	1.82±0.18	1			
2. 社会支持	2.82±0.53	0.42***	1		
3. 职业认同	4.28±0.52	0.23***	0.46***	1	
4. 获得感	3.85±0.50	0.34***	0.43***	0.59***	1

注：* $p < 0.05$，** $p < 0.01$，*** $p < 0.001$。

(三) 多重中介模型检验

为进一步检验幼儿教师人际关系影响获得感的路径,根据上述假设,将人际关系作为自变量,获得感作为因变量,社会支持与职业认同作为中介变量,教龄与职称作为控制变量,采用 SPSS 23.0 宏程序 PROCESS 模型 6 进行路径检验及 Bootstrap 检验(重复抽样 5 000 次),结果如表 5-2、表 5-3、图 5-2 所示。

表 5-2 模型路径检验

回归方程		拟合指数		回归系数显著性		
结果变量	预测变量	R^2	F	β	SE	t
社会支持		0.30	72.42***			
	教龄			0.11	0.02	6.70***
	职称			0.11	0.04	2.44*
	人际关系			1.05	0.04	9.17***
职业认同		0.22	34.46***			
	教龄			0.03	0.02	1.88
	职称			−0.02	0.05	−0.42
	人际关系			0.13	0.13	1.02
	社会支持			0.40	0.05	8.56***
获得感		0.41	68.60***			
	教龄			−0.02	0.01	−1.05
	职称			0.03	0.04	0.67
	人际关系			0.50	0.11	4.57***
	社会支持			0.13	0.04	3.09**
	职业认同			0.48	0.04	12.76***

注:* $p<0.05$,** $p<0.01$,*** $p<0.001$。

表 5-3 相对中介占比

路径	效应量	相对中介占比
直接效应	0.50	55.56%
总间接效应	0.40	44.44%

续　表

路径	效应量	相对中介占比
路径 1	0.14	15.56%
路径 2	0.06	0.07%
路径 3	0.20	22.22%

注:路径 1 表示"人际关系→社会支持→获得感"路径;路径 2 表示"人际关系→职业认同→获得感"路径;路径 3 表示"人际关系→社会支持→职业认同→获得感"路径。

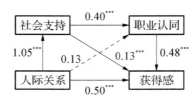

注:* $p<0.05$,** $p<0.01$,*** $p<0.001$。

图 5-2　模型路径检验结果

从表 5-2 中可以看出,人际关系正向预测获得感($\beta=0.50$,$p<0.01$),假设 1 得到验证。人际关系正向预测社会支持($\beta=1.05$,$p<0.001$),社会支持显著正向预测获得感($\beta=0.13$,$p<0.01$),说明社会支持可在人际关系对获得感的影响中发挥部分中介作用,中介效应量为 $\beta=0.14$,相对中介效应占比 15.56%,假设 2 得到验证。

职业认同的中介效应检验显示:人际关系对职业认同无显著预测作用($\beta=0.13$,$p>0.05$),职业认同显著正向预测获得感($\beta=0.48$,$p<0.001$),说明职业认同在人际关系对获得感的影响中无显著中介作用。链式中介效应检验显示,人际关系正向预测社会支持($\beta=1.05$,$p<0.001$),社会支持正向预测职业认同($\beta=0.40$,$p<0.001$),职业认同正向预测获得感($\beta=0.48$,$p<0.001$),说明社会支持与职业认同在人际关系对获得感的影响可发挥链式中介作用,中介效应量 $\beta=0.20$,相对中介效应占比 22.22%。假设 3、假设 4 得到验证。

三、分析与讨论

1. 幼儿教师人际关系对其获得感的影响

幼儿教师的人际关系可以预测其获得感。威廉姆斯(Willams)认为,维护和谐、稳定、亲密的人际关系是人们的基本需求之一,基本需要得到满足后,会产生积极的情绪和情感,体验到满足感和收获感。同时,本研究结果还显示幼儿教师的社会支持和职业认同呈显著正相关,这也与以往研究结果一致[①]。研究结果表明,幼儿教师人际关系和

---

① 贾翠霞.幼儿园教师职业认同及其与社会支持的关系研究[D].西安:陕西师范大学,2017.

获得感呈显著正相关,人际关系能够显著预测获得感,即幼儿教师人际关系越好,获得感就越高,这与以往研究结果一致[①]。良好的人际关系满足了个体归属和爱的需要,提高个体工作效率,最终都能使个体有积极的生活、工作和情感体验[②]。当幼儿教师工作后,同事、家人的鼓励和支持会让幼儿教师认识职业,从而愿意在职业上进行探索,继而做出承诺。

2. 幼儿教师社会支持、职业认同在其人际关系与获得感之间的中介效应

社会支持在幼儿教师人际关系和获得感之间起中介作用,这说明幼儿教师人际关系不仅能对获得感产生直接影响,还能通过社会支持对获得感产生间接影响。良好的人际关系意味当幼儿教师收获荣誉或者面临困难时,能从领导、同事、家人和朋友中获得赞扬、鼓励和安慰。研究显示,社会资源对于个体直接产生有利的影响,作为一种社会资源的社会支持,也可以对个体产生积极的影响。也可以说,获得社会支持越多个体,幸福感越高[③]。教师得到来自家庭的支持,也意味着他的家庭关系状况良好,这种在家庭中获得的资源也会提高教师工作的热情,从而在工作中收获友谊、身份和地位,这种收获反过来又扩大了教师的社会支持网络,形成了良性循环。这均表明了社会支持对于获得感的重要性。

职业认同在人际关系和获得感之间不存在中介作用,但是在幼儿教师社会支持和获得感之间起中介作用。这说明幼儿教师人际关系并不直接影响职业认同,但是人际关系以社会支持为中介影响职业认同,从而影响获得感。人际关系—社会支持—职业认同—获得感路径为 22.22%,说明社会支持、职业认同在人际关系和获得感之间存在链式中介作用。职业认同反映了教师对教师角色、工作的意义的理解和态度,当教师感受到被尊重、被理解等支持,对教师的身份会更认可。社会支持理论认为,支持性网络的可利用性是社会支持带给个体许多好处之一,即使在个体没有意识到其他人支持他,这种支持性的网络仍然会起到一定的作用[④]。

本次调查详细考察了人际关系与获得感之间的作用机制,揭示了幼儿教师人际关系影响获得感的内在心理机制。因此,本研究的结果可以为提高幼儿教师获得感提供一定的理论基础。与此同时,本研究也存在一些不足:首先,从研究对象的选取上来看,男性幼儿教师在幼儿园中比较少,随机取样时主要选取了女性幼儿教师作为研究对象,

① 苏玉琼.高校教师价值认同结构与强度的实证研究[J].成都理工大学学报(社会科学版),2019,27(2):105-112.
② 项冰,林培锦.人际关系视角的教师群体凝聚力形成研究[J].闽南师范大学学报(哲学社会科学版),2021(2):101-106.
③ 从晓.社会支持对老年人主观幸福感的影响研究[J].人口与社会,2022,38(6):32-43.
④ 陈振圻.大学生社会支持与主观幸福感的关系:心理弹性的中介作用[D].上海:华东师范大学,2020.

取样虽然符合幼儿园教师性别分布,但是性别在模型中是否起作用无法验证。其次,本研究只证实了社会支持、职业认同在幼儿教师人际关系和获得感之间的中介效应,而其他变量如归属感等对获得感也具有一定的预测作用,但在本研究中没有涉及。因此,对于获得感的心理机制还应进一步研究。

四、研究结论

(1)幼儿教师人际关系可以显著预测其获得感。

(2)幼儿教师人际关系不仅可以直接预测获得感,还可以通过社会支持间接预测获得感,而社会支持可以直接预测获得感,也可以通过职业认同预测获得感。

五、建议和对策

尽管内生机制和外发机制在教师获得感形成的过程中侧重点不同,但是"内向用力"和"外向用力"的平衡统一才能使教师保持高水平的获得感。只有内在和外在共同作用,才能为获得感提供源源不断的动力。

(一)高度的职业认同:幼儿教师获得感的内在源泉

教师是一种特殊的职业,是一种情感投入程度极高的职业,幼儿教师是否认同自己的职业关系不仅关系到幼儿的健康成长,更关系着教师自身的专业发展。

1. 帮助幼儿教师进行职业生涯规划

幼儿园工作琐碎而繁杂,如果教师每天都忙于手头工作又没有广阔的视野,很容易陷入"忙得团团转也忙不完"的怪圈,从而产生职业倦怠。提高幼儿教师的职业认同,可以从职业生涯规划入手,让幼儿教师明确教师发展的每一阶段会遇到的问题,以及每一阶段应该培养的重点等。有了这种纵向的视野,幼儿教师在应对问题时可以有的放矢,构建自己的经验体系,逐渐由新手型教师转变为专家型教师。首先,可以在职前教育,也就是师范教育中加强准幼儿教师的职业生涯规划教育。在对学前教育专业的学生进行师范教育的过程中,应贯穿职前生涯规划教育,大学一年级可以结合入学指导让学生对未来的职业有概括的了解,大学二三年级可以结合专业课介绍幼儿园日常工作和今后学前教育的发展趋势,大学四年级可以结合实习和就业让学生了解新手教师容易遇到的问题以及解决策略。职业生涯规划形式可以多样化,比如设置专门的职业生涯课程,也可以结合专业课进行,还可以聘请学前教育专家、园长、已经工作的师哥师姐进入校园,帮助学生了解幼儿园工作、了解教师专业发展。其次,对入职的幼儿教师进行持续的职业生涯规划指导。应该关注不同时期的幼儿教师,针对幼儿教师存在的共同问题,采用讲座、沙龙、交流、研讨、跟岗等形式,帮助新手教师快速融入工作,帮助老教师不断更新观念,让教师在工作中找到自身发展的价值,认同幼儿教师的职业,从而从内在推动幼儿教师产生获得感。

2. 提供幼儿教师专业学习的机会

随着时代进步,学前领域经常产生新概念,围绕新概念学界展开一系列研究,例如近些年的"深度学习""儿童海报"等。这就需要幼儿教师不断进行学习才能跟上时代步伐。除了理论知识的学习之外,幼儿教师也要提升实践能力,从集体教学活动到一日生活活动,都需要具有教育教学能力和智慧。而幼儿教师专业学习存在知识学习的浅层化、经验累积的碎片化、技能训练的片面化等问题[1],因此,专业学习必不可少。理论学习要和经验积累紧密结合。幼儿教师培训的主题应该要注重幼儿教师教育理念的更新与引领,帮助幼儿教师理解和领悟专业概念,让幼儿教师有专业问题意识,在培训中不断完善自身的专业知识体系。与此同时,培训要结合幼儿园工作的实际问题,帮助幼儿教师在其经验的基础上去解决问题,从而能够在自己的专业实践中进行深层次的专业学习。教研活动应与专业学习紧密结合。幼儿园教研是常态化活动,可以在教研时以幼儿教师的困惑为起点,进行研究性学习与实践,提醒幼儿教师时刻保持研究意识,从而提升其专业素养。

3. 减轻幼儿教师的工作负担

幼儿园工作是操作化的、细节化的。保育、集体教学活动、环境创设、课程审议等占据了幼儿教师的主要在园时间。除了常规的活动,幼儿园教师还要做大量的文字工作,长此以往,不仅会损害幼儿教师的身心健康,还会阻碍幼儿教师的专业发展。因此,各级行政部门应该减少各种形式主义的检查和评估,让幼儿教师有充足的时间和精力投入教育教学活动中,遵循教育教学本身固有的规律,不受外来压力的干扰,安心本职工作。

(二) 良好的人际关系和社会支持体系:幼儿教师获得感的外在动力

幼儿教师的社会支持主要来自家庭和工作场所,如父母、子女、配偶或恋人、园长、同事、幼儿家长等。

1. 组建学习共同体

组建园内、园际幼儿教师学习共同体,在进行教育教学研究的同时,还可以增加幼儿教师的人际交往。通过学习共同体,教师之间可以分享理论知识、工作经验、生活趣事,幼儿教师相互帮助、相互支持、共同进步,可以有效缓解工作压力,幼儿教师学习共

---

① 孙二军,王怡.幼儿教师专业学习的思维转向及策略[J].陕西学前师范学院学报,2017,33(4):99-102.

同体中因目标一致、工作相似，因此更容易形成平等、和谐、友爱的人际关系，在这种温情和放松的精神环境中，幼儿教师情感方面的需求更容易被满足[①]。

 资料链接

幼儿教师学习共同体的特点

一、以共同愿景为引导

幼儿园教师学习共同体并不是简单聚集起来的群体，具有共同愿景的特点，具体表现在：以共同愿景为引导的所有学习活动开展、集体的反思、共同的努力等一系列的行动都是朝着共同愿景而努力，不断地建设共同愿景，并在实践中对共同愿景负责。

幼儿园教师学习共同体的共同愿景并不意味着不重视每个共同体成员的愿景，幼儿园教师的个人愿景一般是指幼儿园教师个体的专业发展、个人职业幸福感的稳定和提升、个人价值的实现等。幼儿园教师学习共同体必须持续不断地鼓励成员将个人愿景和共同愿景融合，才能得到每位共同体成员的承诺和认同的力量，也只有共同愿景与每个成员的个体愿景融为一体，才有可能成为真正的共同愿景。这两者最理想的状态是统一的，和谐的。从共同愿景的形成过程来看，这种共同愿景强调每位教师的主动参与以便于共同愿景和个体愿景的融合统一。

二、强调平等的对话和协作

幼儿园教师学习共同体成员构成具有异质性，从宏观角度分析幼儿园教师学习共同体的成员，幼儿园教师和助学者（调研员、专家学者、管理人员及家长等）在学历和收入水平、知识结构、处理教育问题的视角、能力及态度等方面存在着差异，具有异质性。从微观角度分析，幼儿园教师群体中存在专家型教师、新教师等各类教师，甚至每一位教师在教育智慧、个性特长之间都有所差别，同样具有异质性。从平等理论来看，平等是承认差异的平等，是对人的价值，社会自由和道德的肯定，异质性应该被充分肯定，保持群体间平等的关系。而在幼儿园实践中，异质性带来的是绝对的行政权力和学术权威的倾向，群体的交往方式是行政权力者和学术权威的独白和教师的应和。

幼儿园教师学习共同体强调成员间的平等，而这种平等并不是绝对的数学上的平均或所谓等同，而是幼儿园教师学习共同体平等地对待异质性的成员，用共享权利代替绝对权利，用共同行动来替代权威的顺从，保证不同的成员能够以最适合自己的方式来满足发展需要。

---

① 陈颂.创建幼儿园教师学习共同体的策略研究[D].长春：东北师范大学，2014.

而如何实现每位成员以最合适自己的方式来实现发展,幼儿园教师学习共同体的特点也给出了答案:对话和协作。从柏拉图的对话开始至今,对话不仅是文体的表达和讨论的方法,更是生命的存在方式,贯穿于人生的基本原则,具有哲学意义上的对话精神,具有本体论意义。

对话就是多元主体间的平等与交流,幼儿园教师学习共同体成员间的对话建立在成员间平等的关系基础上,只有平等关系才能给予对话生命力和创造力。幼儿园教师学习共同体成员在平等关系的对话中分享实践经验,进行集体反思而实现对实践经验的不断反思和重构,从而使成员得到提升和发展。幼儿园教师学习共同体的对话是多样的、差异的、开放的,反对用权威者的话语来替代观念碰撞的可能性;寻求成员具体而生动的、有差异的观点,而不是抽象而单一的理论;对话并不一定非得到确切的答案,而重视对话过程的交融和开放性。

与其他教师共同体相比,幼儿园教师学习共同体的对话有着独特的特点。第一,对话内容涉及面较广,由于幼儿园工作的保育、教育性质,教育内容涉及生活的方方面面以及五大领域的教学内容,要求幼儿园教师具有更广泛的,甚至是有些繁杂的实践经验,幼儿园教师共同体的对话必然具有涉及面更为广泛的内容。第二,对话具有寻求情感宣泄和归宿的性质,女性群体的价值观、思维方式的偏感性的特点赋予了其对话感性的表达方式和寻求宣泄的目的,在相互之间的交流中获得成功时真诚的赞扬或失败时温情的抚慰。

协作是指协调与合作,协作理论的立论点是人必须协作的假定,认为个人都有局限性和有限的选择权。个人一方面受其所处的活动环境限制,另一方面受人本身的生物性质限制。而协作才是克服局限性和拓展选择权的有效方法。

在幼儿园教师的群体中不乏协调和合作,而协调多限于为了应付幼儿园非常态化的工作而进行的指令性的协调,合作也多为布置会场,搬运器械等事务性的合作。幼儿园教师学习共同体强调协作建立在异质性成员平等关系的基础之上,通过协调发挥每一个异质性成员的最大作用,从而实现共同体的整体优化,最大限度地发挥团体力量。在实现共同愿景和发展共同体的一切事务上,通过商讨的方式,凝聚集体智慧的力量。在幼儿园教师学习共同体所进行的多种学习和实践活动中都渗透着合作的精神,在成员互相学习、沟通的基础上进行专业性合作活动,通过专业性合作活动充分与其他共同体成员进行沟通,共同反思和成长。

三、在共生、和谐的关系中实现专业成长

幼儿园教师学习共同体是互相依存、相互促进、共同发展的,共生关系体现在各幼儿园教师学习共同体之间和幼儿园教师学习共同体成员之间。各幼儿园教师学习共同体之间的共生关系不仅存在于同一地域的幼儿园教师学习共同体之间,如园内的各种幼儿园教师学习共同体,也存在于不同地域、不同范围的教师学习共同体之间,如各区域幼儿园教师学习共同体,网络学习共同体之间。幼儿园教师学习共同体成员之间的共生关系蕴含在异质性成员构成的价值中。异质性成员在各个方面确有差异,但差异性是共生关系的基点和价值所在。正因差异,才在生存过程中建立更加相互生存的关系。幼儿园教师学习共同体成员之间共生的前提是异质性成员对自身非完美性的觉醒和他人对自我发展价值的认同,体现在因发展而产生的相互需求性和相互关联性。

2. 营造良好的组织氛围

积极的组织氛围可以有效消除幼儿教师的职业倦怠[①]。工作氛围轻松愉快,一方面有利于幼儿教师在工作中发挥自己的特长进行教育教学活动,另一方面,在这种氛围下,幼儿教师之间相互关心、相互倾诉、相互分担,从而减少工作倦怠。首先,幼儿园管理人员应该信任、关怀教师。幼儿园管理人员应该认识到教师之间的个别差异,用发展的态度对待每一位教师,寻找每位教师的优势,在管理者和教师之间、教师与教师之间营造良好的人际关系。其次,让幼儿教师参与幼儿园管理。幼儿园是教师们的"第二个家",幼儿园中所有事务均与教师息息相关。建立合理的渠道,让幼儿教师了解幼儿园每一阶段工作的现状和重点,并接纳幼儿教师的献言献策,培养幼儿教师的主人翁意识。最后,幼儿园评价机制要公平透明。幼儿园中的评奖评优要有合理机制,并保证公平透明。

3. 保障家园沟通顺畅

师幼关系和家园沟通也是影响幼儿教师社会支持的重要因素。首先,幼儿教师应平等对待每一位幼儿,用耐心、爱心教育幼儿,从而赢得幼儿的喜爱和家长的尊重。其次,幼儿教师应多与家长交流,及时和家长沟通幼儿在园情况,用自己的专业知识帮助家长科学育儿。最后,幼儿教师的一言一行都会通过孩子反馈给家长,因此幼儿教师要特别注意自己的行为,避免给幼儿和家长留下不良印象。

4. 构建自己的社会支持系统

外在的社会支持固然很重要,但更重要的是幼儿教师能否觉察以及利用这种支持。首先,教师应树立积极心态。幼儿教师健康心理不仅包括热爱工作和生活的心态,还包括抗挫折能力。幼儿教师应该意识到教育工作是在人际互动中进行的,这是一项伟大

---

① 冀东莹.幼儿园组织氛围与教师职业倦怠的关系研究——工作家庭冲突的中介作用[D].郑州:河南大学,2017.

的事业,从事幼儿教育工作是一件幸福的事情。遇到挫折后教师能从积极的角度寻求解决问题的方法,快速从挫折中恢复。其次,教师要掌握心理调适的方法。幼儿教师应时刻关注自己的心理健康,学习科学的心理健康知识,运用这些知识调适自己,提高心理健康水平。最后,教师应建设自己的人际交往网,提高自己的社交能力,遇到问题积极寻求并接受他人的帮助。

第六章

幼儿教师获得感的效果变量研究

第一节　幼儿教师获得感的效果变量

本研究界定的获得感建立在马斯洛需要层次理论上,该理论表明,需要就是需求得不到满足,从而导致个体处于不平衡或缺乏状态,因此个体会力求用各种方式满足这些需要,以避免产生失落、难过等消极情绪;精神上的需求是高层次的需求,该层次的满足后会获得积极情绪体验,如快乐、骄傲、自豪等。而积极情绪与个体的健康,包括身体和心理健康以及社会适应均存在紧密的联系[①]。因此,本研究认为获得感会让人产生积极的情绪和情感,从而改善人们的生活满意度、健康水平、工作投入以及幸福感等。

 资料链接

获得感、幸福感和安全感的逻辑关系[②]

获得感、幸福感和安全感具有内在的逻辑关系。它们的共同点是:客观条件与主观期待相符合的满足感;可以进行指数量化;可以进行程度评判;有随着外部条件的优化而不断增强的过程。它们的内在关联是:获得感是较低层次的、比较容易满足的主观感受,它是单一关系的评判结果,主要是个人的劳动与获得的回报的一致性,即个人付出与获得的公平性。安全感是较高层次的主观体验,是外部条件、外部环境让人踏实的、稳定的、有保障的主观体验。一方面,就生活现状而言,安全感是生活免于伤害的稳定

①　董妍,王琦,邢采.积极情绪与身心健康关系研究的进展[J].心理科学,2012,35(02):487-493.
②　徐斌.从"获得感"到"获得感幸福感安全感"的逻辑跃升[J].国家治理,2017(47):28-31.

的主观感觉,它不仅要满足个人的获得感,而且要求公正的社会环境、优美的自然环境。安全感又是幸福感满足的必要条件,它内蕴于幸福感之中。另一方面,就生活的未来而言,安全感是指向未来的范畴。它是免于未来生活担忧的、有长久保障的主观情绪反映;不仅指当下的个人获得感,而且要求未来的社会公正、生活保障。幸福感是在获得感、安全感基础上的最高层次的满足感,它是人的生活期待与能够享受的客观条件相符合的主体满足感。因为人的生活期待是多方面的,人的幸福感的来源也是多方面的。除了满足公平的获得感外,还有温暖的个人情感、公正的社会关系、优美的生活环境等带来的幸福感。所以,幸福感是多向度的评判结果。这种评判不仅是个人付出与获得的公平性,而且是同样的付出要求有同样收获的公平性和与他人生活状况比较的公平性。

一、获得感影响生活满意度

生活满意度是美国社会学家约翰逊(D·M·Johnson)于 1978 年提出,最初的含义是个体根据自己主观的标准,对自己的生活质量所做的一个总体评价。生活满意度包含一般生活满意度和特殊生活满意度,一般生活满意度指个体对某个特殊领域的判断,对生活质量所做的总体评价,这种评价更为稳定;对不同的生活领域(如家庭、单位、学校等)做出的具体评价称为特殊生活满意度[①]。生活满意度的影响因素有很多,张洵(2018)等对幼儿教师的调查发现,职业压力与生活满意度、希望感呈负相关,希望感在职业压力和生活满意度之间起中介作用;赵小云(2016)则发现,职业使命感能正向预测生活满意度,张淑婷和齐星亮(2020)对幼儿教师进行了调查,发现心理解脱对生活满意度具有正向预测作用,但高家庭压力会减弱这种作用,幼儿教师的家庭压力调节了心理解脱对生活满意度的作用。

众多研究已经表明,虽然个体的需求层次不同,但当这些需求被满足时,会给个体带来积极的获得认知和情绪体验,从而从思想上提高个体的生活满意度。人们对社会公平感、社会信任等社会环境的认知也与幸福感和生活满意度有直接的联系;通过亲社会行为如分享、谦让、合作等,无论是实施者还是接受者,都可以感受到明显的幸福感[②],而这些因素均是获得感的来源。当人们的获得感得到满足时,会带来积极的情感体验,从而带来生活满意度和幸福感的提升。满意度的提升是以获得感的提高为基础的。只有人民群众在生活中有实实在在的收获,他们才能满意。提高获得感的目的最

① 王璐瑶.父母教养方式与中学生学业倦怠的关系:生活满意度与学业自我概念的链式中介作用[D].重庆:西南大学,2022.

② 杨莹,寇彧.亲社会互动中的幸福感:自主性的作用[J].心理科学进展,2015,23(07):1226-1235.

终是提升满意度。

蔺海泮(2022)对1243名乡村青年教师进行了调查,发现乡村青年教师的获得感对生活满意度具有正向预测作用,乡村青年教师获得感既可以直接影响其留岗意愿,也可以通过影响生活满意度从而影响留岗意愿,也就是说青年教师的获得感越强,生活满意度就越高,他们也就越愿意留在教师岗位上。由此也可以看出,获得感可以促进人主体性的发挥,从而导致从业者在职业工作中拥有高涨的工作热情[①],在工作中有主人翁的自觉意识,以主人翁的态度对待工作,认识到职业活动是个人成长与价值实现的可靠途径[②]。

改革开放以来,我国经济快速发展,尤其是近些年,人们的物质生活水平极大提高,到了"吃什么有什么"的时代。按照常理来说,生活满意度和幸福感应该随着经济发展而不断提高,但是事实并非如此,生活满意度和幸福感相较以前甚至还出现了下降。因此,获得感作为生活满意度和幸福感的中间态,相较于生活满意度和幸福感,反映、评价和预测社会发展进步以及人们对美好生活的态度确实更为有效[③]。获得感的缺失会让人们产生消极情绪,从不同维度来看又不单纯只是产生消极情绪,如工资待遇较低,基本的生理需要和安全需要得不到满足,面对现代社会的高房价和高物价,人们的生存和生活遭遇到前所未有的挑战,人们容易焦虑和抑郁。当教师在幼儿园缺乏归属感,他们会感到精神剥夺,即对园所没有情感依托,心里感到不安全、不稳定,缺乏对于教师职业的价值意义肯定,从而无法安心工作,容易离职。经济的发展、时代的变化导致教师日益职业化、教育日益产业化,急剧的变化导致社会大众对于教师的评价日益下滑,这种长期存在的质疑和负面评价,导致了社会大众对教师社会身份的定位不符合教师的精神需要。一方面教师有强烈的精神需要,另一方面教师评价较之前变差,导致了教师对于自身职业的迷茫和质疑[④]。按照需要理论,教师无法满足精神需求,也就无法会产生更高级的需要,对自身和工作产生怀疑,从而影响身份认同,影响自尊和心理健康,导致丧失奋发向上的动力。由此可以看出,获得感影响生活满意度和幸福感。

二、获得感影响健康

迄今为止,关于获得感影响健康的研究尚不多见。获得感作为一种主观感受,高获

① 何洵.研究生学历小学教师职业获得感研究[D].无锡:江南大学,2022.

② 侯燕.心理契约:大学青年教师职业获得感生成路向探论[J].江苏高教,2017(9):64-67.

③ 王俊秀,刘晓柳.现状、变化和相互关系:安全感、获得感与幸福感及其提升路径[J].江苏社会科学,2019(1):41-49+258.

④ 栗波.获得感:教师职业认同的时代建构[J].教育理论与实践,2018,38(29):36-38.

得感会让人感受到满足、快乐、幸福，因此积极情绪可以反映获得感对健康的影响。

（一）生理健康

研究发现，个体经常体验积极情绪，其抗体反应的水平更高，经常处于积极情绪中的被试乙肝病毒抗体反应水平更高[1]。进一步研究结果表明，积极情绪对于免疫抗体来说能提高抗体的特异性[2]。另有研究表明，积极情绪与慢性疾病的病情显著相关[3]，积极情绪可以帮助病人忍受疼痛[4]，而积极情绪的缺乏会提高某些疾病的死亡风险，积极情绪水平低的个体，部分疾病死亡率会更高，如心肌梗死和冠心病[5]。周爱保（2021）的研究发现，饮食障碍者的积极情绪能够促进个体的享乐机制，或增加个人自愿抵制美食的诱惑，从而改善不良饮食行为。孙胜红（2018）认为，在肾移植患者的症状管理过程中，引导患者体验积极情绪并采取积极的应对方式可以减轻症状困扰，保持心理健康，提高生活质量。钱爱云（2022）发现，积极情绪是癌症患者应对压力的内在动力，可以帮助患者增强免疫力，是健康重要的预测因素。

（二）心理健康

积极心理学家弗雷里克森（Fredrickson，1998）提出，个体处在积极情绪时，可以建构积极的个体资源，这些资源被存储下来，以后在类似情景可以拿出来使用。因此，保持积极情绪，人们可以使自己更健康，具有渊博的知识、具有创造性、具有弹性、具有良好的社会交际[6]。积极情绪可以通过加强建设个人资源进而使个体心理健康的水平提高[7]，通过这种资源的积累，积极情绪可以减少事件引起的主观压力[8]，能够降低物质滥

①　Marsland A L, Cohen S, et al. Trait positive affect and antibody response to hepatitis B vaccination [J]. Brain, Behavior, and Immunity, 2006, 3: 261–269.

②　Doyle William J, Gentile D A, Cohen S. Emotional style, nasal cytokines, and illness expression after experimental rhinovirus exposure[J]. Brain, Behavior, and Immunity,2006(2): 175–181.

③　Saviz C S, Julienne E B. Positive affect and inflammation during radiation treatment for breast and prostate cancer[J]. Brain, Behavior, and Immunity, 2009(8): 1068–1072.

④　Kratz Anna L, Davis M C, Zautra A J. Pain acceptance moderates the relation between pain and negative affect in female osteoarthritis and fibromyalgia patients[J]. Annals of Behavioral Medicin,2007(3): 291–301.

⑤　Shirai K, Iso H, Ohira T, et al. Perceived level of life enjoyment and risks of cardiovascular disease incidence and mortality: the Japan public health center-based study[J]. Circulation, 2009, 120(11): 956–963.

⑥　兰伟彬，常经营.积极情绪相关研究综述[J].四川教育学院学报,2008(10):26–29.

⑦　王振宏,吕薇,杜娟,等.大学生积极情绪与心理健康的关系:个人资源的中介效应[J].中国心理卫生杂志,2011,25(7):521–527.

⑧　Fredrickson B L, Branigan C. Positive emotions broaden the scope of attention and thought-action repertoires[J]. Cognition and emotion, 2005, 19(3): 313–332.

用和出现精神病症的可能性[1]，减少个体的自杀构念[2]，缓解来自遗传的抑郁倾向[3]，可以缓解歧视或生活压力对幸福感造成的损害[4]。此外，积极情绪的表达也可以促进心理健康[5]。王艳梅(2009)对 82 名大学生进行了实验，发现记录愉快事件可以提高被试的积极情绪和主观幸福感，5 个月后这种效果仍然显著。王永(2010)对大学生进行了为期 5 周的积极情绪实验干预，结果发现，通过干预促进积极情绪体验，改善了体现病态心理的 SCL - 90 因子症状。杨燕(2012)调查了百岁老人发现，影响老人长寿的因素之一为性格乐观开朗，乐观人格在一定程度上能促进老年人的心理健康。

(三) 社会适应

能良好适应社会的个体，能根据社会规则满足自身成长需要，接受社会的价值观念的同时，根据以往经验选择合适的社会适应策略，按照社会能接受和认可的方式进行社会活动，从而达到人与社会环境的和谐统一[6]。由于不同学科之间、同一学科不同研究群体之间存在差异性，因此，针对不同的学科和研究群体，可以分为不同的社会适应的维度。方从慧(2008)对大学生的社会适应进行了划分，分为学习、人际、心理、环境和未来适应；而淘沙(2000)以大学生为研究对象，认为包括 5 个方面的适应：学习、人际、生活自理、环境总体认同以及身心症状表现；杨彦平(2007)对中学生进行了研究，将社会适应分为内容特质系统、预测控制系统、心理调节系统和动力支持系统四个基本系统。

积极情绪可以增加个体的人际资源(友谊、社会支持网络等)[7]，反过来，人际资源也可以促进个体的积极情绪体验，良好的社会支持网络有助于个体保持积极向上的情绪，树立积极健康的生活方式，从而使个体更愿意维护自身健康，保持增进健康的行为，减少不利于健康的行为。除此之外，积极情绪能够提高人际问题(如协商和谈判)解决

---

① Flory K, Hankin B L, Kloos B, et al. Alcohol and cigarette use and misuse among Hurricane Katrina survivors: psychosocial risk and protective factors[J].Substance Use & Misuse, 2009, 44(12): 1711 - 1724.

② Hirsch J K, Duberstein P R, Chapman B, et al. Positive affect and suicide ideation in older adult primary care patients[J]. Psychology and Aging, 2007, 22(2): 380 - 385.

③ Wichers M C, Myin-Germeys I, Jacobs N, et al. Evidence that moment-to-moment variation in positive emotions buffer genetic risk for depression: a momentary assessment twin study [J]. Acta Psychiatrica Scandinavica, 2007, 115(6): 451 - 457.

④ Steptoe A, Diez R A. Happiness, social networks, and health[J]. British Medical Journal, 2008, 337: 2781.

⑤ 郭小艳，王振宏.积极情绪的概念、功能与意义[J].心理科学进展，2007(5):810 - 815.

⑥ 李恬.青少年偶像崇拜对社会适应的影响：自我概念清晰性的中介作用[D].呼和浩特：内蒙古师范大学，2022.

⑦ 郭小艳，王振宏.积极情绪的概念、功能与意义[J].心理科学进展，2007(5):810 - 815.

的可能性,可以促进个体在问题解决中更加灵活和变通,使个体更容易理解问题情境①,可以使个体采用更多的积极应对方式②,从而更好地进行社会适应。卞军凤(2023)对家庭经济困难大学生的调查发现,获得感影响其心理适应性,学校道德氛围在获得感和心理适应性之间起中介作用,可以通过提升家庭经济困难大学生的心理适应性来增强其获得感。

三、获得感影响工作投入

工作投入由卡恩(Kahn)提出,最早指组织成员控制自我,使自我角色和工作角色相结合、转换的过程,后来被广泛使用,指以活力、专注和奉献为特征的一种与工作有关的积极而有意义的心理状态③。影响工作投入的因素非常多,现有研究主要集中在个体因素、家庭因素、工作相关因素。

① 个体因素。张丽芳(2008)对教师的进行调查发现,工作投入与工作满意度二者之间有显著正相关,工作满意度既对工作投入有直接的影响,也可以通过其他因素对工作投入产生间接影响。张轶文等人(2005)则发现个体对待工作相关的问题所采取的应对策略能够有效预测其工作投入的水平。

② 家庭因素。罗斯巴德(Rothbard,2001)发现,男性的工作投入水平增加会提高家庭投入水平;女性工作投入水平增加会减弱家庭投入水平,但家庭投入水平增加会提高工作投入水平。

③ 工作相关因素。李金波等(2006)对企事业员工进行了调查,了解影响员工工作投入的组织因素。调查表明,工作投入既受组织承诺的直接影响,也受组织公平、组织支持感的间接影响;角色压力对工作投入既有直接影响,又存在间接影响。焦海涛等(2008)发现,家庭工作促进、工作不安全感、组织支持感和基于组织的自尊均会影响员工的工作投入。

拓展—建构理论最早用于解释积极情绪的进化和发展价值,后来被研究领域引入。由于积极情绪不是应对狭窄的、威胁的反应,因此,积极情绪会暂时扩大个体的注意力和思维,这样可以使个体冷静思考,找出更深层次的联系,感知到平时不容易感知的,或提出不平常的想法④。这些资源包括身体资源、社交资源、智力资源、心理资源,等等,

---

① Fredrickson B L, Branigan C. Positive emotions broaden the scope of attention and thought-action repertoires[J]. Cognition and emotion, 2005, 19(3):313-332.

② 郭小艳,王振宏.积极情绪的概念、功能与意义[J].心理科学进展,2007(5):810-815.

③ 黄钧霞.社会资本、组织支持感对新员工工作投入的影响——生涯适应力的中介作用[D].上海:上海师范大学,2021.

④ 李地婉.公仆型领导的跨域影响研究:基于拓展建构理论[D].武汉:武汉大学,2019.

比如健康，能够帮助个体抵御疾病；比如友谊，能够给个体提供物质支持和精神支持；比如知识，能够帮助个体了解当前处境，选择合适的方法处理事情；比如，乐观、希望、韧性，能够帮助个体掌握当前环境并能抵抗挫折。这一理论认为，当员工处于积极情绪状态时，愿意接受挑战，对未来的工作更有希望，能体验工作的意义和挑战感，从而保持更高的工作投入水平。积极情绪有助于员工资源的恢复，有助于员工在工作中保持充沛的精力并维持良好的工作投入状态[①]。情感事件理论（Affective Events Theory，AET）认为在工作中产生的情感会影响个体的情感，如不喜欢某些事件会导致员工的消极情感，进而影响员工的态度行为——导致消极怠工，即事件—情感—态度行为，这说明了员工在工作中存在情感作用机制[②]。研究表明，积极情绪能对员工的工作态度与行为产生积极影响，从而影响组织的目标实现与绩效[③]，员工积极情绪越多，工作投入水平就会越高[④]，换句话说，积极情绪水平高的员工会更多地投入工作中。积极的情感状态会增强员工的自我效能感，从而在工作的时候更能集中精神，因此，积极情绪状态下的员工的工作表现会更好。高峰（2014）对80后的员工进行了研究，证明了心理授权、积极情绪与工作投入的关系，积极情绪在心理授权与工作投入之间起中介作用。李旭培（2013）发现，积极情绪在抗逆力与工作投入具有中介作用。黄斌（2015）发现，压力源通过影响积极情绪，从而影响工作投入，积极情绪对工作投入具有正向作用。张晓宇（2016）也得到了类似的结论：积极情绪可以正向预测工作投入。

 资料链接

拓展—建构理论中积极情绪的功能[⑤]

1. 拓展功能

可以拓展个体即时的注意、认知、行动范围，激发大脑前额叶皮层的功能，促使个体积极地思考诸多行动可能、探索认知行动趋势，不断积累有利于目标实现的知识和经验。研究者发现患者尊严与疾病相关因素（身体功能、心理困扰）、个体相关因素和社会相关因素（社会支持、照护要旨）有关，研究表明，感恩情绪可以对身体功能产生积极作

---

① 陈向欣.民营企业员工工间微休息与工作投入的关系：恢复体验和积极情绪的作用[D].上海：华东师范大学,2022.

② 王可心.高校辅导员上午的情绪、希望与当天工作投入的关系[D].沈阳：沈阳师范大学,2017.

③ Bledow R, Schmitt A, Frese M, et al. The affective shift model of work engagement[J]. Journal of Applied Psychology, 2011, 96(6):1246-1257.

④ 高峰.80后高新技术企业员工心理授权、积极情绪对工作投入的影响[D].哈尔滨：哈尔滨工程大学,2014.

⑤ 叶金婵.基于拓展建构理论的感恩干预对恶性淋巴瘤化疗期患者尊严水平的影响研究[D].乌鲁木齐：新疆医科大学,2022.

用,并且可以在患病时减少心理困扰,这种积极的个人性格属性已被证明是防止心理痛苦的保护因素。

2. 建构功能

通过建立成长轨迹,随着时间的推移建造相应的个人资源,如生理资源、心理资源和社会资源,给个体带来间接长远的效益。感恩表达时通过与他人的互动建立良性关系,使得社会资源不断累积,如亲密关系的发展、医护人际关系的维持、社会关系的长期稳定。有研究利用互联网所带来的优势,在人群中实现积极情感的传播,持续不间断的刺激为建设个人可持续的资源提供了机会。

3. 缓释功能

放松消极情绪对个体思维的控制,通过修复自主神经,使机体心率减慢、血管扩张,血压降低,达到躯体平静的目的。化疗所产生的不舒适感使患者恐惧,研究表明,积极情感放松了个体躯体和精神上的束缚。

四、获得感影响幸福感

幸福感是一种积极的心理体验和主观感受,伴随着生活质量要求的满足而产生,具有主观性、整体性、相对稳定性等特点[①]。获得感是幸福感的基础来源,最高表现是幸福感[②]。现有的大量研究表明,积极情绪与幸福感具有十分密切的关系[③]。积极情绪作为一种积极、愉快的情绪体验,有利于提高员工的幸福感[④]。个体在体验到积极情绪时可以更加开放、专注,有效应对生活事件,体验到成功,减少不良情绪的出现,增强生活幸福感[⑤]。主观幸福感被积极情绪所保护,在这种保护下,个体能够体验到更丰富、多层次的幸福感。牛玉柏(2019)研究发现,乐观可以显著正向预测老年人的主观幸福感,乐观作为一种积极情绪心理资源,资源越强,幸福感就越高。吴绿敏(2021)发现,人际关系与积极情绪呈正相关,人际关系与主观幸福感呈正相关,积极情绪与主观幸福感也呈正相关。处在亲密关系的情境下,在人际关系和主观幸福感之间,积极情绪在起到部

---

① Albert K, Stones M J. Social desirability in measures of subjective well-being: age comparisons[J]. Social indicators research, 1988(1):1 - 14.

② 张正,金丽馥.获得感研究述评与展望——基于2015—2020年文献CiteSpace可视化分析[J].江苏大学学报(社会科学版),2021,23(5):91 - 101.

③ Ortner C N M, Chadwick L, Wilson A M. Think ahead before you regulate: A focus on future consequences predicts choices of and beliefs about strategies for the down-regulation of negative emotions[J]. Motivation and Emotion, 2018, 42(6):896 - 908.

④ 王永,王振宏.大学生的心理韧性及其与积极情绪、幸福感的关系[J].心理发展与教育,2013,29(1):94 - 100.

⑤ 蒋艺.女大学生人际交往能力对心理健康的影响:积极情绪的中介作用[D].南充:西华师范大学,2018.

分中介作用,甚至是完全中介作用。兰伟彬(2008)认为,积极情绪与主观幸福感之间具有显著的正相关,主观幸福感与正性情绪之间存在显著相关。王永(2013)发现,心理韧性可以预测幸福感,积极情绪在该路径中起部分中介作用,可以通过培养积极情绪从而提高幸福。王永(2011)以大学生为被试,采用书写表达积极情绪的方法,持续时间4周,每天30~45分钟,发现书写表达积极情绪显著提高了大学生的幸福感。田荣辉(2015)也发现书写表达积极情绪提高了护士的主观幸福感。朱燕珍(2017)也通过书写积极情绪干预老年糖尿病患者的生活,发现对社区老年糖尿病患者开展积极情绪书写表达干预能有效提高患者的心理弹性,提升其主观幸福感,对改善老年糖尿病患者的生活质量具有重要意义。但是,积极情绪是直接促进主观幸福感的提升,还是间接地促进主观幸福感的提升,中间是否有其他因素影响,需要进一步研究。

五、获得感影响心理韧性

韧性原本是物理学概念,后引入到心理学中,原意是指外力挤压物体时的回弹,在心理学中引申为面对严重威胁,个体的适应与发展仍然良好的现象[1],因此也有心理弹性、复原力、压弹力的称谓。积极情绪与心理韧性有紧密的联系,积极情绪是心理韧性的来源[2]。王振宏等(2011)发现,经常处于积极情绪状态下的个体,心理韧性更好,心理韧性可以帮助个体应对压力和逆境。任亮宝(2015)研究发现,负性情绪与心理韧性呈显著负相关。高心理韧性个体能够调动积极情绪面对问题,此时积极情绪可以帮助个体发掘更多心理资源应对创伤,从而更能促进个体冷静适应环境,更顺利地解决问题。张兴慧(2022)研究发现,积极情绪可以增强心理韧性,心理韧性会因为积极情绪的提高而提高。

 资料链接

心理弹性含义的探讨[3]

桑标等学者将国外研究者关于心理弹性的定义归为三类。

(1)结果性定义:重点从发展结果上定义心理弹性,如 Masten A. S.(2001)认为"心理弹性是即使在严重威胁下,仍能产生适应较好或发展顺利等结果的一类现象。"

(2)能力性定义:心理弹性是个体的一种能力或品质,是个体所具有的特征,如 Werner E. E.(1995)认为"心理弹性是个体能够承受高水平的破坏性变化,同时表现出

---

① Werner E E. Resilience in development[J]. Current Directions Psychological Science, 1995, 4(3):81-85.

② 张春阳,徐慰.儿童期创伤与有留守经历大学生负性情绪:心理韧性的调节作用[J].心理发展与教育,2022,38(4):584-591.

③ 曹中平.积极心理学视角下心理弹性研究进展述评[J].理论建设,2012(5):86-91.

尽可能少的不良行为的能力""心理弹性是个体从消极经历中恢复过来,并且灵活地适应外界多变环境的能力"。

（3）过程性定义:心理弹性是一种动态的发展变化过程,如 APA Help Center（2002）提出"心理弹性是个体面对生活逆境、创伤、悲剧、威胁或其他生活重大压力时的良好适应过程,意味着从困难经历中恢复过来。"心理弹性是个体在危险环境中良好适应的动态过程。心理弹性表示一系列能力和特征通过动态交互作用而使个体在遭受重大压力和危险时能迅速恢复和成功应对的过程。

第二节　幼儿教师获得感效果变量的实证研究

党的十八大以来,国家不断出台学前教育相关政策与文件,学前教育事业发展迅速。据统计,2021 年全国幼儿园数达到 29.5 万所,比 2011 年增加 12.8 万所,增长了 76.8%,全国在园幼儿数达到 4 805.2 万人,比 2011 年增加 1 380.8 万人。面对快速发展的幼儿园事业,如何建设一支稳定且高素质的幼儿教师队伍成为影响学前教育的重点之一。

然而,学前教育迫切需要解决的突出问题是幼儿教师队伍的不稳定,幼儿教师存在离职意向甚至离职现象普遍存在[①]。离职意向指个人不想继续目前的工作,离开现在的工作岗位而另外寻找其他工作机会的意向。幼儿教师离职意向指幼儿园教师不愿意继续从事幼儿教师的工作,想要找寻更好的工作的一种心理状态[②]。幼儿教师离职已逐渐成为理论界和实践界关注的一个热点话题[③]。离职意向不能完全等同于离职行为,但能有效预测实际离职行为[④]。幼儿教师的离职意向或者离职会导致幼儿园教师队伍不稳定。为了维持正常的教育教学秩序,幼儿园会让其他教师身兼数职或从社会上招聘没有幼儿园教师资格的人员参与教育教学,阻碍幼儿的心理健康发展和教师的队伍建设,进而影响学前教育的质量。

影响幼儿教师离职的原因有很多,主要包括人口学变量和其他变量。人口学变量主要有年龄、工龄、学历状况、人格、婚姻状况等。尹佳（2014）的调查表明,25 岁以下的

---

① 尚伟伟,沈光天.幼儿教师职业承诺与离职倾向的关系研究—工作生活质量的中介作用[J].教育学术月刊,2017(7):74-82.

② 杨当晴.民办幼儿园教师离职意向的个案研究[D].兰州:西北师范大学,2016.

③ 黄旭,王钢,王德林.幼儿教师组织支持和职业压力对离职意向的影响:职业倦怠的中介作用[J].心理与行为研究,2017,15(4):528-535.

④ 张玉琴,南钢.幼儿园教师职业生涯适应力对离职意向的影响:工作满意度的中介作用[J].学前教育研究,2020(2):32-40.

幼儿教师相较于 36 岁以上幼儿教师,离职倾向更高。桑青松等(2012)的研究也证明了此观点:25 岁以下的幼儿教师最容易离职。除此之外,胡志红(2012)的调查表明,年龄在 41 岁以上的幼儿教师的离职意向低于 40 岁以下的幼儿教师。关于教龄影响离职的结果相对统一。桑青松等(2012)的研究显示,离职倾向最高的是教龄为 5 年以下的幼儿教师。艾娟、杨桐(2016)的研究显示,工作 2～5 年的幼儿教师的离职倾向显著高于工作 5 年以上的幼儿教师。尹佳(2014)对幼儿教师进行调查也发现,5 年教龄以内的幼儿教师离职倾向最高,幼儿教师的离职倾向随着教龄的增长呈下降趋势。陈文秀(2014)的研究也发现,工龄为 1～5 年的幼儿教师离职倾向最高,工龄 10 年以上的幼儿教师离职倾向则最低。但也有研究得出了不同结论:胡志红(2012)的研究显示,工龄对幼儿教师的离职倾向没有特别显著的影响。至于学历是否影响离职倾向,胡志红的研究表明,具有大专学历的幼儿教师,其离职倾向远远高于中专或高中以下、本科学历的幼儿教师。桑青松(2012)调查发现,大专学历幼儿教师的离职倾向比本科学历的幼儿教师高得多。关于婚姻状况是否影响离职意向,尹佳(2014)调查发现,无论是未婚的幼儿教师还是已婚的幼儿教师,离职倾向都处于较低水平,但相对而言,未婚的幼儿教师比已婚的幼儿教师离职倾向高。胡志红、桑青松等(2012)的调查也表明未婚的幼儿教师相较于已婚的幼儿教师,离职倾向更高。

影响幼儿教师离职意向的因素众多,有些因素比较分散,例如职业认同、职业压力、工作满意度等。赵迪(2021)认为付出—回报失衡会影响留职意愿,但并非影响幼儿教师留职意愿的唯一因素;黄玥明(2021)认为家庭—工作冲突能够直接预测幼儿教师的离职意向,还可以通过职业认同、职业倦怠间接预测幼儿教师的离职意向;陈亮华(2022)对幼儿教师的研究发现,职业认同和心理幸福感都可以影响离职意向;王涛(2022)对农村幼儿教师进行了调查,发现工作压力可以预测幼儿教师的离职倾向,工作冷漠感对离职倾向也存在正向影响显著;苏婧(2021)发现,教师离职倾向与工作满意度有着显著的相关,教师基本心理需求影响离职倾向,但是这种影响必须通过工作满意度才有可能起作用。孙琪雯(2021)研究发现,社会支持总体对离职意向具有负向预测作用。

 资料链接

付出—回报失衡理论[①]

为探讨工作环境特征与员工健康之间的关系,研究者分别从社会冲突、劳动异化、

[①] 苏婧,田彭彭,徐露.幼儿教师基本心理需求对离职倾向的影响:工作满意度的中介作用[J].早期教育,2021(12):22-27.

角色理论和社会交换视角提出个人—环境匹配、工作需求—控制、工作—家庭冲突、付出—回报失衡等理论模型,作为工作压力测量模型,付出—回报失衡模型的应用较为广泛。付出—回报失衡理论模型(ERI)问世于 20 世纪 70 年代。该理论模型基于三个前提:第一,员工感知到回报小于付出时将产生工作压力;第二,相较于投入较低的员工,高投入的员工将会产生更大的工作压力;第三,工作压力一定程度上会影响员工的身心健康。在此基础上,ERI 理论模型得出三个假设:付出、回报和超负荷各自均能影响健康;付出和回报的交互作用(通常用付出和回报维度的比值来表示)能影响健康;超负荷可以调节付出—回报失衡对健康的影响。关于第一个假设,已有实证研究考察了付出、回报和超负荷对压力反应的预测作用。Hu 等将付出、回报和超负荷分成高低水平,考察两组受测对象在压力反应上的差异,发现高付出、低回报和高超负荷与工作倦怠显著相关。Rasmussen 等将付出、回报和超负荷因子共同作用于工作压力反应,发现付出、回报和超负荷均对工作倦怠有显著预测效应。关于第二个假设,研究发现付出—回报失衡可以引起个体的压力反应,并导致健康问题,如付出—回报失衡可正向预测员工的工作倦怠、血压和哮喘发作等。关于第三个假设,现有研究试图验证超负荷的调节作用,但迄今未得出公认的研究结论,有学者发现超负荷有调节作用,有学者认为调节作用不成立。我国学者方燕玉认为,超负荷的调节作用不成立,可能的原因是所选取的研究对象数量太少,无法满足统计学处理要求,或是被研究对象的工作环境特征过于复杂。

获得感与幸福感的最大不同在于获得感具有客观性,获得感是建立在客观获得基础上的[①]。由此看见,获得感会影响幸福感。有研究发现,获得感与工作满意度呈正相关,与离职意向呈负相关[②],小学教师职业获得感与离职倾向呈显著负相关[③]。迄今尚无幼儿教师获得感和离职倾向之间关系的研究,但是获得感对幼儿教师人生发展有重要影响已是研究者的共识。因此,探求幼儿教师获得感与离职倾向的关系有助于了解幼儿教师获得感对离职意向的影响,减少离职行为,这对于幼儿教师师资队伍的稳定有着非常重要的意义和价值。

鉴于此,本研究提出以下假设。假设 1:幼儿教师获得感对于离职意向具有显著负向预测作用;假设 2:幼儿教师获得感通过幸福感影响离职意向,幸福感在获得感和离职意向之间起中介作用。

① 王恬,谭远发,付晓珊.我国居民获得感的测量及其影响因素[J].财经科学,2018(9):120-132.
② 雷萌,罗银波,汪瓒,等.农村基层医务人员获得感与离职意愿的关系研究——以工作满意度为中介[J].中国卫生政策研究,2020(12):48-53.
③ 邢婷.小学教师职业获得感及其与组织公正感、离职倾向的关系研究[D].金华:浙江师范大学,2020.

一、对象与方法

（一）研究对象

研究对象为随机选取的江苏省、黑龙江省幼儿教师，发放问卷 530 份，回收有效问卷 519 份，有效率 97.9%。其中男性教师 17 人，女性教师 502 人；年龄为 20～30 岁 279 人，30～35 岁 87 人，35～40 岁 58 人，40～45 岁 44 人，45 岁以上 51 人；教龄 1～3 年 125 人，3～5 年 96 人，5～10 年 116 人，10～15 年 76 人，15 年以上 106 人；学历专科及以下 67 人，本科 448 人，硕士及以上 4 人；职称初级及以下 374 人，中级 137 人，副高级 3 人，高级 5 人；未婚 192 人，已婚 327 人；有编制 302 人，无编制 217 人。

（二）研究工具

1. 幼儿教师获得感量表

本研究采用自编的《幼儿教师获得感量表》，该量表分为工资待遇、政策制度、尊重体验、工作成就四个分量表，采用李克特 5 点计分"完全不符合"计 1 分，"基本不符合"计 2 分，"不确定"计 3 分，"基本符合"计 4 分，"完全符合"计 5 分，各项目得分相加为总分，总分越高意味着获得感越高。本研究中量表内部一致性 α 系数为 0.83。

2. 教师离职意向量表

该量表由樊景立[1]于 1998 年编制，为单维度量表，共 4 个项目，采用 5 级计分法：从"非常不同意"到"非常同意"分别计 1～5 分。取 4 个项目的平均分，总分越高代表教师的离职意向越强烈。本研究中量表内部一致性 α 系数为 0.82。

3. 幸福感量表

使用美国国立卫生统计中心制定编制、段建华修订的《总体幸福感量表》[2]测量幼儿教师的幸福感，该量表分为 6 个分问卷，共 18 个项目，分别计 1—7 分，各项目得分相加为幸福感的总分，总分越高代表幸福感水平越高。本研究中问卷内部一致性 α 系数为 0.94。

（三）统计工具

本研究数据输入 EXCEL 2010，采用 SPSS 24.0 进行分析。

① Farh J L, Tsui A S, Xin K, et al. The influence of relational demography and Guanxi: The Chinese case [J]. Organization Science, 1998, 32(4): 471-488.

② 段建华.总体幸福感量表在我国大学生中的试用结果与分析[J].中国临床心理学杂志,1996(1):56-57.

二、研究结果

（一）共同方法偏差检验

因采取被试自我报告的方式收集数据，所以需要检验共同方法偏差，采用 Harman 单因素法进行检验，检验显示：KMO＝0.93，Bartlett 值为 13 942.59，$p < 0.001$，一共产生了 6 个特征值大于 1 的因子，最大因子方差解释率为 27.41%，一般的经验标准为 40%，本研究中的数据远远小于整个标准，这表明该数据不存在明显的共同方法偏差。

（二）幼儿教师离职意向的总体特征与人口统计学差异

本研究采用的离职意向量表采用 5 点计分，理论中值为 3，由此可见，幼儿教师的离职意向总体水平中等偏低（$M = 2.77$，$SD = 0.60$）。对幼儿教师离职意向进行进一步分析发现，幼儿教师离职意向具有教龄、职称和编制的显著差异，而在学历、婚况上没有显著差异，具体见表 6-1。

表 6-1 幼儿教师离职意向的人口统计学差异

		M	SD	F
教龄	1—3 年	2.80	0.62	4.14**
	3—5 年	2.85	0.55	
	5—10 年	2.88	0.70	
	10—15 年	2.70	0.46	
	15 年以上	2.58	0.55	
学历	专科及以下	2.87	0.72	1.14
	本科	2.75	0.58	
	研究生	2.69	0.55	
职称	初级及以下	2.82	0.62	4.09**
	中级	2.65	0.53	
	高级	2.31	0.32	
婚况	未婚	2.83	0.61	3.11
	已婚	2.73	0.59	
编制	有	2.70	0.61	7.51**
	无	2.85	0.58	

注：$^{*} p < 0.05$，$^{**} p < 0.01$，$^{***} p < 0.001$。

（三）幼儿教师获得感与离职意向的相关分析

从表 6-2 可以看出,幸福感与离职意向呈负相关,获得感与离职意向也呈负相关,获得感与幸福感呈正相关,这说明幼儿教师的获得感和幸福感越高,离职意向就越低。

表 6-2　幼儿教师获得感与离职意向的相关

	$M\pm SD$	1	2	3
获得感	3.85±0.50	1		
离职意向	2.41±0.90	-0.49***	1	
幸福感	2.87±1.19	0.13**	-0.23**	1

注:* $p<0.05$,** $p<0.01$,*** $p<0.001$。

（四）中介模型检验

为进一步检验幼儿教师获得感影响离职意向的机制路径,根据本研究假设,将教龄与职称作为控制变量,获得感作为自变量,幸福感作为中介变量,离职意向作为因变量,采用 SPSS 24.0 宏程序 PROCESS 模型 4 进行路径检验及 Bootstrap 检验(重复抽样 5 000 次)。

从表 6-3 和 6-4 可以看出,获得感负向预测离职意向($\beta=-0.83$, $p<0.01$),假设 1 得到验证。幸福感负向预测离职意向($\beta=-0.11$, $p<0.01$),获得感显著正向预测幸福感($\beta=2.44$, $p<0.01$),说明幸福感可在获得感对离职意向的影响中发挥部分中介作用,中介效应量为 $\beta=0.02$,相对中介效应占比 8.65%,假设 2 得到验证。

表 6-3　模型路径检验

回归方程		拟合指数		回归系数显著性		
结果变量	预测变量	R^2	F	β	SE	t
离职意向		0.27	59.90***			
	教龄			-0.06	0.03	-2.18*
	职称			-0.14	0.08	-1.81
	获得感			-0.83	0.07	-11.73***
幸福感		0.02	3.53*			
	教龄			-0.17	0.34	-0.49
	职称		-0.71	0.94	-0.76	
	获得感			2.44	0.77	3.16**
离职意向		0.17	26.58***			

续　表

回归方程		拟合指数		回归系数显著性		
离职意向	教龄			0.02	0.01	2.43*
	职称			0.01	0.02	0.88
	幸福感			−0.11	0.07	4.84**
	获得感			−0.09	0.01	7.09**

注：* $p < 0.05$，** $p < 0.01$，*** $p < 0.001$。

表 6-4　总效应、直接效应和中介效应的分解表

路径	效应值	SE	95%的置信区间	
			下限	上限
总效应	0.11	0.01	0.08	0.13
获得感—离职意向	0.09	0.01	0.07	0.12
获得感—幸福感—离职意向	0.02	0.01	0.01	0.02

三、分析与讨论

（一）幼儿教师离职意向的总体状况

关于幼儿教师离职意向的研究结果并不一致，有个案研究表明，幼儿教师离职意向问题较为严重[1]，但是本研究发现，幼儿教师离职意向总体水平中等偏低，出现这种差异的原因可能与取样有关。

本研究进一步发现，幼儿教师获得感存在教龄、职称和编制差异。从教龄上看，工作 5～10 年的幼儿教师离职意向高于其他教龄的幼儿教师。有研究发现，工作 5～10 年的幼儿教师职业倦怠程度最高[2]，职业倦怠程度越高，离职倾向就越高[3]。工作 5～10 年的教师不再是新手教师，刚工作时的热情已经渐渐退去，在幼儿教师的职业生涯中又处在上升期，压力最大[4]，工作压力可以正向预测离职意向[5]，因此工作 5～10 年的幼儿教师容易出现离职的想法。从职称上看，初级及以下职称的幼儿教师离职意向高于中

① 杨雪晴.民办幼儿园教师离职意向的个案研究[D].兰州:西北师范大学,2016.

② 李悠.农村幼儿教师职业倦怠的特点及其与主观幸福感的关系[D].济南:山东师范大学,2012.

③ 赖运成.我国幼儿教师离职倾向:现状、测量、影响因素与应对策略[J].湖南第一师范学院学报,2019,19(2):67-71.

④ 郭晓芳.泉州市幼儿教师工作压力调查[D].厦门:厦门大学,2018.

⑤ 廖军和,黄胜梅.农村幼儿教师工作压力对离职意向的作用机制分析[J].陕西学前师范学院学报,2019,35(12):69-73.

级、高级职称的幼儿教师,这与以往研究结果基本一致[1]。在幼儿园中,职称意味着工资的提高以及地位的提升,职称的晋升情况与教师的离职意向有关联[2],幼儿园职称晋升存在一定的困难,当职称比较低时,幼儿教师的离职意向会升高。从编制上看,没有编制的幼儿教师离职意向高于有编制的幼儿教师。安全需要是人的基本需要,其中就包含职业安全。编制意味着工作的稳定,幼儿园中工作虽然强调同工同酬,但心理的安全感无法通过同酬的金钱来满足。近些年,幼儿园的编制不断紧缩,但幼儿教师的缺口仍然很大,这让没有编制的幼儿教师心理上的安全感得不到满足,容易出现离职的想法。

(二)幸福感在获得感和离职意向之间的中介作用

本研究发现,获得感可以负向预测离职意向,也可以通过幸福感预测离职意向。首先,获得感可以负向预测幼儿教师的离职意向,也就是说,幼儿教师的获得感越高,离职意向就越低,这与以往研究结果一致。获得感是精神和物质的双重收获,本研究中幼儿教师的获得感包括薪资待遇获得感、政策制度获得感、尊重体验获得感和工作成就获得感,幼儿教师是否在职业中收获物质报酬,感受到国家对幼儿教师的重视,收获来自领导、同事和家长的尊重,在工作中找到成就感,这些均会影响幼儿教师的离职意愿。其次,幸福感在获得感与离职意向之间起中介作用。这表明高获得感的幼儿教师更容易体验到幸福感,拥有更多幸福体验的教师会更快乐、更感恩、更自信[3],这种积极的情绪体验会减少离职的意愿。但是本研究也发现,幸福感在获得感和离职意向之间起到部分中介作用,中介效应只有 8.65%,这说明,在获得感和离职意向之间还有其他因素在起作用,如生活满意度、工作投入等。

四、研究结论

(1)幼儿教师离职意向处在中等偏下水平。
(2)幼儿教师获得感、幸福感与离职意向呈负相关。
(3)幼儿教师获得感可以负向预测离职意向,也可以通过幸福感影响离职意向。

---

① 陈文秀.幼儿教师离职倾向的现状、原因级对策研究[D].济南:山东师范大学,2014.
② 陈莹.新生代乡村教师的离职意向及应对策略研究[D].伊犁:伊犁师范大学,2021.
③ 王晓莉.民办高校教师工作幸福感与离职倾向关系实证研究[J].教育导刊,2015(12):43-46.

五、建议与对策

（一）提高幼儿教师的物质待遇

获得感首先是物质上的获得，其次才是精神上的获得。因此，要想提高幼儿教师的获得感，最直接的途径应该是从物质获得入手。

1. 合理提高幼儿教师的收入

2018 年，中共中央出台《关于学前教育深化改革规范发展的若干意见》，明确指出："依法保障幼儿园教师地位和待遇。各地要认真落实公办园教师工资待遇保障政策，统筹工资收入政策，经费支出渠道，确保教师工资及时足额发放，同工同酬。"确立明确的工资标准既是幼儿教师工资待遇提高的基本保障，更是稳定公办幼儿教师队伍的必要举措[①]。首先，应该以不同地区的经济发展状况为依据，确定幼儿教师的工资标准。政府应该首先考虑国家制定的幼儿教师最低工资标准，再根据当地的经济发展水平，最终确定幼儿教师工资的组成，并建立长效的工资增长机制，以促进幼儿教师工作的积极性。其次，幼儿教师工资待遇应该参考当地中小学教师的工资待遇。幼儿教师与中小学教师的任务都是教书育人，没有本质区别，但是个别地区幼儿教师的工资待遇远远低于当地中小学教师，应该尽快将幼儿教师纳入中小学教师系统统一管理，才能稳定幼儿教师队伍。最后，明确津贴补贴标准。幼儿教师每月的收入包含津贴补贴，但是绝大部分地区并没有完善的津贴补贴标准，幼儿园间津贴更是标准不一，这些直接影响幼儿教师对于工资待遇的满意度。因此，各级政府应该将津贴纳入幼儿教师工资体系中，并明确津贴、补贴的标准。

2. 改善和丰富幼儿园的教学设施和材料

幼儿园的环境和玩教具应该多样化，目前幼儿园进行环创和用作玩教具的材料为幼儿园提供的原始材料或家长提供的废旧物品，因此，幼儿教师除了教育教学工作之外，还要花大量的时间制作玩教具和环境创设，额外增加了幼儿教师的压力，不利于幼儿教师专业发展。尤其是在经济落后地区，由于教学设施和材料的限制，幼儿教师的想法无法实践，学前教育事业得不到发展。鉴于此，地方政府应该设立专项资金用来帮助幼儿园充实和丰富教学设施和材料，或者专项拨款至幼儿园，专款专用。这也是提升幼儿教师物质获得感的重要途径。

---

① 沙苏慧.公办幼儿教师工资待遇问题研究——基于 3 省 6 县（市）的调查[D].武汉：华中师范大学,2020.

（二）凸显幼儿教师的社会地位

1. 国家应从法律政策上保障幼儿教师的社会地位

2023年，我国拟制定《学前教育法》，虽然只是草案，但是也凸显了国家对于学前教育的重视，从法律层面确立了学前教育的地位。待《学前教育法》正式出台以后，各省主管部门应该根据本地区的经济文化状况，制定本地区的学前教育地方性法规，明确规定公立幼儿园教师与私立园幼儿教师、城镇幼儿园教师与农村园幼儿教师工资的最低标准，保障教师的福利待遇，为教师的物质生活基础和经济地位保驾护航；除此之外，还应将不同类型的幼儿教师的退休、抚恤、保险等福利以法律法规形式确立下来，以为他们安心工作，解除其后顾之忧[1]。

各级地方政府也应该在国家法律法规的框架下，制定学前教育的整体规划，包括幼儿园的管理和扶持，幼儿园教师的培养等，都应列入政府发展规划范围内，并明确各部门的责任和义务，保证各种政策能落地实施。针对近些年我国出生率降低的问题，地方政府更应该明确幼儿园的发展方向，保障幼儿教师的合法权利。

2. 社会应从舆论上尊重幼儿教师的社会地位

职业声望在一定程度上反映了这种职业的社会地位。教师群体在中国各种社会职业结构中总体声望是处于中等以上的地位，但是在整个教师大群体内部，教师的职业声望因教育阶段的不同而不同，一般是随着教育阶段的降低而逐渐递减，从高到低依次是大学教师→中学教师→小学教师→幼儿教师[2]。在实际工作中，不同阶段的教师只是因工作对象不同，工作具体内容有所差别，幼儿教师所需要的知识和能力并不逊色于其他阶段的教师。因此，社会应该以包容的态度尊重幼儿教师的工作。

首先，要让公众知晓幼儿园教师职业的专业性。公众对幼儿教师的工作存在误解，认为幼儿教师不需要什么专业知识和能力，甚至有些人认为幼儿教师就是带领孩子玩耍。这种对幼儿教师的误解会导致家园沟通不畅、家长轻视幼儿教师。因此，幼儿园应该利用各种渠道告知家长幼儿教师的工作内容和工作环节，所有活动都是经过精心设计，可以促进儿童多方面的发展。其次，媒体舆论要有正确的导向。平时幼儿教师很少出现在媒体上，一旦发生幼教相关突发事件，媒体几乎只报道事件，缺少对问题事件的后续跟踪报道，导致公众只看到冲突，无法了解处理结果和问题真相，使得社会对于幼儿教师评价出现偏差。对于幼儿教师的职业声望，媒体也应该负起正面导向的责任，平

① 夏小书.幼儿教师社会地位相对偏低的表征、归因及解决路径[J].教师教育论坛,2016,29(12):37-40.
② 张晓辉.幼儿教师的社会地位[J].学前教育研究,2010(3):55-57.

时经常对优秀幼儿教师进行宣传,做好突发事件的梳理和反思工作,让公众了解到优秀的幼儿教师占多数,害群之马占少数,增强公众对幼儿教师的信心。

3. 幼儿教师应从职业道德上提升自己的社会地位

随着经济水平的发展,家长们对学前教育的需求转为"幼有优育",尤其看重幼儿园的教师队伍。加之幼儿园突发事件时有发生,幼儿园的安全问题受到社会各界的广泛关注。其中,尤以幼儿教师师德问题最为突出。有研究发现,幼儿教师社会地位偏低,职业效能感较差;幼儿教师向上发展的空间有限,整个群体缺乏职业认同感;幼儿教师与其他阶段的教师对比,容易出现心理落差,不认同自我的职业身份[①]。这些都有可能导致幼儿教师表现出师德问题,而师德问题又会引发社会的关注,导致大众对幼儿教师的评价变差,从而影响幼儿教师的社会地位,造成恶性循环。因此,幼儿教师应该从自己的师德方面下功夫,专业知识和技能都可以通过学习得到提高,师德修养也需要不断学习。

首先,幼儿教师应该正确认识角色冲突。幼儿教师在工作和生活中扮演着多种角色,角色之间界限非常模糊,使得幼儿教师在进行角色转换时会遇到困难,很难完美地满足各种角色的要求。因此,容易出现情绪耗竭,产生职业倦怠。幼儿教师要正确认识这些角色,处理好工作角色与生活角色之间的关系,减少角色冲突带来的负面影响,进而维持职业需要与社会需要之间的平衡[②]。其次,幼儿教师应该及时缓解工作压力。幼儿教师的成长与发展一直都被外界关注,社会和家长对幼儿教师都有期待,这种期待能作为现实需求引领着师德建设的方向。当期待变得复杂时,幼儿教师就会感受到压力和挫败。因此,幼儿教师应该不断提升自己的专业素质,找到合理释放压力的途径,让自己保持心理健康的状态。

(三) 促进幼儿教师的专业发展

1. 针对幼儿教师的需求,提供差异化的培训

幼儿园老师学历不同,年龄不同,所需要的知识也不尽相同。年轻教师理论知识较丰富,接受新知识较快,但缺乏实践经验,年龄大些的教师教育教学经验丰富,但是理论知识相对比较陈旧,接受新知识比较慢。即使是同一年龄阶段的教师,关注点不同,知识构成也不完全一样。因此,在进行培训时应该提前调查教师们的需求,根据需求制定差异化的、"菜单式"的培训,让教师根据自己的实际需要进行选择。这种差异化的培训

---

①　徐雪,胥兴春.幼儿教师身份认同的困惑及其重塑[J].现代中小学教育,2015,31(12):83-86.

②　秦旭芳,党森.家园关系的"稳定剂"——基于角色理论的幼儿教师师德及建设审思[J].教育观察,2020,9(20):59-61+117.

一方面能让教师切实提高自己的能力,另一方面能让教师获得专业发展的内在动力。

2. 形成有效的专家指导模式

现在幼儿园教师专业提升有两种主要模式:教师暂时脱产进修和请专家入园指导。而专家指导又分为讲座式、指导式和讲座＋指导式。很多幼儿园没有形成系统的专家讲座或专家指导模式,一般是临时邀请,虽然效果立竿见影,但是很难保证培训效果的持续性。因此,从幼儿园主管部门到幼儿园,应该建立一套完整的专家指导模式。幼儿园主管部门应该聘请专家,每位专家负责具体的幼儿园,定期到幼儿园进行指导,从集体教学活动的设计到幼儿园园本课程的建立,专家应该全程参与指导。幼儿园应该主动与专家沟通,将本园的工作计划和想法告知专家,与专家建立良好的沟通,才能将专家的指导发挥到最大效果。

3. 发挥骨干幼儿教师的带头示范作用

幼儿园教师的发展依赖于幼儿园的发展,而幼儿园的发展虽然离不开专家的培训和指导,但是专家指导时间毕竟有限,因此,幼儿园除了专家入园指导之外,还应该发挥骨干教师的力量。骨干教师是指在幼儿园能力比较强、工作时间比较长,有一定工作经验的老师,这些老师在幼儿园中有一定的地位和话语权。因此,可以根据骨干老师的特长,让他们带领不同的小组,如集体教学活动小组、环境创设小组、园本课程小组等,教师可以灵活参加各组,也可以同时参加多组,骨干教师作为组长,发挥"传、帮、带"的作用,在提升自己的同时,也将自己的经验传授给青年教师,从而实现幼儿教师共同成长。

第七章

幼儿教师获得感培养的内容与任务

第一节　幼儿教师获得感培养的内容

在人的一生中,学龄前是重要的启蒙阶段。对于国家来说,学龄前是国民教育体系的起点①。高质量的学前教育不仅能促进幼儿发展,关系到全国儿童健康成长;高质量的学前教育还能推动教育公平和社会公平,关系社会和谐稳定、党和国家未来事业。

党的十八大以来,中央到地方均高度重视学前教育的发展,国家层面先后出台了一系列政策文件,如《中国教育现代化 2035》《关于大力推进幼儿园与小学科学衔接的指导意见》等,为学前教育的高质量发展提供了重要遵循和指引。

那么,应如何办好有质量的学前教育呢? 2022 年 2 月,《幼儿园保育教育质量评估指南》由教育部颁布,它是一项重要的学前教育质量指导方针,是对幼儿园教育评估制度的一次改进,为学前教育的质量提升提供了路线图。赵湘霞(2022)认为,通过继续教育、园本培训、教研科研等多种方式及多重保障机制,培养一支高素质、善保教的专业化幼儿教师队伍,是实施保育教育的有效专业支撑。中国学前教育研究会理事长、南京师范大学虞永平教授认为,衡量幼儿教育的质量,主要有三个维度:结构维度、过程维度和结果维度;他尤其强调了师资的重要性——"教师不能胜任,再好的硬件也不过是对孩子的一种束缚";好的硬件条件对教师的职业水平提出了更高的要求;要评价师资的质量,不仅要看师资的构成比例,还要看他们的年龄结构、性别比例和专业背景,更要看他们的内在结构。在这些因素中,教师的态度、知识结构以及能力结构是教师素质的深层结构。

---

① 赵湘霞.推动实现"普及而有质量"的学前教育[N].光明日报,2022－06－16.

显然,幼儿教师的专业化和教师的态度与能力结构都离不开获得感的支撑。可见,幼儿教师的获得感是至关重要的。要有效地培养、激发和提升幼儿教师的获得感,找到科学、准确、恰当的幼儿教师获得感培养内容是关键。综上,根据幼儿教师的职业特点,本书将幼儿教师获得感的培养内容分为教学获得感和职业获得感两个部分,下文将分别阐述。

一、教学获得感

(一) 教学获得感的内涵

教学获得感是"教学"与"获得感"二者的组合词,要准确认识教学获得感,我们应当首先对教学和获得感分别展开讨论与界定。

1. 教学

"教""学"都是在殷商时期甲骨文中就出现的汉字,"教学"二字连用首次出现于《尚书·商书·兑命》。中国古代的"教学"一词涵义很广,一度被视为"教育"一词的近义词甚至是同义词,直到在欧阳修为胡瑗所作墓表中才真正与近代的教学内涵近似。

在英文中,虽然教(teaching)和学(learning)在形式上并不像中文能合成为一个词,但是在英文教育文献中经常能看到两者的合成词"teaching-learning"。这足以说明,西方学者认为教和学二者结合紧密,教学是教与学的统一体。

现代教学理论通常把教学看作是师生在课堂上进行的交流活动,它是教师的教与学生的学的结合[①]。通过师生在教学的交往过程,学生不仅发展了综合素养和人格,而且通过学习不同科目,获得了相应的知识和技能,通过经历学习的过程和方式,形成积极稳定和谐的情感态度和价值观。正如杜威所言"教之于学就如同卖之于买",教与学是互相依赖的,也是对立统一的,两者互为基础,互为方向。教学过程是师生的人际交往过程,师生在人格上是平等的,师生都是教学过程中的主体。如果缺乏对以上前提的正确认识,将会陷入错误的"教师中心论"或"学生中心论"。所以,教学是科学,也是艺术,教学是具有科学性、规律性、主体性和创造性等多重性质的有机整体。

2. 获得感与教学获得感

作为获得感的下行概念,众多研究者对于教师获得感的内涵与外延进行了探讨,但是尚未形成一致的操作性定义。例如,袁舒雯、邵光华认为,教师获得感是教师参加各

---

① 张华.课程与教学论[M].上海:上海教育出版社,2000.

种教育教学活动时通过实实在在的付出进而收获积极而持续的经验①。也有研究者指出,教师获得感是指在教学活动中,教师实现了自己的教育目标,得到了社会的认同和学生的肯定,由此得到了物质上和心灵上的满足与幸福,也就是实现了社会价值和自我价值②。从上述定义不难看出,尽管表述不一,但研究者均认可教师获得感是存在的,且是教师在职业活动中因为自我实现而收获的物质满足和积极体验。

教学工作是教师职业的核心工作内容,教学获得感自然是教师获得感的核心构成之一。吴宸琛等(2022)认为,教师的教学获得感是指教师在满足相关需求、获得切实收益后,在挖掘自身潜能、提升综合素养后所产生的主动的、符合教师主体性需求的、对教学生态进行总体评价的积极体验。可见,教学获得感简单来说就是教师在教学活动过程中的获得感,是在教学中体验到的主观、积极感受,它有一定的时间延续性和空间广延性。

义务教育能否实现素质教育要求的"面向全体""全面发展",能否实现"德智体美劳"五育融合,学前教育的质量是其前提和基础。显然,学校教育的效果与效率取决于幼儿教师的教学是否积极、正向,而教学获得感正是影响幼儿教师积极教育教学的关键因素。不少研究表明,在教育教学活动中,教学获得感可以提高教师的主观存在感、自我效能感、教学幸福感,并进一步把主体内部的积极经验转变成外部的行为动力,促成积极的教师专业发展职业理念。因此,幼儿教师获得感的培养工作应重视教学获得感的培养。

(二) 教学获得感的维度

崔友兴(2022)认为,教师教学获得感由教学事实获得感、教学价值获得感和教学意义获得感构成。也有研究者(吴宸琛等,2022)依据马斯洛的需求层次理论,将教师的教育需求划分为生存需求、安全需求、爱与归属需求、尊重需求以及自我实现需求五个层面。分别对应教师教学工作的物质需求、安全需求、情感需求、被尊重的需求、自我实现需求(参见表7-1)。根据上述分类,该研究进而将教学获得感分为了教学物质获得感、教学安全获得感、教学情感获得感、教学尊重获得感、教学成就获得感五个维度。

表 7 - 1 教师的教学需要

马斯洛需求层次	对应的教师需要	案例
生存需求	教学工作的物质需求:获取足够的生活资料;舒适的教学工作环境	薪酬、福利待遇、良好的教学设施、充分的休息时间

---

① 袁舒雯,邵光华.教师获得感生成机制及提升策略[J].教育评论,2020(6):104-108.
② 孙洪丽.高校思政课教师"获得感"的提升路径研究[J].四川省干部函授学院学报,2020(2):100-104.

续　表

马斯洛需求层次	对应的教师需要	案例
安全需求	教学工作的安全需求:稳定、安全、有序的工作环境;解除焦虑和恐惧	学校、地方、国家的外部考核,职称晋升等带来的焦虑;妥善的学校管理
爱与归属需求	教学工作的情感需求:与学生、家长、同事、领导等建立良好的关系。	学生爱戴,家长信任,同事友善
尊重需求	教师主体被尊重的需求:因自身的教学成就获得自身和他人的尊重;专业自主;专业权利等	教学竞赛、教学荣誉等公开奖励和表扬
自我实现需求	教学工作的自我实现需求:发掘教学潜能;实现自我价值	教师职业的价值;自身对社会的价值

1. 教学事实获得感

获得感的主观属性依赖于客观事实,客观事实是体现个人主观情感价值与意义的先决条件。教学获得感也不例外,它以教学过程中的客观事实体现为前提,进而凸显到主观价值。显然,教学获取感的客观属性,主要表现在教学过程中的一些客观事实,例如,与教师、学生、教学内容和教学方法等有关的物质因素和人际关系因素等。基于上述理解,对于获得感的维度的研究,最初始于宏观角度,将其分为精神获得感和事实获得感两个维度。精神获得感指通过学习、领会、消化,并将知识吸纳入自己的精神世界中的一种感觉、一种体会、一种精神上的满足。它具有普遍性、主动性、多样性、变动性等特点[①]。事实获得感与之相对,是人们基于现实的事实获得而产生的满足感,这种事实获得可能是客观的物质存在——物质利益,也可能是精神的客观存在——精神利益。

故而,基于上述理解,幼儿教师的教学事实获得感应是以客观、具体、现实存在的教学事实为基础,从教学活动中得到的客观的、具体的物质层面上的价值体验。具体来看,教学事实获得感,一般是从教学保障、支持条件、薪酬奖赏等有形物质中获取的积极价值经验。一言以蔽之,教学事实获得感既强调取得的对象是客观拥有,又强调主体对客观事实的拥有是有形的。从这个定义来看,教学事实获得感也有精神获得感的"影子"伴随,包括了教学物质获得感、教学安全获得感,它属于生存需求和安全需求满足后产生的积极价值体验。

教学物质获得感是指教师在获得教学物资保证后的心理体验[②]。教学物质获得感与工资、薪酬、福利、教学设施、休息时间等因素密切相关。显然,幼儿教师的教学劳动付出可以获得相应的劳动报酬,劳动报酬是幼儿教师维持生活和发展的基础。其中,幼

① 辛世俊,代文慧.从精神获得感看价值观教育的着力点[J].学习论坛,2018(3):17-22.
② 吴宸琛,崔友兴.中小学教师教学获得感的构成要素与生成逻辑[J].教学与管理,2022(7):10-13.

儿教师的绩效评价一般遵循"多劳动、多报酬、多绩效"原则,教学工作直接关系到幼儿教师的薪酬,报酬、绩效工资等是幼儿教师教学物质获得的最普遍形态。

教学安全获得感是指教师获取了教学安全需求后产生的积极心理体验[①]。根据克雷顿·奥尔德弗(Clayton Alderfer)的 ERG 理论,当人们的高水平需要得不到满足时,另一种更低水平的需要就可能从质量和数量两个层面上增长并发展。所以,当教师缺乏教学安全感时,由于教师尚未满足生存需求,教师不仅无暇顾及更高层次的需求(如关系需求、成长需求),而且会对自己的能力和期望能够实现的教育目标感到怀疑,这大概率会诱发教师的职业焦虑。

以往的研究结果表明,教师的教学事实获得感水平并不高,在生存需要和安全需要方面的满足程度均有待提升。例如,伍美群等(2015)发现,在教学任务、学生考试、升学等方面,中小学教师对自身的教学工作以及职称评聘等方面有很强烈的焦虑感,事实上,当教师的教学事实获得感得到提升时,教学水平和教学热情会得以增强,有不少研究结果都支持了上述结论。例如,研究者对教师教学绩效的经济回报进行了调查,发现中小学教师的薪酬水平和教育质量呈正相关[②]。此外,有研究发现,教学安全获得感常常来源于教师的教学效能感,也就是教师能否对学生的学习行为和能力进行评估,一般通过"工作满意度""职业效能感"来反映。可见,要提升幼儿教师的教学事实获得感,必须给幼儿教师提供足够的教学安全获得感,强化幼儿教师生存需要和安全需要的满足程度,切实提升幼儿教师的工作满意度和职业效能感。

2. 教学价值获得感

在中国古代,教育多出自教诲、教导、教化、教授、教养的角度,是从外部影响人的内心的活动过程,是"以学为本,教从属于学"的修业、践行、善学、进德的话语系统[③]。西方对于教育的表述则更强调内发,认为教育就是将人内在或潜在的素质从内而外激发出来,经过引导和顺应,使之变为真实的发展状况,是"以教为本,学从属于教"的话语体系。

尽管中外对于教育内涵和本质的理解存在较大差异,但无论是中国或者西方的教育家又或者是现代的研究者们,都认可以下观点:教育是培养人的社会活动,对个体和社会发展均具有特殊价值。例如,王道俊等(2018)指出,教育在人的发展中起着引领作用,学校教育主要通过传承文化科学知识来培养人,它对于提高人的现代性具有显著的作用。石中英(2019)指出,教育是一种价值实践,人类对于教育总是充满了价值期盼。

杜威认为,"价值"有三种理解:基于名词意义;基于动词意义;基于形容词意义。换

①　吴宸琛,崔友兴.中小学教师教学获得感的构成要素与生成逻辑[J].教学与管理,2022(7):10-13.
②　雷万鹏,马红梅,钱佳.教师教学绩效的经济回报[J].教育学报,2018,14(4):79-87.
③　黄向阳."教育"一词的由来、用法和含义[M].杭州:浙江教育出版社,1999.

句话说价值是由主体评价特定的事实或事件所确定的标准体系,反映了事物的有用性和客体满足主体需求的程度。

教学与教育,是部分与整体的关系。根据对教学的有关阐释,可以发现,教学的价值在于促进人的成长与发展,是创造价值的过程。所以,教育既是认知与实践的过程,也是价值创造的过程。教师教育活动的目的、教师的情感、态度和价值观都会对教师的教育活动产生影响。也就是说,任何一种教育事实的背后都是人们在教学生活中作出的价值抉择。教学价值是一种客观存在,它贯穿于人类的教育与教学活动中[①]。因此,教学是价值负载的活动,是事实存在与价值存在的统一。

关于教学的价值,目前学界也尚未形成定论。不少研究者从多个角度对教学的价值进行了阐述。杜威认为,只有当被称为"教育"的活动能够得到学生的珍惜、欣赏、评价和认同,并融入学生体验的不断转化过程中,教育才能成为一种价值之物,教育的价值也才能真正地实现[②]。教育的价值并不是独立的、先验的、内在的或自足的,而是流动和持续的,这是我们讨论教育价值所必须遵循的前提。

关于教学价值观这一定义的内涵与外延,学界尚未形成明确且统一的表述。叶澜(2002)认为,课程教学的价值观取向有两种,一种是只注重传授已有知识,而另一种是注重以学生的发展为核心的价值,前者重视学生对知识的掌握和考试的成绩。后者注重展示学生的生命意义,重视学生的全面发展与人格发展。杜威认为,教育价值可划分为内部价值与工具价值。相对应地,教学的内部价值就是要使人的潜力得到开发,人的素质得到提高,同时,教学的实用价值则是为了升学考试,追求政治、经济、文化等外部价值[③]。尽管上述定义在表述上存在差异,但都认同教育价值观是人们对教育价值的认识与看法。

幼儿教师的教学价值观是教师在对教育工作的价值评判过程中所体现出来的理念、观点和心理取向。这会直接影响教师对自己的教学工作的重视程度,从而也会影响到工作成就感。故而,幼儿教师应首先了解教学价值的准确内涵与外延,这样才能树立科学的教学价值观,并以此来提高教学获得感。

从幼儿教师教学价值观形成的过程来看,教学价值包括两个方面,第一,教学价值基于教育者的设计,是评价教学活动及其功能的系统准则;第二,教学价值是教学活动的积极作用,这种积极作用是针对教学活动主体,是针对教师专业发展和全体学生全面成长发展的,具有进而推动社会发展的积极意义。基于教学价值的双重性,幼儿教师的

① 马凤岐.教育价值的理论问题[J].北京师范大学学报,1994(6),35-42.
② 石中英.杜威的价值理论及其当代教育意义[J].教育研究,2019(12):36-44.
③ 杜威.民主主义与教育[M].北京:人民教育出版社,2001.

教学价值获得感应包括以下两个方面：第一，幼儿教师的教学价值获得感应包括幼儿教师从评价系统准则中获得的积极体验，即教学系统、规范对教师的影响后形成的习得经验，这里的教学系统、规范应当体现合理性、科学性、实效性、有序性和稳定性，这样才能帮助教师建立教学活动的秩序感和安全感，从而形成良好运行教学活动的积极体验。第二，幼儿教师的教学价值获得感也应该包含对自己的教育效能的正向体验（包含教师的自我认同、自我效能感等），也就是教师对自己的教育实践所取得的效果的正面肯定。

遗憾的是，虽然教学价值观对于幼儿教师的教育教学具有如此巨大的影响，但不少研究都发现，教师的教学价值观存在一定的问题。例如，一项针对"80 后"中小学教师教学价值观的调查研究（肖春芝，2014）表明，面对个人本位价值和社会本位价值哪个更重要的问题时，选择前者的教师比例高达 79.5%，选择后者的仅有 18%。又如，刘学利（2007）的一项针对辽宁省部分市县教师的研究发现，64% 的教师在教学过程中认为学生的知识与技能方面非常重要，对学生情感、态度和价值观等方面的评价较少；59.4% 的教师认为考试要考的知识最重要；60.9% 的教师对应试能力表示赞同，仅有 4.6% 的教师认为求实的态度非常重要。上述数据均说明，教师对于教学的内在价值认识不足，对于教学的外在价值比较重视。

显然，幼儿教师的教学价值观有一定程度偏差并非毫无依据，社会价值观念对幼儿教师的教育价值观有很大程度的影响。随着现代社会的快速发展，主流的价值取向受到了很大的冲击，整个社会都变得更加重视效率和效果，因此，在教学价值观中，存在着非常显著的功利化趋向。在这种错误的教学价值观倾向指导下，幼儿教师逐渐忽视了教学内在价值的超越性与发展性，教学成为教师与学生实现功利性目标如升学、竞争、筛选等目的的工具也就不足为奇了。

有趣的是，在多个研究的访谈和问卷调查中均发现，教师认可教学的实用价值和教学对学生素质全面发展的促进价值，但在实际操作中往往会被"考试指挥棒"带偏。也就是说，影响教师教学价值观形成的主要因素是考试制度和对教师的评价制度[①]。

当然，教师的教学价值观绝非一无是处，也有不少研究发现教师比较重视教学的内在价值，例如，肖春芝（2014）的研究还发现，中小学教师既重视教学的内在价值（包括培养个性、培养德行，德育、体育、美育），又重视教学的工具价值（包括掌握知识，发展能力，智育、劳动教育），其中，"80 后"中小学教师尤其重视培养德行，所占比例高达 80% 以上。

---

① 刘学利.教师教学价值观的现状与分析[J].沈阳师范大学学报(社会科学版),2007,2(31):91-94.

3. 教学意义获得感

意义一词，出自《谷梁传·襄公二十九年》："殆其往而喜其反，此致君之意义也。"意义是人或事物所包含的思想和道理，内容，美名、声誉，作用，即事物存在的原因、作用及其价值。意义是人对自然或社会事物的认识，是主体对实践进行反思和批判后的产物，是人类以符号形式传递和交流的精神内容。意义的范畴很广，它涵盖了人类在传播活动中交流的一切精神内容，它是主体对特定实践活动本真的觉知。

教学是学校工作的中心，一切工作都要以教学为中心，所以，教学的重要性不言而喻。对于学生而言，教学是促进学生德、智、体、美、劳全面发展，个性发展的基本途径。对于学校教育而言，高质量人才的培养是衡量学校办学水平高低的核心指标之一，而教学是高质量人才培养的最高效快捷的活动，可见，教学是提高学校教育质量的有效途径。对于社会发展而言，教学是解决个人经验与社会历史经验之间的矛盾，以及促进社会进步的一条重要途径。

在幼儿教师的教学意义获得感讨论范畴中，教学意义不等于教学本身的意义，而是幼儿教师对于教学意义的认识发展过程，也是幼儿教师对于教学意义的探寻过程，更是幼儿教师对于自身教学意义的生成过程。探寻教学意义的过程是幼儿教师作为教学活动主体走向自主和自觉的体现，是幼儿教师对教学活动中的"我"进行自我探究、自我反思、自我发展、自我实现的路径与过程。教学意义的产生可以理解为幼儿教师在教育实践活动中持续地进行自我反思、深入分析和不断追问的活动。从这个角度来看，教学活动就是教师通过自身的思考与感悟来建构并实现其教学意义的活动。因此，掌握教学含义，既是对教学本质、作用及内在规律的深刻认识与领会，又是对自己教育实践结果的认识与体验。在探索和形成教学意义的过程中，幼儿园教师真切地感受到自己作为教育者的重要性。

根据上述理解，幼儿教师的教学意义获得感是幼儿教师作为教学活动的主体，在与教学活动所处的物质环境和心理环境的互动中，在审视、追问、概括、建构和反思教学事实的过程中，逐步形成的获得感。它既包括教师对于教学意义的获得性体验，又包括教师对于自身存在感、效能感和意义感的获得性体验。所以，教学意义获得感既包括情感反馈（爱与归属需要的满足），也包括发掘潜能和实现自我价值（自我实现需要的满足）。

从幼儿教师的教学意义获得感内涵不难看出，幼儿教师的教学意义获得感的生成与教师主体所处的教学物质环境和心理环境有关，由"际遇""遭遇"等特定教学事件引起的由"审视"到"反思"的活动，是产生教学意义获得感的关键要素。易言之，这可能是某一特殊情境对于甲而言会生成教学意义获得感，但对于乙而言无动于衷，对丙甚至产生了职业焦虑的原因。

二、职业获得感

（一）职业获得感的内涵

"获得感"是由"获得"和"感"两个词构成的复合词，二者是因果关系，即"获而得之，然后有感而发"。它不仅是一种价值取向，也是更为实际的心理状态①。获得感与幸福感存在差异，虽然二者均是主观的积极心理感受和体验，但获得感必须以事实获得为基础，包括物质获得感和精神获得感两种类型。此外，获得感还具有相对性特点，即获得感并非绝对的，而是在公平、公正、共享前提下的相对获得。

职业获得感也是获得感的下位概念，因此也可以根据获得感的含义来定义职业获得感。那么，厘清职业的内涵，理顺职业与教育工作的关系就显得尤为必要了。职业就是劳动者参与社会分工的劳动，通过自身的专长与技能，为社会创造了物质与精神财富，因此得到合理的报酬，劳动者把职业看作是一种物质生活的来源。同时职业也能满足人们的精神需要。根据中国职业规划师协会的定义，教育属于职业的十个方向之一；根据《国民经济行业分类》（GB/T 4754 - 2017），教育属于十三大门类之一；根据《中华人民共和国职业分类大典》，教师属于八个大类中的专业技术人员。综合以上规定不难看出，教师职业获得感应该是既符合获得感的一般规律与特征，同时又基于教师这一职业，体现教师职业特征的一种特殊的获得感。

从教育学学科内部看，不少专家学者对于职业与教育有着自己的阐述。例如，杜威认为，如果教育认识到专业在理智上和社会性方面的重要性，那么，教育就必须涉及当前情况下的历史环境，其中包含了科学培训，使人们有能力应对生产原材料与制造机构的智力与主动性；包括经济学、公民学和政治学，以便将来的劳动者能够了解当前的各种问题，并了解如何改善社会②。所以，职业生活不仅需要从业者有职业技能，还需要从业者有专业知识、科学素养以及道德同情心等。因此，那种将职业教育和文化教育或自由教育分割的观点是没有根据的，将职业教育局限于技术训练的观点是狭隘的③。

由于职业这一词汇本身内涵丰富，而获得感的内涵又尚未形成统一的定义，这直接导致了职业获得感内涵的不统一，从而导致教师的职业获得感内涵尚未统一，操作性定义尚处于形成阶段。不少研究者从自己的研究角度出发，对于教师的职业获得感内涵

①　王浦劬，季程远.新时代国家治理的良政基准与善治标尺——人民获得感的意蕴和量度[J].中国行政管理，2018(1)：6 - 12.

②　杜威.民主主义与教育[M].北京：人民教育出版社，2001.

③　石中英.杜威的价值理论及其当代教育意义[J].教育研究，2019(12)：36 - 44.

进行了界定。

有研究者以心理契约理论为基础,对民办幼儿园教师的职业获得感给出了如下定义:教师的职业获得感,是指个体通过从事教育职业活动,在物质上和精神上都有所收获,并由此形成一种持久的积极的心理经验[①]。杨纳(2021)针对乡村小学青年教师的研究认为,教师的职业获得感是教师在职业生涯中取得成就后产生的一种主观感受,包括物质上的收获和精神上的收获,所以将其定义为"物质需求获得感""校园支持获得感"和"精神需求获得感"三个方面的总和。侯荣华(2020)以民办高校中的青年教师为研究对象,认为,教师的职业获得感是从工作中获得的,也就是对工作的认同、期望、荣誉感和成就感的总和。

也就是说,幼儿教师的职业获得感,是指教师在工作下(职业行为),在物质上和精神上都有的职业收获(包含了心理上和物质上的收获,例如,专业待遇、职业发展、园所认同、归属感和安全感等),从而产生的主观积极体验(如职业期待感、职业认同感、职业幸福感、职业成就感和职业荣誉感等,参见表7-2)。

表 7-2　职业获得感的主要积极体验

积极体验	核心内涵
职业期待感	个体基于对自己或工作对象行为结果的预期性认知,当认知与事实性实践活动一致时,所产生的个性情绪和心理体验。这种情绪和心理体验的积极程度依赖于个体认知与事实的一致程度。
职业认同感	个体对于所从事职业的目标、社会价值及其他因素的看法,与社会对该职业的评价及期望的一致,即个人对他人或群体的有关职业方面的看法、认识完全赞同或认可。职业认同感是职业动机的一个方面。职业认同感是人们努力做好本职工作,达成组织目标的心理基础。
职业幸福感	个体基于自身职业行为所产生的满足感与安全感而产生的一系列欣喜与愉悦的情绪,是个体的一种主观性体验。职业幸福感是个体对于职业以及职业相关对象与行为的整体性评估,是一种积极、愉悦的情感体验。
职业成就感	个体在完成职业行为的过程中或完成职业行为以后,因为自己的职业行为感到愉悦或成功,即愿望与现实达到平衡时产生的一种心理感受。
职业荣誉感	个体在团体、组织或集体中所完成的职业行为得到了集体、团体(乃至于社会、国家)的认可,集体给予个体表扬或奖励,个体所在此影响下而产生的一种积极向上、富有正面意义的积极情绪体验和心理感受。它是一种伴随集体态度所发生的个体心理反应,是个体和集体环境意识达到一致统一时才会发生。

以幼儿教师的职业认同感为例,产生职业认同感的前提是个体对于所从事的职业的看法与社会对该职业的期望一致。这首先需要从事该职业活动的人在该职业中做到"长期从事",这样才能逐渐熟悉和形成对该职业活动的科学认识,认可该职业的职业性

---

① 肖潇.基于心理契约的民办幼儿园教师职业获得感研究[D].长沙:湖南师范大学,2020.

质、从业内容、职业个人价值和社会价值等。对群体而言,职业认同感是个体做好本职工作的前提,也是从事该行业的持续深耕的基础。对个体而言,职业认同感对个体身心健康也至关重要。多项研究都发现,职业认同感与生命意义显著相关。例如,王鑫强等(2012)对258名一至三年级的免费师范生进行问卷调查后发现,免费师范生职业认同感及其各因子均与生命意义及其各因子呈显著正相关;免费师范生职业认同感的职业效能、职业意愿与期望、职业价值三因子是生命意义的显著预测变量。

应当指出的是,尽管幼儿教师的职业获得感的主要积极体验由职业期待感、职业认同感、职业幸福感、职业成就感和职业荣誉感等组成,但由于幼儿教师职业获得感是幼儿教师在职业范围内的教育教学等实践活动所获而产生的主观心理体验,而这种正向的心理体验是主观的,所以职业获得感是否形成、程度高低、积极体验程度与维度排列组合构成等都是因人而异的。而且,有调查发现,在年龄、教龄和每周课时数等人口学变量上,教师的职业获得感也有显著性差异[①]。

有研究表明,教师的职业成就感有待增强。例如,杨纳(2021)针对213名乡村小学青年教师的调查研究结果显示,乡村小学青年教师职业获得感处于中等水平,性别、年龄、是否在编有显著主效应且交互效应显著,职业获得感的子维度水平由低到高依次是物质获得感、精神获得感、校园支持获得感。唐艳琼(2021)对湖南祁东县的1432名乡村教师调查后发现,乡村教师职业获得感自我评价总分为6.07分(总分10分),处于平均偏下水平。乡村教师职业获得感水平在性别、文化程度、教学经验、职称、职位、月薪水平等人口统计变量上存在显著差异。乡村教师职业获得感各维度之间的相关关系极显著。她还发现,乡村教师的职业体验差,职业发展前景不明朗,导致职业投入无法达到理想状态;乡村教师在人际交往上显得较为缺乏活力。他们对自己的职业并不十分认同,也缺乏强烈的职业满足感。综上,我们发现乡村教师的工资和各种补贴水平属于一般水平,物质收入方面的得分相对较低;由于校园内人际关系的和谐度和校园文化的多样性仅为一般水平,这导致了教师普遍缺乏足够的支持感,也导致了教师在社会地位和个人成长方面受到限制,从而妨碍了他们精神层面的提升。

此外,职业价值观可能是影响幼儿教师职业获得感的重要因素。职业价值观也称为工作价值观(Work Values),是对工作或职业价值的具体反映。邸燕鸣(2014)的一项针对河北省15所幼儿园中400名幼儿教师的研究发现,幼儿教师的工作价值观总体上在教龄、学历水平、幼儿园类型、幼儿园所在地维度存在显著差异,不同职称的幼儿教师工作价值观在总体上差异并不显著。

---

① 杨纳.乡村小学青年教师职业获得感现状研究[D].伊犁:伊犁师范大学,2021.

皮常玲(2019)的研究也印证了职业获得感与职业价值观的相关性。该研究发现,民宿经营者职业价值观与其获得感有显著的正相关。在这些因素中,生活方式的价值观会对情绪获得感和精神获得感有正面影响,创业发展的价值观则会对物质获得感、精神获得感产生积极影响。

综上不难看出,幼儿教师的职业获得感与职业价值观相关,可以帮助幼儿教师建立正确的职业价值观,从而实现幼儿教师职业获得感的提升。

(二)职业获得感的维度

在国内,对获得感的研究侧重于物质层面和精神层面,由于对于维度构念视角不同,主观性较大,尚未形成共识。如本书第二章第二节所述,获得感的维度划分思路主要有二维法、三维法、四维法、五维法和六维法,既包括宏观获得感,如民生获得感、政治获得感、经济获得感和人民获得感等,还包括针对某一特殊群体或某一特殊类型的微观获得感,如农村低收入群体经济获得感、乡村教师职业获得感和贫困大学生获得感等。

作为获得感的下行概念,职业获得感的维度在学界也未形成共识。研究者基于心理学、管理学和社会学等多重视角,将教师职业获得感分为若干维度。

唐艳琼(2021)基于积极心理学研究发现,教师职业获得感包括职业体验、职业投入、职业关系、职业意义、职业成就5个维度,分类依据是塞利格曼的 PERMA 模型。(1)职业体验:侧重于对教师职业生涯中的主观体验与情感的关注,具体内容有:教师所在校园环境、交通、生源情况、工作待遇及其他物质回报等。(2)职业投入:在参加教育教学比赛、评职称时,主要关注教师的职业投入。(3)职业关系:指教师在工作中的人际关系、家人和朋友对教师职业的支持与看法。(4)职业意义:主要是指教师对自己的职业认同程度,以及社会对教师的期望。(5)职业成就:主要是指学生的学习成绩、家长的信任、领导的认可等方面的成绩。

肖潇(2020)在心理契约理论的基础上,将民办幼儿园教师的职业获得感细分为职业待遇感、职业发展感、园所认同感、归属和安全感:(1)职业待遇感:主要涉及对工作报酬和福利等方面给予合适的补偿。(2)职业发展感:重视每个人的成长,让学生有机会继续深造,并对将来的事业进行规划。(3)园所认同感:注重科学化、民主化的管理模式,与上级沟通顺畅,对工作能进行客观的评价,并保证与园所价值高度一致;(4)归属与安全感:优质的职场环境、和谐的人际交往以及满足人们对于安全方面的各种需求。

杨纳(2021)结合了马斯洛的需求层次理论与教育公平性理论,把乡村小学青年教师的职业获得感分为三个层面:物质获得感、校园支持获得感、精神获得感。其中,物质获得感是指乡村教师在从事这一职业过程中所能得到的可量化的、客观的收获，包括工资、住房、津贴和福利等。校园支持获得感指在校园文化和人际关系两个层面上，乡村小学的青年教师们所得到的正面感受。精神获得感是指乡村小学青年教师在自我提升方面的主观获得感，如综合认同感、专业发展感等。张敬（2020）的划分依据与杨纳（2021）类似，该研究基于马斯洛需要层次理论和亚当斯公平理论，将民办幼儿园的教师获得感分为三个维度，分别是教师满足感、教师归属感和教师幸福感。其中，教师满足感包括物质满足感、精神满足感；教师归属感包括身份归属感、情感归属感、精神归属感；教师幸福感包括主观幸福感、心理幸福感。

韩芬（2020）基于共享发展理论、社会比较理论和需要层次理论，将小学教师的职业获得感划分成三个维度：职业保障、精神实现、个人成长。其中，职业保障包括薪酬福利、政策、工作环境、教育资源 4 个因素；精神实现由 3 个因素组成：认同支持、学生成长、自我实现；个人成长由 3 个因素构成：教学能力、科研能力、事业成就。

邢婷（2020）依据需要层次理论、ERG 理论、马克思的需要理论、赫兹伯格的双因素理论和亚当斯的公平理论等，自编小学教师职业获得感问卷，将教师职业获得感分为 5 个维度、19 个项目。5 个维度分别为经济实惠感、环境舒适感、人际温暖感、教学成就感、学校归属感，各自细分为 3 个、4 个、4 个、5 个和 3 个项目。

也有研究者基于职业发展、职业激励理论和解决现实问题的角度，对教师职业获得感的维度构成进行划分。吕婷婷（2020）基于马斯洛的需求层次理论，结合社会比较理论和教师职业生涯发展阶段理论，将教师职业获得感分为物质内容获得感、职业环境获得感、职业分享获得感、情感体验获得感、提升途径获得感五个维度。侯荣华（2020）针对民办高校中青年教师职业获得感低、流失频繁的问题，将教师职业获得感分为身份认知、关键绩效、职业天花板以及职业增值四个内生性激励维度。

需要说明的是，职业激励主要是为了激发群体中成员的动机，激发积极性，进而推动个体激发潜能，完成预期目标，而这主要常见于企业或团体的日常管理工作中。从激励的心路历程来看，激励的实质是利用各种目标诱因来激发动机，驱动行为达到目的，从而不断满足需要的心理和行为的连续过程（谢周平，2014）。

现代激励理论在组织行为学中应用尤为广泛，主要有内容型激励理论、过程型激励理论两大类，分类见表 7-3。其中，内容型激励理论是以研究影响员工工作动机的构成因素和个人需求为主的理论，过程型激励理论是研究个体从动机产生到采取特定行动过程的理论。上述激励理论一般被称为外激励，它们都基于组织管理角度，激励措施从个体的需要和行为出发，主要靠外部刺激以达到激励的目的。

表 7 - 3　激励理论的主要类型

激励理论	主要类型	核心内涵
内容型激励理论	马斯洛需求层次理论	人类的价值体系存在不同的需求,从低到高依次为:生理需求、安全需求、社会需求、尊重需求和自我实现需求
	双因素理论	影响工作动机的主要因素是激励因素和保健因素
	麦克利兰成就需要理论	在满足了基本的生理需求后,人们往往会产生更高层次的需求
	自我价值定向理论	自我价值是人们行为的终极理由,他人的认可与接纳、家庭社会经济地位、成就等是自我价值的重要支撑
过程型激励理论	期望理论	效价——手段——期望
	公平理论	员工在获得劳动报酬时,不仅关注其绝对值,而且关注其收入的相对值
	目标设置理论	目标是激励的初始源头,合理的目标能够较好地激发员工工作绩效,从而满足个体的需要、期望及价值等

　　内在激励与外激励相反,它代表了对无法控制的因素进行积极的心理调节和行为触发的方式。内在激励机制主要是通过调整个人的需求、改善物质和精神环境来实现个人成长和发展的目标。职业获得感的内生性激励主要是通过"适应"和"改变"这两种方式来达成的。首先,"适应"是指个体在组织内部持续地自我调整,逐渐适应和调整自己的心理和生理环境,目的是培养和增强个人的职业成就感。"适应"意味着适应环境变化。其次,"改变"指的是个体通过改变自己的行为模式,逐渐实现个人成长,从而增强对职业的获得感。因此,内生性激励不只是"入乡随俗"的适应,同时也代表了"因地制宜"的改变。

　　综上,尽管研究者对于教师的职业获得感维度划分基于不同的理论视角,但基本还是基于获得感的划分维度,多为三维或四维划分,二维宏观划分几乎没有。这说明相关研究者更注重对某一群体的针对性,即凸显职业特点。

(三) 教师职业获得感的发展现状

　　现有研究发现,教师的职业获得感水平基本属于中等水平,且教师职业获得感在人口统计学的相关因素上存在一定差异。一些研究还发现,部分教师群体,如乡村教师、民办高校教师和民办幼儿园教师的职业获得感水平较低,尚有待提升。但是,总体而言,幼儿教师的职业获得感研究是比较少的,且结论不尽相同。

　　邢婷(2020)发现,小学教师职业获得感表现为中等,以学校归属感维度的分数最高,经济实惠感维度得分最低。这说明,小学教师的经济满足感不足,尚有待提升。她还发现,性别、年龄、是否在编等人口统计学因素的主效应显著,性别、年龄与是否在编的交互效应显著,36～45 岁的在编教师的职业获得感存在显著的性别差异。

陈语(2021)的研究结果与邢婷(2020)类似。她研究发现,农村小学教师职业获得感处于中等水平,教师对自身各方面的实际所获均呈现不满足的状态。教师职业获得感的子维度得分从低到高依次为经济实惠感、社会尊重感、环境舒适感、学校归属感、人际温暖感、教学成就感,农村小学教师的职业获得感的年龄、学历、任教学科、教龄、是否在编、职务等人口统计学变量均呈现显著差异,年龄 30 岁及以下、大专及以下学历教师和主课教师的职业获得感相对偏低。

又如,吴俊赏(2020)以河南省 363 所乡村小学的校长为调查对象,发现乡村小学校长职业获得感存在总体物质获得感偏低的现象。另外,与城市小学校长相比,他们就业过程中存在着主观获得感不高、投入与回报不相称、择业意愿低等问题。其中,乡村小学校长,尤其是学校规模较小、外出培训机会较少的乡村小学的校长的客观物质获得感、主观职业获得感偏低;主观职业获得感在城乡之间存在显著性差异,且乡村小学校长处于较低水平。

侯荣华(2020)的结论与吴俊赏(2020)相似,民办高校的中青年教师总体上获得感较低,58％的人觉得自己的职业获得感低,36％的人觉得自己没有职业获得感,只有6％的人觉得自己的职业获得感很高。从 2017～2018 年间广东省民办高校教师流动的年龄结构来看,超过 95％的教师都是中青年,造成教师流动的最重要因素就是职业获得感较低。

刘娟(2018)基于马斯洛的需要层次理论,对乡村小规模学校教师的获得感现状进行了调查和访谈,结果显示教师的获得感水平有待提升。例如,乡村小规模学校教师在生理需要、安全需要、归属与爱需要、尊重需要、自我实现需要等方面都有一定程度的不满足和不满意。

也有研究发现,幼儿教师职业获得感属于中等偏上水平。张敬(2020)针对 30 所民办幼儿园的 350 名教师的问卷调查研究发现,民办幼儿园教师的满足感、归属感、幸福感等维度都处于中等偏上水平。

唐艳琼、韩芬、吕亭亭的研究与张敬类似。唐艳琼(2021)调查发现,乡村教师总体获得感自评分为中上水平,性别、学历、教龄、职称、职务、月收入、家与学校距离等人口统计学变量存在显著差别。韩芬(2020)研究表明,小学教师的职业获得感在整体上处于中上水平,但不同学科、职称、编制性质和学校热度的小学教师在职业获得感总分上有明显差别。例如,在精神实现维度上,女性显著高于男性,已婚显著高于未婚,有编制显著高于无编制;在个人成长维度上,有编制显著高于无编制。吕亭亭(2020)对重庆市4 所农村小学、2 所城市小学的教师的职业获得感的调查发现,小学教师职业获得感属中上水平,在性别、是否为班主任、职称、学校性质、学历等人口统计学变量上存在差异。其中,男教师职业获得感低于女教师,担任班主任的教师职业获得感水平比较高;城市学校教师职业获得感高于农村小学教师;本科学历教师职业获得感高于专科学历教师。

4.教师职业获得感的影响因素

如前所述(详见本书第二章),获得感影响因素的相关研究并不多,现有研究主要从宏观和微观两个层面考察了获得感的影响因素。宏观角度来看,社会文化、制度政策等是获得感的影响因素,例如,社会发展、社会文化及制度的合理推行与实施会对民生发展类获得感产生重要影响。微观角度来看,除了人口统计学变量外,个人财富、身心健康、人际交往等也是影响获得感的因素。

对教师职业获得感影响因素的研究较少,研究对象主要集中在小学教师及更高阶段的教师。而关于幼儿园教师职业成就感影响因素的研究寥寥无几,现有研究主要集中在民办幼儿园教师的获得感和职业获得感方面。

张敬(2020)基于公平理论研究认为,影响民办幼儿园教师获得感的三大因素分别为:工资高低和教龄,与同事、领导和父母的工作关系和培训制度,社会的认同与关注。

也有研究者对于城乡小学教师的获得感进行了比较研究,试图寻找教师获得感的影响因素。朱雨炜(2020)研究发现,城乡小学教师的获得感存在显著差异,城市教师的获得感均分高于乡村教师。除了工资和福利外,在其他维度上,城市教师获得感均高于乡村教师。城乡小学教师在自信心、自尊与职业情绪经验三个维度上有显著性差异。他结合调查和访谈后认为,获得感的影响因素可分为教师个人、学校、社会三个层面。

刘娟(2018)基于社会比较理论,以乡村小规模学校教师与乡镇、城区教师为比较对象发现,两类教师的获得感存在程度不同的差异。例如,乡村小规模教师的物质获得感、精神获得感和自我的职业认同感与乡镇和城区教师有一定的差异,但差别不大;而乡村小规模学校教师,其生活补贴水平明显高于城市教师;乡村小规模教师的责任心较强,更具教育奉献精神。

邢婷(2020)研究表明,小学教师职业获得感、组织公正感和离职倾向两两之间存在显著相关,组织公正感可以正向预测小学教师职业获得感,职业获得感和组织公正感能显著负向预测离职倾向,且教师职业获得感在组织公正感与离职倾向间起中介作用。

肖潇(2020)研究表明,职业评估、职业公正、职业参与和职业情感对民办幼儿园教师的职业获得感具有显著的正向预测作用。按照预测影响作用从高到低排列分别是职业情感、职业评价、职业公平、职业参与。

也有研究者从宏观角度分析了教师职业获得感的影响因素。例如,侯荣华(2020)研究认为,教师身份认同危机、权益保障机制不完善、职业天花板低、人文关怀缺失等是阻碍民办高校中青年教师职业获得感形成的主要因素。又如,张冬梅(2021)的研究指出,幼儿教师获得感的主要影响因素是工资待遇、幼儿教师职业成长、社会声望等。其中,幼儿教师职业成长主要包括三个维度,分别是专业性、职业情怀和人格健全。

综上,不难看出,幼儿教师职业获得感既具有获得感的一般特点,又具有幼儿教师职业的特殊性。在考察和培养幼儿教师职业获得感时,还应注意幼儿教师职业的特点,以及职业工作对象的特殊性。达到以上要求,方能"对症下药"。

第二节 幼儿教师获得感培养的任务

获得感的形成源于个体生理需求和精神需求的满足[①]。显而易见的是,幼儿教师获得感必然包含获得感的一般内涵且符合一般获得感的规律,由于其职业特殊性,又必然具有幼儿教师的独特属性以及自身的特有规律,会受到一些具有自身职业特点的影响因素的影响作用(如教育方式被认可、教学策略被支持、自我价值被尊重等),且会对上述影响因素产生反作用(例如,获得感能帮助幼儿教师专业成长、职业认同、教科研能力等)。现有研究(包括质性研究和量化研究)已经证明了上述观点的正确性。例如,张鹏程等(2022)针对江苏、山西、黑龙江、河北等地区的 419 名幼儿教师(其中园长 136名、幼师 283 名)的研究发现,幼儿教师获得感主要受物质、精神、人际、技能、发展和超我等因素影响;幼儿教师获得感对教师工作、教师自身价值、教师生活和教师身心有着重要影响。基于上述理解,本研究将幼儿教师获得感培育工作总结为三个方面:物质获得感、精神获得感和发展获得感,下文将分别阐述。

一、物质获得感

虽然研究者们对教师获得感内涵、构成和维度没有一致的认识,但绝大多数研究者都认可物质获得感是教师获得感的基本构成要素,且对于教师而言,无论是从马斯洛需要层次理论出发,抑或是仅仅从人类生存需要出发,物质获得都是教师最基本的需要。换言之,要让老师们安心教书,就要先满足他们的物质需求,使他们能真正地实现自己的生活需求,从而产生安全感、满足感和物质获得感,最终产生幸福感。

虽然研究者的研究角度、方法和对象不尽相同,使得研究结果不尽相同。但研究结

---

① 谭旭运,董洪杰,张跃,等.获得感的概念内涵、结构及其对生活满意度的影响[J].社会学研究,2020(5):196-246.

果均说明了幼儿教师的物质获得感有两个前因变量(前因变量是幼儿教师获得感的影响因素),分别是薪资待遇和政策制度。

(一) 薪资待遇

相关研究均表明,工资待遇是幼儿教师物质获得感与获得感的主要前因变量之一。也就是说,提高教师的薪资待遇,能让教师产生物质获得感,提升教师的获得感。同时,根据亚当斯公平理论,幼儿教师的相对收入会影响教师的情绪状况,也必然会影响幼儿教师获得感。一言以蔽之,经济基础决定上层建筑,工资和福利决定着教师的物质获得感,这也是决定他们获得感的主要原因。只有保证了他们的工资和福利,并且让他们对工资和福利感到满意,他们才能建立起物质满足感,从而更积极地投入幼儿园的教育教学活动中,进而有效提升教师的幸福感与获得感。

如前所述,张鹏程等(2022)的研究发现,在幼儿教师看来,获得感是个人在从事幼儿教育工作时所获得的成就感,其主要内容是:物质获得感、精神获得感、人际获得感、技能获得感、发展获得感和超我获得感。该研究还发现,幼儿教师选择与"获得感"相关的词时,出现频率前20的词中有"利益""物质""价值""福利"等薪资待遇相关的内容。而且,就物质获得感而言,尽管与幼儿教师的物质获得感有关的内容非常丰富,但工资待遇的用语出现频率和大于35%。这些数据足以证明,工资是幼儿教师更为看重的因素,与教师的获得感密切相关,是幼儿教师获得感的前因变量。与此同时,根据幼儿教师对获得感的理解的词频,从物质层面看,频率前四的关键字是工资、待遇、福利、薪资,此外,底薪、酬劳等词在词云的外环。可见,幼儿教师对于工资、待遇、福利、薪资这些物质获得是比较重视的。

此外,有研究者认为,教师物质获得感是绝对性与相对性的统一,是不断发展、不断更新的过程[①]。绝对性指教师物质获得感基于物质方面的客观占有,是原有基础的增加、丰富和提升。相对性指教师的物质获得感是通过纵向与横向的比较来实现的。纵向比较就是将自身的现状和过往(如收入水平)进行比较;横向比较就是把自身和他人,例如同事朋友进行比较。也就是说,基于横向和纵向比较,不同个体面对相近乃至于相同的客观占有物时,极有可能产生不同的主观感受,所以,面对客观占有,产生物质获得感不是必然的,不同的个体所产生的物质获得感程度可能不同。王浦劬等(2018)的观点与上述观点一致,他们将获得感分为"横向获得感"和"纵向获得感":前者是指个人利益与他人利益获得与现实状态的对比,后者是个人利益获得在时间先后状态的对比。

---

① 崔友兴.新时代乡村教师获得感的内涵、构成与价值[J].当代教育与文化,2020(3):84-89.

还有研究者指出,在时间维度上,教师的物质获得感有两个重要时间点:"现在"和"将来"[①]。除了"现在"或"当下"的客观薪资待遇获得,教师的物质获得感还把"将来"的正向预期视为一个重要的时间节点——在未来,所获得的东西如工资等,是否能够持久,是否可以有更好的物质获取。

综上,薪资待遇是幼儿教师物质获得感的重要影响因素,所以,应将改善薪资待遇作为幼儿教师获得感的培养任务的重要和基础路径,帮助教师提升绝对物质获得感和相对物质获得感。

虽然工资福利对教师的物质生活很重要,但是不幸的是,幼儿老师的工资福利并不令人满意。有不少对一线幼儿教师的薪资待遇现状问卷调查和访谈发现,不少教师认为自己的劳动与工资绩效、保险医疗、津贴补助等薪资待遇并不匹配:幼儿教师面对的是3～6岁的幼儿,除教师职业中常规的教学、育人和家校合作等工作任务外,还照顾幼儿的生活起居,工作强度更大、工作时间更长;但是幼儿教师的薪资待遇相较于小学、初中、高中和高校教师群体偏低。

有研究发现,民办幼儿园的教师对于薪资待遇并不满意,而且35岁以下的年轻教师的满意度更低(张敬,2020)。原因可能是,年轻教师的经济压力更大,除了生活必需支出外,还有房贷、车贷等刚需开销,所以,工资低会导致他们的物质获得感更低。张冬梅等(2021)人也发现,不少新疆地区幼儿教师表示,由于除了基本工资以外,没有其他的福利与补贴,所以在薪酬方面这些教师缺乏获得感。

(二)政策制度

政策的核心内涵是为实现一定目标而制定的行为准则。在我国,政策通常被定义为"政府机关、政党及其他政治团体,为了达到社会的政治、经济、文化目的,在一个特定的时间里,采取的一套政治行动和确定的行为准则。"它是一系列战略、法律、措施、方法和规定的总称[②]。政治性和时效性是政策的两大主要特征。教育政策是指党、各级政府及其职能部门根据党和国家在特定历史阶段的基本任务和政策,指导教育行为,以实现特定历史阶段的教育发展目标和任务。

制度出自《易经·节》中的"天地节,而四时成。节以制度,不伤财,不害民",现在一般用来指一定的规格或法令礼俗,是一种以规则或运作模式规范个体行动的社会结构。教育制度是指国家各级教育组织和机构的制度和运行规范。因此,教育制度分为两个

---

①　袁舒雯,邵光华.教师获得感生成机制及提升策略[J].教育评论,2020(6):104-108.

②　陆士桢,魏兆鹏,胡伟.中国儿童政策概论[M].北京:社会科学文献出版社,2005.

层次,第一个层次是各种教育机构和组织系统(教育施教机构和组织以及教育管理机构和组织);第二个层次是教育机构与组织体系的运行和管理规则体系(如教育法律、规则、条例等)。

政策制度对于教师及其获得感的影响是显而易见的。例如,东北师范大学农村教育研究院所长邬志辉在《中国青年报》上发表的一项调查显示,农村教师的第一学历以中师和师专为主,"双一流"高校毕业生的比例仅为 2.46%,省级重点高校毕业生的比例仅为 5.50%。虽然教学水平和教育资格不能等同,但这至少表明农村学校对受过高等教育的青年缺乏吸引力。这说明,农村学校的相关政策仍需要进一步强化针对性。又如,徐朝阳(2016)的研究发现,由于呼和浩特市幼儿教师职业人格的全面培训意识比较薄弱,培训缺乏针对性,培训途径的结构不够合理,教师优势培训资源存在浪费现象,导致了幼儿教师的职业人格发展不够完善。有研究者指出,为了增强幼儿教师的获得感,必须保障幼儿教师物质层面的获得感,其中保障收入福利待遇是主要,所以需要教育行政部门和幼儿园为教师提供政策和制度保障[①]。

二、精神获得感

物质获得感因其前因变量具有显性、可量化的特征,更容易获得社会各界的关注与重视,因此物质获得感更容易得到提升。反观精神获得感,尽管它也是提升教师获得感的关键,但由于其隐蔽性和主观性更强,且测量与量化的难度更大,所以精神获得感的培养难度高于物质获得感。在此基础上,笔者认为,要想真正实现这一目标,就必须对精神获得感产生的文化背景做一个全面梳理,以使我们能够更加精确地定义精神获得感的内涵,从而能正确地制定出培养内容。

对我国古代的哲学思想发展脉络进行溯源与梳理,我们不难发现,"仓廪实而知礼节,衣食足而知荣辱",精神获得感的形成基于物质获得感的建立。事实上,我国传统思想对于财富的认知比较通达、豁达,孔子有云:"富与贵,是人之所欲也……贫与贱,是人之所恶也……"也就是说,孔子认为人类对于贫贱和富贵的不同态度源于人的本性和天性,是寻求物质获得感的正常心理。

显然,要明确精神获得感的培养任务,首先应厘清精神获得感的内涵。就现有研究而言,研究者们从不同角度对精神获得感的定义与内涵进行了描述。有学者将精神获得感看作是由于对自身潜力的追求,从而得到了成就需要如教育、社会地位等的满足的体验(Maslow,1954;Herzberg,1966)。又如,周盛(2018)认为,精神获得感是人民群

---

① 王璐瑶.幼儿教师获得感:内涵、影响因素与提升路径[J].科教导刊,2021(11):36-38.

众分享改革成果之后从感知到认同最后达到满意的情感体验①。可见,精神获得感基于主观的情感体验与感受,是自我价值得到外界或自我肯定后产生的。

刘辉(2019)研究发现,影响教师获得感最关键的因素是教师职业的社会声望。对于教师来说,人生最大的收获就是成就感②。不同学段的教师的社会声誉并不一致,教师职业认同感随教育阶段的升高而上升,而幼师经常被看作"高级保姆","不用多少文化知识就能照看好幼儿"③。

通过以上梳理,笔者认为,幼儿教师的精神获得感建立应以受尊重感建立为基础。受尊重感要求社会各界充分认识到幼儿教师工作的价值,提升幼儿教师职业的社会声望,至少应至幼儿教师的普遍期待水平。

三、发展获得感

在"终身教育"理念的指导下,教师专业发展已成为当今世界教师教育改革的重点与热点,具有重要的理论与现实的双重价值。社会发展需要人才,人才的培养离不开教育,教育离不开教育的主体与实施者教师。高度专业化且教育教学思想方法与时俱进的教师队伍建设是高质量教育体系建设的必然要求。

关于教师专业发展的定义,就现有研究而言,主要有两种基本观点:教师多侧面、多级层的专业成长过程或促进教师多层次专业成长的过程。例如,专业素养、教育法律法规、教育技术以及教师职业道德的相关基础知识以及教师对学生进行品德教育、班级管理方面的教育措施等都是教师专业发展的内容。

根据动力来源和作用的不同,影响教师获得感的因素可以分为内源性因素和外源性因素④。内源性因素指教师在自身成长和专业发展过程中所感受到的成就感,主要来源于个人价值观、努力程度和自我期望。外源性因素指外在环境对教师进行计划与调控的行为,它可以促进、引导、控制教师的获得性发展,这些影响因素来自学校文化、专业评价标准和社会评价舆论三个层面。显然,幼儿教师的发展获得感属于专业自我成长与专业发展形成的获得感,它以外源性因素为保障,主要受内源性因素影响。

所以,对于幼儿教师而言,由于专业发展应体现在职业能力、职业情感和职业人格三个方面,故而幼儿教师的发展获得感培养任务也可以分为职业能力、情感和人格三个

---

① 周盛.大数据时代改革获得感的解析与显性化策略[J].浙江学刊,2018(5):74-81.
② 刘继青.基于"获得感"思想的教育改革[J].教育发展研究,2017(1):1-8.
③ 王继兵.学校教育:成全"人"的"获得感"[J].中小学管理,2015(7):27-30.
④ 袁舒雯,邵光华.教师获得感生成机制及提升策略[J].教育评论,2020(6):104-108.

维度,下文将分别阐述。

(一) 职业能力

幼儿教师的职业能力获得感基于幼儿教师的职业能力发展。高水平的教师职业能力能帮助幼儿教师更好地完成日常的教育教学工作,幼儿教师从而更容易从工作中获得成就感与愉悦感,进而形成与提升职业获得感。基于上述理解,根据幼儿教师职业能力的专业知识、专业技能和专业智慧的维度分法(参见表7-4),提升幼儿教师的职业能力获得感可从培养教师的专业知识、专业技能和专业智慧这三个维度进行。

表7-4 幼儿教师职业能力的维度与核心内涵

职业能力的维度	核心内涵
专业知识	**幼儿一日生活知识** 幼儿膳食与营养知识 幼儿安全教育知识
专业技能	**幼儿一日生活指导技能** 幼儿膳食与营养搭配技能 幼儿安全教育设计、实施与评价技能
专业智慧	**熟悉幼儿教师职业所需要的教育学、心理学、人际交往等理论基础** 系统、明确地了解幼儿教师职业所需的素养体系,并能做到持续洞察、反思、提升与完善职业自我

幼儿教师的专业知识主要指幼儿教师必备的职业基础知识,主要包括幼儿一日生活、膳食与营养、安全教育等。专业技能主要能帮助幼儿教师胜任职业工作内容的一系列教育教学技能,主要包括一日生活指导技能、膳食与营养搭配技能和安全教育的设计、实施与评价技能等。专业智慧主要指幼儿教师在自身职业工作中需要的相关理论与理念,主要包括熟悉幼儿教师职业所需要的教育学、心理学、人际交往等理论基础,系统、明确地了解幼儿教师职业所需的素养体系(尤其是与幼儿沟通的素养),并能做到持续洞察、反思、提升与完善职业自我。

下文以幼儿教师的重要职业素养——情绪能力为例(参见表7-5),说明幼儿教师专业能力获得感的培养任务。第一,教师应具备处理好自己的情绪、理解他人情绪、合理表达情绪的能力。例如,教师应能意识到自身的情绪状态,识别和理解他人的情绪,以符合社会和文化规则的适当方式运用情绪,能处理自我和他人的消极否定情绪,能控制自我情绪,并能区分内部情感和外部表达,认识到内部情绪状态不必对应于外部表达。第二,教师应能认识到幼儿有着广泛的情绪反应,且这些反应是随着年龄增长有规律地变化的。例如,教师应了解,2 岁半左右的幼儿就已经开始出现自豪、羞愧、内疚等与自我意识相关的情绪,也开始用越来越多、越来越准确的情绪词汇来谈论自己和他人,不断提升理解自我和他人的情绪水平,了解情绪产生原因和后果的能力。而且幼儿已经逐步建立自身的情绪表达规则,也会逐步产生道德感、理智感和美感。

表 7 - 5　情绪能力的组成部分①

意识自身的情绪状态	移情(共情)
识别和理解他人的情绪	适应性地应对消极情绪,通过使用自我调节策略降低此种情绪状态的紧张度和持久性(对消极否定情绪的处理能力)。
以符合社会和文化的适当方式运用情绪词汇与情绪表现	意识到情绪表达在人际关系中的重要性(情感交流能力)。
认识到内部情绪状态不必对应于外部表达(区分内部情感和外部表达)	自我控制情绪的能力,即能控制和接受自己的情绪。

(二)职业情感

情感指人具有的稳定的情绪态度、固定的心理状态,是对某一现象所具有的稳定指向,是人对客观事物是否符合社会性需要而引起的态度的体验②。情感作为稳定的心理状态,被认为是激励和指导行为的动机力量。

职业情感(Occupational emotion)是一种特殊的社会情绪形式,是从事者对其所从事的工作所保持的一种稳定的态度与体验。显然,个体应具有积极、稳定、向上的职业情感,这能帮助个体产生工作动力,使其愿意长时间地从事这一职业,并培养其毅力。

教师职业情感是处于教师职业中的特殊人群产生的特定情感,它指向受教育者和教育者本身,是一种积极向上的情感体验,最终外在体现为教师积极向上的职业观。教师职业情感的内涵十分丰富。王凤英(2012)认为,职业情感是教师在教育教学实践中磨砺、在职业认知中深化、在职业体验中提升的开放性体系,包括职业认同、职业理想、职业情怀和自我提升③。党爱娣(2014)基于《幼儿园教师专业标准(试行)》中对幼儿教师职业情感的具体要求,将幼儿教师的职业情感分为对幼儿教师职业的理解与认识(如乐业感、使命感)、对幼儿的态度和行为(如爱生感、责任感)和自身的修养与行为(如反思感、自律感)三个维度。她认为,幼儿教师的职业情感应从教师的职前状态——学前

---

① 刘金花.儿童发展心理学[M].上海:华东师范大学出版社,2012.
② 陈元晖.教育与心理词典[M].福州:福建教育出版社,1988.
③ 王凤英.中小学教师职业情感研究——基于对黑龙江省中小学教师的调查[D].长春:东北师范大学,2012.

教育专业的师范生的职业情感开始培养。

还有不少研究认为，职业情感是职业认同的一个维度。陈明慧(2021)的研究表示，幼儿教师的职业认同指幼儿教师对自己的职业的主观接受，是有意识地投入幼儿教育的心理状况。职业情感是职业认同感的一种，它由三个亚维度组成，即职业归属感、职业期望和职业幸福感[①]。陈明慧(2021)对于职业认同的维度划分来自高敬(2019)的观点。高敬根据"知、情、意、行"，把教师职业认同划分为四个维度：职业认知、职业情感、职业意志和职业行为取向，其中，职业情感是指职业在满足自身需求时所产生的一种经验。

教师职业的重要工作内容是育人，教师职业的工作对象是完整的人，是发展中的人，教师职业的特殊性在于教育活动的价值性。中西方不少学者持有以下观点：在教师的教育知识和教学技能到达某一层次后，最能评价其能力强弱的因素是其职业情感。例如，王文东(2003)认为，教师职业情感首先是其教育教学艺术的体现。教师对生活的热爱、对知识的渴求、对科学与艺术之美的惊叹、对他人的尊重、对学生的关怀理解，都是教育艺术情感的重要体现。其次，教师的职业情绪也会对学生的学业状况、学业成绩产生一定的影响，进而对其人生方向产生潜在的影响[②]。

幼儿教师的职业情感不仅影响幼儿的发展，还是幼儿教师职业能力的重要组成部分，是做好教育教学工作的力量源泉和精神动力，会对教师自身的获得感产生影响。例如，张冬梅等(2021)通过与幼儿教师的深度访谈发现，教师认为执行力、同事之间的协作性，以及与幼儿父母的交流与沟通，都能影响到幼儿教师的获得感。有教师认为，基于幼儿教师对幼儿园工作的热情和责任感，尽管工作形式枯燥、工作任务繁重，但每天面对可爱的小朋友，老师们充满幸福感，这是他们投身幼教事业的直接动因。也就是说，教师认为，对职业的情感认同有助于幼儿教师培养职业获得感。

另有调查发现，幼儿教师的职业情感状况不容乐观，亟待改善。张红(2015)研究发现，幼儿教师普遍存在职业压力，大多数幼儿教师对所从事的职业持否定或犹豫态度，体验职业幸福的频次整体处在较低水平。她认为，幼儿教师群体的职业压力感在一定程度上会影响职业幸福感的形成。工作疲惫且没有归属感，易引发针对职业工作内容、对象和未来前景的不良态度和情绪，进而引发幼儿教师的离职想法，激发离职行为。陈明慧(2021)对208名在幼儿园工作了三年的新教师进行了关于职业认同的研究。研究结果揭示，新教师在职业认同感方面表现为中等水平，在职业行为方向、职业认知和职

① 陈明慧.幼儿园新手教师职业认同的现状调查研究[D].长春:吉林外国语大学,2021.

② 联合国教科文组织总部.教育——财富蕴藏其中[M].北京:教育科学出版社,1996.

业意志这三个方面表现最为出色，而在职业情感方面得分最低。陈鑫(2014)将教师的职业情感细分为三个主要类别：职业认同感、教师爱生感以及对自我成长的态度。该研究对山西、河南、安徽、江西、湖南、湖北六省的1 600名教师调查发现，虽然部分教师职业认同感较差，但教师整体的职业认可度偏向积极；在爱生感维度中，教师的学生观基本处于理想水平，但是尊重感相对欠缺；在教师自我发展态度维度中，部分教师缺乏职业理想。

(三) 职业人格

一般而言，人格是一个心理学概念。从心理学角度来看，人格是个体独特而相对稳定的心理行为模式[①]；人格的心理结构包括人格倾向性和人格心理特征。其中，人格倾向性是人产生行为的基本动力，人格心理特征是个体经常表现出来的稳定的心理特点。

教师作为个人，既具有自然属性，又具有社会属性，也就是说，教师既是"自然人"，也是"社会人"，所以教师既具有个体的教师人格，又具有职业人格。教师人格，是教师在从事教育工作的过程中所产生的道德观念和精神面貌[②]。职业人格不等于教师人格，职业人格指的是一种人为地使自己与某一职业相适应而形成的稳定的、与之相适应的行为模式[③]。它是个人职业权力、职业业务和精神面貌等的叠加，职业人格并不局限于心理学内部。由于教师职业人格由"教师""职业"和"人格"三个词组合而成，它是更为宽泛的概念，它涵盖了心理学、社会学、管理学和教育学等的范畴。教师职业人格具有形象的典范性、角色的复合性、影响的渗透性和形成的观念性等特征[④]。教师职业人格的内涵范围广泛，研究者从多重角度对其内涵与构成进行了探讨。由于研究者们选取的研究方法、理论基础、研究视角、研究对象的差异，学界对教师职业人格的内涵尚未形成统一观点。

刘雅君等(2016)认为，具体的教育和教学实践可以体现出幼儿教师的职业人格，职业人格应该包括：正确的职业认同、高尚的职业道德和卓越的专业素质三个基本要素。也有研究者认为，正确的职业认同、高尚的职业道德、健康的职业人格，良好的职业素质等构成了教师的职业人格。职业品格是指性格开朗、气质高雅、感情丰富、自我意识好、坚忍不拔的精神状态。梁建平等(2010)采用自编的职业人格结构测评量表对重庆市40个区县的体育教师进行了调查，发现教师的职业人格结构是由职业情感、职业形象、

---

① 叶奕乾,祝蓓里,谭和平.心理学[D].上海:华东师范大学出版社,2020.
② 王卫华.试论教师基本角色冲突对其人格的影响[J].天津教育,2004(7-8):55-58.
③ 董吉贺.教师职业人格:价值与养成[J].中国科技信息,2207(18):260+262.
④ 王聿泼.以身立教:论专业化视野中教师的职业人格及其养成[J].中国成人教育,2008(11):84-85.

职业行为、职业品格、职业精神5个层面构成的。从上述表述不难看出，尽管研究者的观点并不完全一致，但都认为教师的职业人格应当是健全的、健康的，应建立在教师"教书育人"的这一独特的职业要求上。

钱焕琦等（2015）则关注了教师个体人格与职业人格的矛盾冲突，发现教师的个人人格和职业人格的矛盾具有多重性，两者是对立统一的矛盾体。教师的个体人格与职业人格可能处于完全对立、完全统一和消极统一三种状态，在教育教学过程中，教师要调适好个人人格与职业人格之间的矛盾。低层次的调节是合理控制，高层次的调节则是自觉地实现个人人格与职业人格的良性结合。

关于教师职业人格的价值，研究者主要探讨了其教育价值所在。尽管具体表述不尽一致，但研究者均认可教师的职业人格具有多重教育价值。王江洋等（2019）认为，教师职业人格是幼儿教师职业素养的体现，会对幼儿人格的发展产生积极的定向引导、培养塑造和榜样示范的作用。幼儿教师积极的职业人格是实现教师职业"教书育人"目标的重要基础，是营造良好师生关系的基本前提，也是促进学生身心健康发展的重要保证。

针对如何让教师人格有利于学生的发展，国外有不少研究者都给出了自己的研究结果。林德赛（M. Lindsey，1971）发现教学成功率高的教师具有为人善良、易与学生相处、善于关心和帮助学生的品质；具有高开放性、高宜人性的教师人格的教师能促进学生发展。瑞安斯（Ryans，1960）对教师职业绩效与人格关系的研究发现，"热情""理解"和"宽容"（相对于"冷漠""以自我为中心"和"严厉"）有其独特的含义。还有研究（Cogan，1958；Reed H.B.，1961）发现，教师的热情和学生的成绩呈正相关。可见，教师的职业人格中理解、热情、条理性、宽容、开放等积极的职业人格倾向会对学生的发展产生正向促进作用。国内也有研究者关注教师的职业人格对于学生的影响。有研究者认为，教师职业人格特质会对学生的心理产生影响[1]。教师积极的从教动机会影响和激励学生学习动机和成就动机的形成，教师的职业兴趣影响着学生的学习兴趣和学习热情的形成与维持，制约其学习效果和能力的发展。

教师的职业人格不但对学生的成长起着至关重要的作用，而且还对其职业与专业的发展起着至关重要的作用（谢珊珊等，2019），这是对教师专业自主发展的一个直接要求，也是教师的一种更高层次的追求[2]。连榕等（2015，2004，2008，2003）通过一系列针对教师人格的系统研究后发现，新教师、熟练型教师和专家型教师的职业人格具有不同的发展特征。新教师的职业人格特征主要表现在其自身的榜样意识以及主动参与教学

[1] 肖晓莺.高校教师职业人格特质对学生的心理影响[J].学习月刊，2009(12)：97-99.
[2] 王聿泼.以身立教：论专业化视野中教师的职业人格及其养成[J].中国成人教育，2008(11)：84-85.

团体,具有生存性、客我性、变异性等特征;熟练型教师是教师由"真我"逐渐走向"理想自我"的过渡,具有主体性、可控性和适应性的特点;专家型教师的职业人格具有自我实现性、反思性和图式三大特点。新手教师、熟练型教师和专家型教师的不同职业人格决定了他们在教学策略、成就目标取向、职业承诺、主观幸福感和工作投入上存在明显的差异。此外,谢珊珊等(2019)发现,教师职业人格与倦怠负相关,教学机谨性、职业有恒性等因素可负向预测教师的职业倦怠水平。

此外,还有研究探讨了教师的职业人格的影响因素。有研究发现,教师的职业人格与教学成败内外归因均存在显著正相关,与职业倦怠存在显著负相关(符源才,2014)。连坤予等(2017)对692名中小学教师职业人格与主观幸福感进行研究,发现良好的教师职业人格能够促进其工作投入,从而促进主观幸福感的提高。第一,专家型教师的职业人格得分显著高于新手教师和熟练型教师,说明专家型教师的人格特征与教师职业的相容性和适应性更强。第二,教师职业人格与主观幸福感存在显著正相关。职业人格可以通过影响工作投入水平来影响主观幸福感,工作投入水平部分中介了两者之间的关系。第三,新手教师、熟练型教师和专家型教师的职业人格影响主观幸福感的机制存在差异。新手教师的职业人格对他们的主观幸福感有直接影响,熟练教师主要是通过工作投入来提高他们的主观幸福感,而专家型教师则是完全通过工作投入来提高他们的主观幸福感。

第八章

幼儿教师获得感培养的要求与原则

第一节　幼儿教师获得感培养的一般要求

在理解和把握幼儿教师获得感的内涵和特点的基础上，结合影响幼儿教师获得感的因素，对于幼儿教师获得感的培养有以下主要要求：政策导向是幼儿教师获得感培养的政策前提，面向全体幼儿教师是幼儿教师获得感培养的关键前提，良好职业人格与社会肯定是幼儿教师获得感培养的心理基础，幼儿教育的高质量普及是幼儿教师获得感培养的重要基点，积极的心理健康状态是幼儿教师获得感培养的核心追求。

一、政策导向是幼儿教师获得感培养的政策前提

学前教育的政策和制度对于幼儿教师获得感的影响是显而易见的。幼儿教师获得感，无论是物质获得感还是精神获得感的培养，都要以学前教育政策和制度作为首要前提和有效保障。

自党的十八大召开以来，以习近平同志为核心的党中央，以坚定不移的决心，实施科教兴国战略和人才强国战略；以无比的执着，坚持优先发展教育；以巨大的魄力，大力推进教育领域综合改革；以持续不断的努力，加大教育投入；以超凡的智慧，加速推进教育现代化。由此，我国教育总体发展水平已跻身世界中上行列，取得了全方位、开创性的历史性成就。为了满足人民对教育的期望，我们必须深化教育改革，并加速推进教育现代化。在全国教育大会上，习近平总书记发表了重要讲话，他全面而深刻地论述了教育现代化的重大理论，为新时代的教育事业提供了科学指引；他系统地阐述了教育现代化的实践问题，为教育改革指明了方向；他明确地提出了加快教育现代化、建设教育强

国、办好人民满意的教育的全面部署,发出了全党全国全社会共同推进教育现代化的动员令。这次大会,既是一次思想的盛宴,又是一次行动的号召,为新时代的教育事业提供了基本的指导原则,注入了强大的动力。

2035年是一个关键时间节点,它标志着我国基本实现社会主义现代化。展望未来,我国针对教育发展制定了宏大的远景规划,明确了新时代的教育现代化建设新征程的方向。《中国教育现代化2035》与新时代中国特色社会主义建设的整体战略紧密相连,它源于国家的"两个一百年"奋斗目标和现代化建设全局考量,充分体现了我国在全球教育治理中的积极角色以及对联合国2030年可持续发展议程的坚定立场。这一综合战略不仅展示了中国在教育发展上的智慧、经验和创新,更为全球教育进步作出了实质性贡献,彰显了我国教育现代化的远见卓识和领导地位。《中国教育现代化2035》是一份具有全局性、战略性和指导性的文件,它系统勾画了我国教育现代化的战略愿景,明确了教育现代化的战略目标、战略任务和实施路径。

 资料链接

《"十四五"学前教育发展提升行动计划》是学前教育发展的核心依据,也是学前发展的政策保障,为学前教育的发展指明了前进的方向。以下是文件内容节选。

《"十四五"学前教育发展提升行动计划》节选

……

一、总体要求

(一)指导思想

以习近平新时代中国特色社会主义思想为指导,立足新发展阶段,贯彻新发展理念,把实现学前教育普及普惠安全优质发展作为提高普惠性公共服务水平、扎实推进共同富裕的重大任务,全面贯彻党的教育方针,落实立德树人根本任务,遵循学前教育规律,强化政府主体责任,健全保障机制,努力满足人民群众幼有所育的美好期盼,为培养德智体美劳全面发展的社会主义建设者和接班人奠定坚实基础。

……

二、重点任务

……

(二)完善普惠保障机制。切实落实各级政府发展学前教育责任,优化完善学前教育管理体制、办园体制,落实政府投入为主、家庭合理分担、其他多渠道筹措经费的机制,健全幼儿园教师配备补充、工资待遇保障制度,提升教师专业能力,促进普惠性学前教育可持续发展。

（三）全面提升保教质量。深化幼儿园教育改革，坚持以游戏为基本活动，全面推进科学保教，加快实现幼儿园与小学科学有效衔接。推进学前教育教研改革，强化教研为教师专业成长和幼儿园保育教育实践服务。健全幼儿园保教质量评估体系，充分发挥质量评估对保教实践的科学导向作用，提高教师专业素质和实践能力。

……

二、面向全体幼儿教师是幼儿教师获得感培养的关键前提

面向全体幼儿教师的原则要求我们在充分认识到每一位幼儿教师的个性、性格和思维习惯差异的基础上，积极探寻并实施"因材施教"的策略，以增强他们的获得感。我们的目标是最大程度地调动幼儿教师的积极心理状态，并激发他们的专业发展潜力，从而实现幼儿教师获得感的切实提升。

第一，要尊重幼儿教师的个体差异，体现幼儿教师获得感培养的个性化。作为一种职业类别，幼儿教师具有职业的共通性和群体性，但作为思想成熟的独立个体，也必然具有差异性、丰富性和独立性。因此，在培养获得感的过程中，我们应该尊重每个教师的个体差异，并善于发掘和利用这些差异。通过为每位教师提供适合的获得感培养方法和途径，激发他们的积极心理，并促进他们实现个性化的发展。

第二，要洞悉幼儿教师的心理基础，进行幼儿教师获得感不同层次的培养。也就是说，要深入调查与分析幼儿教师所处的客观物理环境、主观心理环境，并了解幼儿教师的思维方式、特点和习惯。在深入了解幼儿教师心理基础的前提下，将其获得感划分为不同的维度和层次，针对不同维度和层次的差异，设计有针对性和差异性的培养目标，并根据不同的目标对幼儿教师进行分层分类指导。

第三，对幼儿教师的获得感培养实现"精准定位"，形成个性化的培养方案。在设计获得感培养方案时，应该充分考虑幼儿教师的思维特点、学习习惯和心理健康水平，以此为出发点，为他们打造个性化获得感培养方案，充分调动教师的积极性、主动性和创造性，突出培养活动的灵活性、趣味性和互动性，鼓励教师形成与提升获得感。

三、良好职业人格与社会肯定是幼儿教师获得感培养的心理基础

幼儿教师的职业人格体现于幼儿教师的职业生活中，与幼儿教师的职业获得感密切相关；社会肯定能帮助幼儿教师获得职业成就感，进而促进教师获得感的形成与提升。所以，幼儿教师的职业人格和社会肯定都是幼儿教师获得感培养的心理基础，对于幼儿教师主观幸福感的形成与提升具有重要价值。

　　幼儿教师职业人格由"幼儿教师""职业"和"人格"三个词组合而成,内涵范围广泛,涵盖了心理学、社会学、管理学和教育学等范畴。如前所述,因研究者们选取的研究方法、理论基础、研究视角、研究对象的差异,关于教师职业人格的内涵尚未形成统一观点。尽管研究者观点不完全一致,但都认为幼儿教师的职业人格应当是健全、健康的,应建立在教师"教书育人"的这一独特的职业要求上,要符合学前教育阶段特点。

　　现有研究发现,教师的职业人格对于主观幸福感的形成与提升有一定的影响作用,因此,良好职业人格是获得感培养的心理基础之一。连坤予等(2017)的研究发现,教师职业人格可通过提高工作投入程度,提升其主观幸福感。谢珊珊等(2019)的研究发现,教师的职业倦怠水平与职业人格呈现负相关。职业持久性、师生亲近感以及人际关系和谐性等因素对教师的职业倦怠水平有负向预测作用。

　　幼儿教师职业人格是幼儿教师在具体的教育、教学实践中表现出来的,虽然研究者对幼儿教师的职业人格构成尚未形成统一意见,但大多数研究者都认可以下观点:幼儿教师的职业人格包括了职业认同、职业道德、职业资格等。良好的教师职业人格在影响学生成长方面起着重要作用,同时也是左右教师职业生涯和专业成长进程的关键因素(谢珊珊等,2019),是教师专业自主发展的直接诉求和崇高境界[①]。

　　李永占(2016)的研究表明,幼儿教师的心理健康状况受到社会支持和工作投入的双重影响,工作投入在社会支持和心理健康中起到了部分中介的作用。其中,社会支持各维度得分分别与工作投入各维度得分呈正相关,总分分别与社会支持、工作投入的各维度得分均呈负相关。社会支持的客观支持、主观支持和支持利用度3个维度均对心理健康有直接效应。

　　周曼琴(2021)的研究显示,幼儿教师社会支持、工作满意度和职业认同三者之间存在着显著的相关性。幼儿教师的职业认同在社会支持和工作满意度之间起到中介作用,职业认同对工作满意度具有显著的解释力,社会支持对工作满意度和职业认同也具有显著的解释力。进一步研究发现,职业归属感和职业行为倾向在工作满意度与对支持的利用度之间起到了部分中介的作用,职业价值观和角色价值观在工作满意度与对支持的利用度之间起到了完全中介的作用。陈秋珠等(2020)得到了相似的研究结果,研究发现,幼儿教师工作投入受到社会支持和自我效能感的双重影响,自我效能感在幼儿教师的工作投入与社会支持间起部分中介效应。

　　一项针对315名幼儿教师的调查研究发现,社会支持是深层扮演与职业幸福感各维度关系的调节变量,是情绪耗竭对深层扮演与职业幸福感各维度关系的中介机制的

---

　　① 王丰泼.以身立教:论专业化视野中教师的职业人格及其养成[J].中国成人教育,2008(11):84-85.

调节变量(安丹丹等,2020)。

四、幼儿教育的高质量普及是幼儿教师获得感培养的重要基点

幼儿教育的高质量发展与普及对于幼儿教师获得感培养具有重要价值,是幼儿教师获得感培养的重要基点。《中国教育现代化 2035》明确了八个 2035 年主要的教育现代化发展目标,其中,"普及有质量的学前教育"将是下一个阶段学前教育发展的顶层设计和行动指南。随着计划生育政策的放开,幼儿园教育工作也呈现出急速发展的态势。从 2011 年到 2021 年,全国学前教育毛入园率由 62.3％提高到 88.1％,学前教育实现基本普及。

那么,什么才是学前教育的"有质量普及"? 如何才能体现学前教育的"有质量普及"? 2021 年 12 月 9 日,为深入贯彻党的十九届五中全会精神,进一步提高学前教育普及普惠水平,促进学前教育的有质量普及,教育部、国家发展改革委、公安部、财政部、人力资源社会保障部、自然资源部、住房和城乡建设部、税务总局、医疗保障局等有关部门联合印发了《"十四五"学前教育发展提升行动计划》,为有质量普及学前教育指明了实施的顶层设计与具体路径。

 资料链接

《"十四五"学前教育发展提升行动计划》节选

······

三、政策措施

······

(四)提高幼儿园师资培养培训质量

鼓励各地结合实际加大农村和欠发达地区幼儿园教师培养力度。深化学前教育专业改革,完善培养方案,强化学前儿童发展和教育专业基础,注重培养学生观察了解儿童、支持儿童发展的实践能力。在高等学校学前教育专业增加特殊教育专业课程,提高师范生的融合教育能力。各地制定幼儿园教师和教研员培训规划,加大培训力度,实施全员培训,突出实践导向,提高培训实效。鼓励高校、教科研机构和优质幼儿园结对帮扶基层、边远和欠发达地区幼儿园。

(五)保障幼儿园教师配备和工资待遇

各地要及时补充公办园教职工,严禁"有编不补"、长期使用代课教师。民办园按照配备标准配足配齐教职工。落实公办园教师工资待遇保障政策,统筹工资收入政策、经费支出渠道,确保教师工资及时足额发放、同工同酬。按照政府购买服务范围的规定,

可将公办园中保育、安保、食堂等服务纳入政府购买服务范围,所需资金从地方财政预算中统筹安排,公办园和承接主体应当依法保障相关劳动者权益。民办园要参照公办园教职工工资收入水平,合理确定相应教职工的工资收入。各类幼儿园教职工依法全员纳入社会保障体系,畅通缴费渠道,农村集体办园的教职工社会保险可委托乡镇中心幼儿园代缴,农村小学附属幼儿园由小学代缴。各类幼儿园依法依规足额足项为教职工缴纳社会保险和住房公积金,社会保障、医疗保障、税务等有关主管部门依法依规对幼儿园教职工缴纳社保情况组织检查,积极开展医保参保宣传进校园等活动,切实保障教职工合法权益。

(六)完善幼儿园规范管理机制

落实县级人民政府和各有关部门的监督管理责任,提升跨部门协同治理能力,完善动态监管机制,强化对幼儿园办园条件、教师资格与配备、安全防护、收费行为、卫生保健、保育教育、财务管理等方面的动态监管。完善幼儿园信息备案及公示制度,各类幼儿园的基本信息纳入区(县)政务信息系统管理,定期向社会公布幼儿园教职工配备、收费标准、质量评估等方面信息,幼儿园园长和专任教师变更要主动向教育主管部门备案,一个月内完成信息更新。加强民办园财务监管,非营利性民办园收取费用、开展活动的资金往来,要使用在教育行政部门备案的账户,确保收费主要用于保障教职工待遇、改善办园条件、提高保教质量。严禁非营利性民办幼儿园举办者通过任何方式取得办学收益、分配或转移办学结余。

......

(九)深化幼儿园教育改革

深入贯彻落实《3—6岁儿童学习与发展指南》《幼儿园教育指导纲要》,以先进的实践经验为引领,切实转变教师观念和行为,促进幼儿在快乐的童年生活中获得有益身心的学习和发展经验,提升教师职业成就感。深入推进幼儿园与小学科学衔接,在认真开展试点、加强实践探索的基础上,全面构建衔接机制,强化幼儿园和小学深度合作,切实提高入学准备和入学适应教育的科学性和有效性,坚决纠正超前学习、拔苗助长等违反幼儿身心发展规律的行为。教育部出台《幼儿园保教质量评估指南》,各省(区、市)完善幼儿园质量评估实施办法,将各类幼儿园全部纳入质量评估范围,树立科学导向,强化过程评估,引领教师专业成长,全面提高幼儿园保教质量。

(十)推动学前教育教研改革

坚持教研为幼儿园教育实践服务,为教师专业发展服务,为教育管理决策服务。加强学前教育教研工作,遴选优秀园长和教师充实教研岗位,每个区县至少配备一名学前教育专职教研员,形成一支专兼结合的高素质专业化学前教研队伍。完善教研指导责任区、区域教研和园本教研制度,实现各类幼儿园教研指导全覆盖。教研人员要深入幼儿园保教实践,了解教师专业成长需求,分类制定教研计划,确定教研内容,及时研究解决教师保教实践中的困惑和问题。充分发挥城镇优质幼儿园和乡镇中心幼儿园的辐射指导作用,推动区域保教质量整体提升。

四、组织实施

……

(二)完善激励机制。中央财政继续安排支持学前教育发展资金,重点向中西部农村地区、欠发达地区倾斜。各地要健全激励机制,对完成普及普惠目标、完善普惠性学前教育保障机制、提升保教质量等方面工作成效突出的地方按国家有关规定予以表彰奖励。鼓励企事业单位、社会团体及其他社会组织等向学前教育捐资助学。

……

柳倩等(2022)认为,要落实《"十四五"学前教育发展提升行动计划》,普及高质量学前教育,应将以下三点作为工作的核心着力点:推动共同富裕思想下的学前教育普及均衡化,形成供需平衡、公平投入的财政保障机制,坚持创新和规范并行的学前教育普及。第一,学前教育普及均衡化与新时代共同富裕、共同发展的目标相一致,能减轻家长对教育资源不均衡的焦虑,免除对优质教育资源的不必要竞争。第二,财政投入是推进学前教育优质均衡的重要保障,学前教育财政支出结构需要进一步调整,由硬件投入向软件投入转变。学前教育软件投入应主要体现在幼儿园质量提升的运营上,其中包含幼儿园人员、课程建设、硬件设施维护等方面的运营管理。第三,学前教育在向着均衡乃至优质均衡目标发展的过程中,面对新问题、新形势,需要继续创新。

五、积极的心理健康状态是幼儿教师获得感培养的核心追求

20世纪中期,关于人类潜能研究和人本主义心理学的兴起为积极心理学的发展奠定了基础。作为心理学领域的重要新兴思潮,积极心理学倡导采用现有的先进测量技术和实验方法,研究过去被传统心理学所忽略的人类优秀品质和美德等主题(Sheldon&King,2001;Seligman&Csikszentmihalyi,2000)。综上所述,积极心理学致力于探索人的美德和积极品质,服务对象超越了以往心理学针对的有心理问题的"部分人",面向"所有人"和心理全过程。积极心理学的核心观点体现在以下三个方面:首先,它主张实现一种平衡的心理学价值观,与病理心理学聚焦的问题不同,积极心理学的目标是关注人的优势,并努力赋予人们力量;其次,积极心理学倡导对问题做出积极的解释,并将人格分为积极解释风格和消极解释风格两种;最后,积极心理学强调研究每个

人的积极力量,挖掘个体的潜能并使其得到充分展现(任俊,2006)。

20 世纪末,美国发起了积极教育,这是积极心理学理论在教育教学实践中的重要开拓,对现代教育教学产生了重要和深远的影响。就现有研究而言,研究者们对于积极教育的内涵表述不一,关于积极教育的阐述也体现出中西方差异。例如,任俊(2006)认为,现代意义上的西方积极教育的核心理念是以学生显性和隐性的积极力量为根基,以增强学生的积极体验为主要途径,致力于培养学生的个体和集体积极人格①。陈振华(2009)则指出,中国特色积极教育是在积极的理念指导下,基于学校和师生现实状态,旨在激发学生的求知欲、培养学生积极人格品质和人生态度的教育方式。它强调教育者要关注学生的内在需求和潜力,通过积极的引导和支持,帮助学生发展自信心、创造力、适应性、责任感等积极品质。

从以上阐述不难看出,幼儿教师获得感培养应以让幼儿教师保持积极的心理健康状态、提升和改善心理健康水平为核心追求。也就是说,培养幼儿教师的获得感的最终目标是在积极心理学视野下,采用积极教育,帮助幼儿教师体验积极的情绪和情感,建立积极的人际关系,促进幼儿教师主观幸福感的建立与提升。值得注意的是,积极教育中的"积极"基于积极心理学的核心思想和基本概念,它要求教育者以幼儿教师的积极力量与品质为起点(这种力量与品质可能是潜在的,也可能是外显的),增强幼儿教师的积极体验,从而形成积极人格。也就是说,积极教育并不致力于消除幼儿教师的消极态度和反应,而是致力于培养教师的积极观念,并将积极观念发展为社会共识,从促成个体积极人格的形成到促成集体积极人格的形成。

第二节　幼儿教师获得感培养的核心原则

任何教育内容的实施都需要教育原则的规范和指引,幼儿教师获得感的培养活动亦不例外。教育原则指教育工作必须遵循的基本要求和原理。幼儿教师获得感培养的实施原则是幼儿教师获得感培养系列活动的前提和准则,不仅规定与规范了教师获得感教育设计、实施和评价的途径、方法与手段,也保证了幼儿教师获得感培养活动的效率与效果。基于幼儿教师获得感的内涵、特点、影响因素和形成机制,结合幼儿教育的基本理念,我们认为幼儿教师获得感培养活动的设计、实施与评价应遵从教育性、针对性、差异性、发展性、探索性五大基本原则。

---

① 任俊.写给教育者的积极心理学[M].北京:中国轻工业出版社,2012.

一、教育性原则

教育性原则出自赫尔巴特的教育性教学原则,原意是"不存在无教学的教育,也不存在无教育的教学"。赫尔巴特认为,教育是道德的教育,知识和道德具有内在的直接的联系。基于这种思考,他明确提出了"教育性教学"的原则。他指出,"通过教学来进行教育",也就是说,教育(道德教育)以教学为基本途径,反对"无教学的教育"和"无教育的教学"。

如今,教育性原则往往用于规范学校管理和班级管理。学校管理必须遵循教育性原则,即在学校管理过程中须时时体现教育性,处处着眼于育人的行为准则。教育性原则要求学校管理者做到注意自身言行的示范性、各项工作典范化、学校设施规范化,同时还要有效保证教育措施和方法的教育作用。在班级管理中,班主任在处理突发事件和组织班级活动时,也必须遵循教育性原则:要以让学生受教育,促进每个学生的成长为目的。以处理突发事件为例,班主任要本着教育从严、处理从宽、化解矛盾、教育全班的精神,实事求是地分析问题,找出问题的症结,全面分析、客观判断,做到公正公平,才能够使学生真正受到教育。

幼儿教师获得感培养的教育性原则指,教师获得感的培养应以"教书育人"为前提。具体来说,幼儿教师的育人作用在于启蒙,即幼儿教师对于儿童的人格发展和道德认知发展都有启蒙作用,所以幼儿教师遵循教育性原则显得尤为重要。教师要"育人"先要"育心",育心需要本心、爱心和同理心的协同。幼儿教师的本心是指教师要有正确的价值观、人生观和世界观,这样才能传达给幼儿正确的道德认知;爱心是指教师应具备对幼儿的爱,对幼儿教育事业的爱;同理心是指教师理解幼儿、尊重幼儿,教师在人格上与幼儿平等,但在生活技能、思维能力、语言表达等方面能力都远远高于幼儿,所以教师应在充分掌握儿童的身心发展特点和规律的基础上,用儿童的视角去解读儿童的思维、语言和行为,真正理解儿童。只有本心、爱心、同理心三者协同,幼儿教师才能基于正确的情感、态度去面对幼儿教育教学工作,从而降低挫败感和倦怠感,获得更多的积极体验,促进自身获得感的形成和发展。

教育性原则如何实施,本心、爱心、同理心三者该如何实现协同? 或许我们能从陈鹤琴和陶行知两位教育大家的"活教育"和"生活教育"的教育思想中获得灵感。

陈鹤琴的活教育思想含有教学原则和训育原则,是目的论、方法论和课程论融合的教育理论体系。以教学原则为例,活教育思想的教学原则主要有 17 条,是活教育实施的根本指导(参见表 8-1)。可见,活教育的教学原则突出了以儿童为学习主体的核心教育思想,活教育始终让儿童处于主动学习的状态下,"活"和"做"两个字充分体现了陈鹤琴先生的儿童观和教育观。

表 8 - 1　活教育的教学原则①

教学原则	陈鹤琴阐述的核心内涵
凡是儿童自己能够做的,应当让他自己做	"做"这个原则,是教学的基本原则,一切的学习,不论是肌肉的,不论是感觉的,不论是经验的,都要靠"做"的。
凡是儿童自己能够想的,应当让他自己想	直接经验、自己思想,是学习中唯一的门径。
你要儿童怎样做,就应当教儿童怎样学	定要使他们在适当的自然环境之内,得到相当的学习。
鼓励儿童去发现他们自己的世界	儿童的世界是儿童自己去探讨去发现的,他自己所求来的知识才是真知识,他自己所发现的世界,才是他的真世界。
积极的鼓励胜于消极的制裁	用鼓励的方法,来控制儿童的行为,来督促儿童求学。
大自然、大社会是我们的活教材	儿童喜欢野外生活,到野外的大自然大社会中去探讨、去追求,就可获得确实而经济的直接知识。
比较教学法	使小孩子对所学的事物,认识得格外正确,印刻得格外深切,记忆得格外持久。
用比赛的方法来增进学习的效率	教师可利用儿童喜欢竞争的心理,去组织儿童比赛,以增加儿童的学习兴趣,促进儿童的学习效率。
积极的暗示胜于消极的命令	积极的暗示是一种激励教育法。暗示可分为四种:语言、文字、图画和动作。其中动作的暗示性最大。
替代教学法	依据儿童心理特点提出。
注意环境,利用环境	儿童喜欢玩耍和游戏,大自然、大社会中都可以找到很多好玩的东西来作活教材和活教具。
分组学习,共同研究	分组研究、共同讨论的方式就是集体学习,也使刺激和反应的程式由单轨变为复轨。
教学游戏化	基于"儿童爱好游戏"。
教学故事化	基于"儿童爱好故事"。
教师教教师	举行教学演示或者组织巡回教学辅导团类的组织。
儿童教儿童	根据陶行知的"小先生制"提出,儿童互助运动。
精密观察	一方面通过实地观察,来施行教学;另一方面通过实际研究来培养儿童善用观察的学习态度;则教学的效果,必将因此而有所增进。

　　陈鹤琴指出,活教育的目的是"做人,做中国人,做现代中国人"。易言之,"活教育"是充满活力和生命力的,只有深入理解儿童心理,真正认识儿童才能实现。如表8－2所示,陈鹤琴认为,"活教育"具有 10 点特征,它与"死教育"(特征主要有一切以教师为中

---

① 陈鹤琴.陈鹤琴全集[M].南京:江苏教育出版社,2008.

心,培养孩子学习零星的知识等)具有本质区别。"活教育"强调的是在做中教,做中学,做中求进步,教学以分析学生心理特点为基础,"大自然、大社会都是活教材",因此,教育也就鲜活了起来。

表 8-2 活教育与死教育的特征

活教育的特征	死教育的特征
一切设施、一切活动以儿童为中心为主体,学校里一切活动差不多都是儿童的活动。	一切设施、一切活动,教师是中心是主体。学校里的一切活动差不多都是教师的活动。
教育的目的在培养做人的态度,养成优良的习惯,发现内在的兴趣,获得求知的方法,训练人生的基本技能。	教育的目的在灌输许多无意义的零星知识,养成许多无关紧要的零星技能。
一切教学,集中在做,做中学,做中教,做中求进步。	一切教学,集中在听,教师口里讲,儿童用耳听。
分组学习,共同研讨。	个人学习,班级教授。
以爱以德来感化儿童。	以威以畏来约束儿童。
儿童自订法则来管理自己。	教师以个人主见来约束儿童。
课程是根据儿童的心理和社会的需要来编订的,教材也是根据儿童的心理和社会的需要来选定的,所以课程是有伸缩性,教材是有活动性而可随时更改的。	固定的课程,呆板的教材,不问儿童能否了解,不管时令是否合适,只是一节一节地上,一课一课地教。
儿童天真烂漫,活泼可爱,工作时很静很忙,游戏时很起劲很高兴。	儿童呆呆板板,暮气沉沉,不好动,不好问,俨然像个小老头。
师生共同生活,教学相长。	师生界限分明,隔膜横生。
学校是社会的中心,师生集中力量,改造环境,服务社会。	校墙高筑,学校与社会毫无联系。

 **资料链接**

陶行知教育思想摘要[①]

陶行知是著名的人民教育家、思想家,他的教育思想以"生活即教育""社会即学校""教学做合一"为核心观点,被称为陶行知生活教育理论。陶行知生活教育理论对于教师心理发展及其专业发展均具有重要价值。

第一,"生活即教育"是陶行知生活教育理论的核心。"生活即教育"的核心内容是"过什么生活便是受什么教育"。陶行知认为,人们在社会上生活不同,因而所受的教育也不同,"过好的生活,便是受好的教育;过坏的生活,便是受坏的教育,过有目的的生

---

① 江苏省陶行知研究会,南京晓庄学院.陶行知文集[M].南京:江苏教育出版社,2008.

活,便是受有目的的教育。"他还指出:"生活教育与生俱来,与生同去。出世便是破蒙;进棺材才算毕业"。可见,陶行知所说的"教育"是指终生教育,它以"生活"为前提,不与实际生活相结合的教育就不是真正的教育。学到老,活到老。他坚决反对没有"生活做中心"的死教育、死学校、死书本。

"生活即教育"就其本质而言,是生活决定教育,教育改造生活。具体讲,教育的目的、内容、原则、方法均由生活决定;教育要通过生活来进行;整个的生活要有整个的教育;生活是发展的,教育也应随时代的前进而不断发展。教育改造生活是指教育不是被动地由生活制约,而是对生活有能动的促进作用。生活教育的实质体现了生活与教育的辩证关系。

第二,"社会即学校"是在对杜威教育思想批判的基础上得出的。陶行知认为,在"学校即社会"的主张下,学校里的东西太少,不如反过来主张"社会即学校",教育的材料,教育的方法,教育的工具,教育的环境,都可以大大地增加,学生、先生也可以多起来。"社会即学校"是与"生活即教育"紧密相连的,是"生活即教育"同一意义的不同说明,也是它的逻辑延伸与保证。因为生活教育的"生活"是社会生活,所以"整个社会的运动,就是教育的范围,不消谈什么联络而它的血脉是自然相通的"。

"社会即学校"的根本思想是反对脱离生活、脱离人民大众的"小众教育",主张用社会各方面的力量,打通学校和社会的联系,创办人民所需要的学校,培养社会所需要的人才。真正把学校放到社会里去办,使学校与社会息息相关,使学校成为社会生活所必须。因此"社会即学校"的真正含义就是根据社会需要办学校。从教育内容说,人民需要什么生活就办什么教育;从教育形式来说,适宜什么形式的学校就办什么形式的学校。"社会即学校"不是学校消亡论,而是学校改造论,改造旧学校以适应社会发展的需要。

第三,"教学做合一"是生活现象之说明,即教育现象之说明,在生活里,对事说是做,对己之长进说是学,对人之影响说是教,教学做只是一种生活之三方面,不是三个各不相谋的过程。"教学做是一件事,不是三件事。我们要在做上教,在做上学"。他用种田为例,指出种田这件事,要在田里做的,便须在田里学,在田里教。在陶行知看来,"教学做合一"是生活法,也是教育法,它的含义是教的方法根据学的方法,学的方法要根据做方法,"事怎样做便怎样学,怎样学便怎样教。教而不做,不能算是教;学而不做,不能算是学。教与学都以做为中心"。由此他特别强调要亲自在"做"的活动中获得知识。

事实上,在幼儿教师真正理解儿童、理解教育以后,幼儿教师所处的教育教学活动及其发生背景都充满了希望和活力,他们能更深刻地认识到幼儿教师这一职业的职业价值所在,从而产生乐趣感和成就感,更容易产生职业认同,从而促进获得感的产生与发展。

二、针对性原则

幼儿教师获得感培养的针对性原则是,基于幼儿教师工作对象和内容的特点,幼儿教师获得感的培养必须针对学前教育的特点,符合学前教育的实施原则。具体来说,幼儿教师获得感的培养不能违背学前教育的原则,也不能与学前教育的特点矛盾,应符合学前教育的意义体现。幼儿教师获得感培养要保证以下内容:幼儿教师的教育教学活动要符合学前教育的非义务性、保教结合性、启蒙性、直接经验性、生活化、游戏性、活动性、潜在性等特点,在幼儿的教育过程中坚持正面教育,既尊重儿童人格又促进儿童发展,既面向全体儿童,又重视个别差异;以游戏活动为基本活动,保育与教育相结合,发挥一日活动的综合教育效果,确保教育的多样性和活动性得到体现。此外,幼儿教师的获得感培养还应立足于学前教育的意义,符合学前教育的目的,促进幼儿的全面发展,既促进幼儿生长发育,又开发幼儿的大脑潜能,同时发展幼儿的美感、想象力、创造力、个性和人格。

显然,要让幼儿教师获得感的培养与学前教育的实施相互促进,互为动力,就必须重视良好师幼关系的建立与培养。师幼关系是学前教育在学校中实施的核心"软件",所以,无论是基于幼儿的发展,还是基于幼儿教师的获得感培养,教师与幼儿的人际关系都具有重要的积极意义与价值。建立良好的师幼关系可以从师幼关系的"实然"和"应然"两个角度切入研究。"实然"是基于师幼关系现状的观察、调查与分析,了解不良师幼关系的存在问题、特征、表现与影响因素等,进而确立解决策略的过程;"应然"则是从理论角度出发,比如从对话理论出发,回到师幼关系的事实本身,从历史和现实双重角度对于师幼关系的建构进行理论反思和本真探寻。

对话普遍存在于教育活动之中,基于幼儿教育的特殊性,对话在学前教育中尤其重要。事实上,对话一直是人类文明的产生和发展进程中最为基本的交往形式。古希腊的苏格拉底、柏拉图以及亚里士多德都非常重视师生的对话活动,并试图通过对话向学生传授知识、引导学生形成对真理的正确认知,甚至其代表作大多是对话体。我国著名教育家孔子的教育思想也是以对话的形式记录与流传下来的。所以,对话不仅是人际交往的重要手段,也是教育教学的重要路径。

英语中的对话"Dialogue"源于希腊文"Dialogos",有以下多重具体含义①:(1)在文学作品中,对话指的是两个或更多的人之间展开的交流和谈话;(2)在现实社会生活中,对

---

① 冯苗.教育场域中的对话[M].北京:教育科学出版社,2011.

话主要指的是两个或更多的人之间的谈话;(3)对话还可以是持有不同思想或观点的个体之间的交流;(4)政治性讨论是一种特殊类型的对话,通常发生在不同政党之间或党派代表之间,旨在达到某一政治目的。

在中文语境中,"对话"包括了"对"和"话"。"对"一般有"应对、应答、回答、相对、面对、相当、匹配"等含义,"话"的名词内涵主要指的是"言语",动词内涵主要指的是"说、谈、交流"等。综合起来看,对话主要指两人或多人之间的交流谈话,或者双方或多方之间的谈判或协商。

综合中西语境,不难看出,尽管表述方式不一,但"对话"一词都涉及"商讨""谈判"的内涵。既然是"商讨"和"谈判",那么必然建立在双方人格平等的基础上。尤其是师幼对话,由于教师的知识、能力、心理发展水平都远远高于幼儿,更需要时刻注意教师与幼儿之间的平等。师幼对话不是教师给幼儿"灌输",而应是建立在人格平等、表达自由的基础上,教师与幼儿进行的有效交流和沟通,是教师和幼儿都处于放松、愉快的积极心境下的教育教学路径。这样,幼儿才能得到充分全面的身心发展,幼儿教师才能建立并增强获得感。

 资料链接

对话理论

尤尔根·哈贝马斯(Jürgen Habermas),德国著名作家、哲学家、社会学家。哈贝马斯的"交往行为理论体系"认为,社会行为共有四种,分别是目的性行为、规范调节性行为、戏剧性行为以及交往性行为。具体而言,目的性行为主要是指在日常生活中人们常见的为了实现某种目的而采取的具有直接目的性的、直接因果性的介入客观世界的行为。目的性行为促使"角色"和"客观世界"之间建立起联系,需要符合"真实性"要求。规范调节性行为是指对一个社会集团或集体所进行的具有统一价值观念取向要求的行为,着重于在"角色"和"社会世界"之间建立联系,需要符合"正当性"要求。戏剧性行为所关系到的是投入互动活动中的各个参与成员之间关系的形成,着重于"角色"与"主观世界"之间的关系,需要符合"真诚性"要求。哈贝马斯认为,参与交往行为的交往行为者对客观世界、主观世界、社会世界不是直接参与的,而是以个体的"生活世界"为基础而参与的,最终的目的在于通过对所处环境的共同认识达成协调性。

巴赫金(Бахтин, Михаил Михайлович),苏联著名文艺学家、文艺理论家、批评家、符号学家,苏联结构主义符号学的代表人物之一,其理论对文艺学、民俗学、人类学、心理学都有巨大影响。在巴赫金的思想体系中,对话理论是核心内容。巴赫金认为,人的本质是开放的主体,人只要存在就意味着对话和交往,个体的存在是以他人的存在作为基本前提的,人与人之间的相互关系就是对话关系。基于此,个体与他人是一种交往性的关系,交往关系的实现和生成需要借助于语言中介来完成。巴赫金认为,对话是对人存在的一种本体论解释,对生活的关注是对话原则的具体化策略,个体之间对话的实现需要平等人际关系的建立。

马丁·布伯(Martin Buber)是奥地利著名哲学家、翻译家、教育家,他的研究工作集中于宗教有神论、人际关系和团体,布伯的对话哲学被称为"关系哲学"(也被称为"他者哲学""相遇哲学")。布伯认为,个体与世界之间的关系通过两种方式实现:"我—它"之间和"我—你"之间。在"我—它"中,"它"对于"我"来说是完全、纯粹客体化的存在,"我"在这种关系中不能发现自我的意义和价值,这是一种经验利用的关系。在"我—你"中,"你"不再是我所利用的外在客观之物或纯粹客体化的对象,"我"成为一种整体性的存在,是主体间的一种对话关系,是人与人、人与自然、人与上帝等一切关系的本真。

三、差异性原则

获得感培养的差异性原则是指幼儿教师的获得感同时具有绝对性和相对性。获得感既是客观的,也是主观的,所以获得感培养必须根据个体所处的具体环境,个体的人格特质、思维模式等进行活动设计,充分体现个体的差异性,才能取得良好的培养效果。对个体而言,他既是"自然"的人,也是"社会"的人——个体既具有具体和独特的个性,又具有社会和历史特性,是"共性"与"个性"对立统一的存在。所以,获得感培养的必须重视个体的差异性。

差异性原则基于"以人为本"理念。在传统思想文化发展史上,民本思想占据着十分重要的地位,古人强调的以民为本的理念与人本思想如出一辙,所以,在古语中,"人"与"民"常常可以通用。民本思想发端于商周,形成于春秋,发展于汉唐,成熟于明清,在中国文化的传承过程中从未中断。

 资料链接

古代民本思想①

在几千年的发展历程中,中国古代民本思想基本是以服务于封建统治阶级的治国

———————————

① 王光.大学生日常思想政治教育以人为本取向研究[D].长春:东北师范大学,2021.

理念形态存在的,既是对"以民为本"的深刻认识,也是封建社会治国安邦的经验总结。中国传统民本思想所蕴含的民为邦本、民贵君轻、安民利民、勤政爱民等观点和实践,缓解了人民与封建专制主义的激烈冲突,同时通过造就"贤臣明君"和制约专制暴政,在某种程度上限制和软化了君权,规范了正常社会运行,一定程度上缓解了封建社会的阶级矛盾,促进了国家稳定繁荣和社会生产发展。传统民本思想所蕴含的人文主义关怀、民主主义精神和对民众生存权的考量,特别是传统民本思想所体现的对人民作用和价值的肯定与重视,为后来民主思想萌芽和马克思主义在中国的传播创造了必要的思想文化条件。在这一点上可以说,作为自足的一种理论体系,虽然传统民本思想在漫长的封建社会中没有实现的条件,但在中国社会现代转型过程中发挥了积极作用,因而具有一定的时代进步意义。

现代"以人为本"的思想应该以马克思列宁主义、毛泽东思想、邓小平理论、"三个代表"重要思想、科学发展观、习近平新时代中国特色社会主义思想为基础。"以人为本"要求幼儿教师获得感培养要以幼儿教师为主体,以幼儿教师的身心健康为首要考量,以他们的专业发展为核心目标,全方位关注幼儿教师的需求与成长。在贯彻党与国家"以人为本"的相关政策与方针的前提下,在尊重、承认和遵循幼儿教育和心理的客观规律的前提下,全面了解幼儿教师的身心健康状况,关注幼儿教师与所处心理环境、物理环境(包括工作环境和家庭环境)的良性互动关系。充分考虑到幼儿教师人格、气质特征的差异,通过职业理念教育和教师职业道德教育,提升幼儿教师的从业意愿与意志,进而提升幼儿教师的获得感。

四、发展性原则

发展性原则是指,在培养幼儿教师获得感的工作中,促进幼儿教师专业发展既是获得感形成的重要路径,也是获得感培养的核心目标。一方面,教师专业发展中伴随产生的职业认同和职业理念,能帮助教师形成获得感。另一方面,提升教师获得感是为了让教师"乐业",形成并不断强化终身学习的意识和能力,进而持续促进教师专业发展。这是幼儿教师职业生涯稳定和积极推进的保障。

幼儿教师专业发展的蓝图指引是《幼儿园教师专业标准(试行)》。它是教育行政部门在幼儿园教师队伍建设和管理方面的基本指导方针,同时也是幼儿园教师教育培养的主要参考。幼儿教师的专业发展涵盖三个核心领域,即专业知识体系、专业理念与师德以及专业技能。《幼儿园教师专业标准(试行)》强调,幼儿园教师是专门从事幼儿园教育教学工作的专业人员,必须具备高尚的职业道德,掌握全面的专业知识和专业技能并经历严谨的培养和训练。以终身学习为例(参见表8-3),它主要体现在"专业理念与师德"维度的"职业理解与认识""个人修养与行为"两个子领域,"专业技能"维度的"反思与发展"子领域。其中,专业理念与师德维度要求幼儿园教师认识到自己职业的专业性和独特性,专注于个人的专业发展与进步。勤于学习,不断进取,制定专业发展规划,积极参加专业培训,不断提高自身专业素质。

表8-3 幼儿教师专业标准中的教师专业发展相关要求

维度	领域	基本要求
专业理念与师德	职业理解与认识	1. 贯彻党和国家教育方针政策,遵守教育法律法规。 2. 理解幼儿保教工作的意义,热爱学前教育事业,具有职业理想和敬业精神。 3. 认同幼儿园教师的专业性和独特性,注重自身专业发展。 4. 具有良好职业道德修养,为人师表。 5. 具有团队合作精神,积极开展协作与交流。
	个人修养与行为	16. 富有爱心、责任心、耐心和细心。 17. 乐观向上、热情开朗,有亲和力。 18. 善于自我调节情绪,保持平和心态。 19. 勤于学习,不断进取。 20. 衣着整洁得体,语言规范健康,举止文明礼貌。
专业技能	反思与发展	60. 主动收集分析相关信息,不断进行反思,改进保教工作。 61. 针对保教工作中的现实需要与问题,进行探索和研究。 62. 制定专业发展规划,积极参加专业培训,不断提高自身专业素质。

幼儿教师专业发展的良好推进离不开法规与政策的坚实支撑,也离不开权威引领或他律的规范,但幼儿教师不能仅仅依靠外界的支持与约束,幼儿教师的自主意识、自觉态度和自律精神是其教师专业发展的内在驱动力,同时也是决定其专业发展进程的关键因素。要实现内部的推动作用,幼儿教师必须具备终身学习和不断进取的意识和能力。《幼儿园教师专业标准(试行)》提出教师应保持积极的学习态度,并坚定践行终身学习的基本理念。该理念鼓励教师借鉴国内外学前教育改革和发展的成功经验和实践,深入研究前沿的学前教育理论;不断完善自身的知识结构,提升文化素养;养成终身学习和持续发展的习惯和能力,成为他人学习的榜样。

 资料链接

《幼儿园教师专业标准(试行)》摘要

为促进幼儿园教师专业发展,建设高素质幼儿园教师队伍,根据《中华人民共和国教师法》,特制定《幼儿园教师专业标准(试行)》(以下简称《专业标准》)。

幼儿园教师是履行幼儿园教育教学工作职责的专业人员,需要经过严格的培养与培训,具有良好的职业道德,掌握系统的专业知识和专业技能。《专业标准》是国家对合格幼儿园教师专业素质的基本要求,是幼儿园教师实施保教行为的基本规范,是引领幼儿园教师专业发展的基本准则,是幼儿园教师培养、准入、培训、考核等工作的重要依据。

基本理念	核心阐述
师德为先	热爱学前教育事业,具有职业理想,践行社会主义核心价值体系,履行教师职业道德规范,依法执教。关爱幼儿,尊重幼儿人格,富有爱心、责任心、耐心和细心;为人师表,教书育人,自尊自律,做幼儿健康成长的启蒙者和引路人。
幼儿为本	尊重幼儿权益,以幼儿为主体,充分调动和发挥幼儿的主动性;遵循幼儿身心发展特点和保教活动规律,提供适合的教育,保障幼儿快乐健康成长。
能力为重	把学前教育理论与保教实践相结合,突出保教实践能力;研究幼儿,遵循幼儿成长规律,提升保教工作专业化水平;坚持实践、反思、再实践、再反思,不断提高专业能力。
终身学习	学习先进学前教育理论,了解国内外学前教育改革与发展的经验和做法;优化知识结构,提高文化素养;具有终身学习与持续发展的意识和能力,做终身学习的典范。

五、探索性原则

幼儿教师所处的物理环境与心理环境不断变化,幼儿教师的心理状态也处于流动状态;幼儿教师获得感的培养措施应根据幼儿教师获得感的流动性、变化性等特点进行持续改进、不断创新。不少研究认为,"获得感"是个体的一种主观体验,当个体在某种需求(包括物质、精神、文化等)得到满足时,大脑会产生一种令人愉悦、幸福且强烈的积极感受。所以,获得感是个体得到某种利益之后,内心深处产生的一种幸福满足的积极情绪体验[1]。易言之,"获得感"是一种积极心理感受,是个体或群体在经历持续的自我提升和改善过程中所体验到的[2]。可见,获得感具有主观性和客观性、相对性和绝对性。

不少研究者根据上述理解,将获得感分为相对获得感和绝对获得感两类。其中,绝对获得感基于个体或群体的物质、精神和文化等的现实获得,相对获得感基于社会比较的相对"获得"——这种比较往往基于个体(或者群体)将自身的"实际获得"同"参照物"(可能是相似条件、同等条件或者近似条件的个体或群体)的比较。不少研究验证了相对获得感的存在以及引入研究的必要性。比如,孙远太(2015)提出,城市居民的获得感同时受到主客观社会地位影响。王瑾(2016)发现,社会分化作为社会比较的一种突出

---

① 彭文波.获得感:概念、机制与统计测量[J].重庆师范大学学报,2020(2):92-100.
② 宋洪波,符明秋,杨帅.活力:一个历久弥新的研究课题[J].心理科学进展,2015,23(9):1668-1678.

表现,是制约人民群众获得感提升的主要障碍。

就现有研究而言,相对获得感研究的研究对象主要是接受国家"精准扶贫"的贫困和弱势群体。一些研究者从不同角度出发对贫困大学生的相对获得感进行了调查与分析。何小芹(2019)的研究发现,贫困大学生的学业相对获得感可以分为四个维度:认知(过程性)、认知(总体性)、情感(过程性)、情感(总体性),贫困大学生的学业相对获得感在总体上呈现中等水平,但在性别、年级、是否为独生子女、地区以及专业等方面存在明显的差异。研究进一步发现,贫困大学生的学业相对获得感在主动性人格对知识共享行为的影响过程中起中介作用,主动性人格及学业相对获得感均能显著正向预测知识共享行为。董娟娟(2020)从精准扶贫出发,将贫困大学生相对获得感的主要影响因素界定为自尊水平和人格特质。还有研究者从社会比较的角度对贫困大学生的相对获得感及其培养进行了研究。叶一舵等(2018)的研究发现,提升贫困大学生的相对获得感可以从培养理性的社会比较、加强提供经济帮扶和发展机会、着重关注文科专业贫困大学生群体等方面实施。

要提升幼儿教师的相对获得感,就应从幼儿教师相对获得感的内涵与形成机制中寻找有效路径。也就是说,既然幼儿教师的相对获得感基于社会比较,那么就应当尽力缩小社会比较带来的落差和差距。这就需要在共享理念的指导下,将共享作为幼儿教师获得感培养的目的,也作为幼儿教师获得感培养的手段,不断探索能体现个体特点、契合群体特征的幼儿教师获得感的培养路径,并根据物理环境和心理环境的变化持续修正、改进与提升。

 资料链接

"共享"理念

2015年10月26日至29日,党的十八届五中全会在北京举行。期间,十八届五中全会通过了《中共中央关于制定国民经济和社会发展第十三个五年规划的建议》(以下简称《建议》)重要决议。《建议》明确指出并强调,实现"十三五"时期发展目标,破解发展难题,厚植发展优势,必须遵循新发展理念——创新、协调、绿色、开放、共享。

其中,坚持共享发展,必须坚持发展为了人民、发展依靠人民、发展成果由人民共享,作出更有效的制度安排,使全体人民在共建共享发展中有更多获得感,增强发展动力,增进人民团结,朝着共同富裕方向稳步前进。按照人人参与、人人尽力、人人享有的要求,坚守底线、突出重点、完善制度、引导预期,注重机会公平,保障基本民生,实现全体人民共同迈入全面小康社会。缩小收入差距,坚持居民收入增长和经济增长同步、劳动报酬提高和劳动生产率提高同步,健全科学的工资水平决定机制、正常增长机制、支付保障机制,完善最低工资增长机制,完善市场评价要素贡献并按贡献分配的机制。建立更加公平更可持续的社会保障制度,实施全民参保计划,实现职工基础养老金全国统筹,划转部分国有资本充实社保基金,全面实施城乡居民大病保险制度。推进健康中国建设,深化医药卫生体制改革,理顺药品价格,实行医疗、医保、医药联动,建立覆盖城乡的基本医疗卫生制度和现代医院管理制度,实施食品安全战略。促进人口均衡发展,坚持计划生育的基本国策,完善人口发展战略,全面实施一对夫妇可生育两个孩子政策,积极开展应对人口老龄化行动。

第九章

幼儿教师获得感培养的策略

第一节　幼儿教师的一般获得感培养策略：基于积极心理

一、强化社会支持

社会学学科最早开始研究社会支持(Social Support)。学界逐渐认识到社会支持有助于帮助个体减轻压力，保持积极的情绪状态，从而促进个体心理健康，于是将社会支持概念引入心理学。但是截至目前，社会支持的内涵尚未形成统一的明确定义。研究者的观点虽然不一致，但都认可从社会心理刺激和个人心理健康的关系方面来对社会支持进行定义。可以说，社会支持是与个体有关的社会联系，个体获得的情感、心理和物质等，有助于缓解个体情绪压力，提高个体社会适应能力。

关于社会支持的分类，主要有以下几种：肖水源等人(1987)把社会支持分为主观支持、客观支持以及个人对社会支持利用的水平；卡特罗纳和拉塞尔(Cutrona & Russell,1990)将社会支持划分为情感、社交或网络的支持，自尊的满足，物质或信息的支持。赵丽君在 Cutrona 和 Russell 的社会支持分类基础上，将幼儿教师所获得的社会支持细分为物质性支持、情感性支持、自尊性支持、信息性支持以及陪伴性支持[①]。

部分研究者对于幼儿教师的社会支持状况及其影响因素进行了调查研究，但可能由于样本和地区差异，结果存在差异。

一些研究发现，幼儿教师的社会支持水平高于社会常模，属于中等偏上水平。例

---

① 赵丽君.社会支持对幼儿教师教学效能感的影响研究[D].重庆：西南大学,2007.

如,对运城地区282名幼儿教师的社会支持调查结果显示,幼儿教师的社会支持水平处于中等偏上水平,随年龄的增长呈上升趋势;幼儿教师的社会支持水平在年龄、是否结婚、幼儿园性质、幼儿园所在地、是否担任行政职务等变量上存在显著差异[①]。其中,已婚教师社会支持水平高于未婚教师,农村教师高于县城和市区教师,公办幼儿园教师高于民办幼儿园教师,担任行政职务的教师高于不担任行政职务的教师。曹亚萍(2008)的结论与前述结果相吻合。她通过问卷调查发现,上海市幼儿教师的社会支持水平属于正常水平,提升幼儿教师在社会支持方面的水平将有助于减轻其职业生涯中的压力。

然而,也有研究发现,幼儿教师的社会支持水平不容乐观。例如,鲁小周等(2014)发现,贵州省幼儿教师的社会支持整体状况不容乐观,显著低于全国成人常模水平;幼儿教师的社会支持水平的影响因素主要有年龄、婚姻状况、学历、幼儿园性质、收入、是否在编、职称等。

现有研究对于社会支持与心理健康之间的关系关注度较高,大多数研究都证明了社会支持对于心理健康的影响作用。例如,代勇真等(2020)运用元分析方法,通过79 711个样本对中国人的社会支持与心理健康关系进行了分析研究。该研究发现,心理健康与主观支持、支持利用度之间呈现为负相关,客观支持与心理健康间存在正相关,其中客观支持与心理健康间所呈现的相关性较小,心理健康与主观支持、支持的利用程度之间呈现出中等的相关性,并且这三者与心理健康的联系存在统计学意义。一项针对1 200名农村初中学生的问卷调查显示,农村初中学生的期望水平与其心理健康水平呈正相关,农村初中学生的社会支持水平与其心理健康水平也呈正相关。农村的初中生可以通过社会支持和希望来有效地预测他们的心理健康状况,而希望在这两者之间起到了中介作用[②]。不少研究者都认为,社会支持对个体心理健康的影响存在多种模式,如主效应模式、缓冲效应模式、动态模式等。

一些针对幼儿教师社会支持与心理健康水平的研究结果基本与上述研究一致。卢长娥(2008)的研究发现,幼儿园教师的应对方式、社会支持等因素对提高幼儿园教师的心理健康水平具有重要作用。有效的应对策略和社会支持可以显著提升教师的心理健康状况。李林等(2007)的研究发现,马来西亚华裔幼儿园教师的社会支持和幸福感均与其心理健康状况有明显的正相关,而幸福感在其中起到了中介作用。安丹丹等(2020)的研究揭示,浅层角色扮演在预测幼儿园教师的心理、社会和认知幸福感方面具有负面影响,而深层角色扮演则在预测幼儿园教师工作幸福感的多个方面表现出正面

①　高晓敏.幼儿教师社会支持的现状及影响因素研究[J].宿州学院学报,2011(7):50-53.
②　奚艳香.农村初中生社会支持与心理健康的关系:希望的中介作用[D].南宁:广西师范大学,2021.

效应;浅层角色扮演对工作幸福感的三个层面都有显著的正向预测效应。情感损耗在深层角色扮演和工作幸福感中起到了部分的中介作用;自我效能感对浅层角色扮演和工作幸福感之间的关系起到了完全中介效应。在工作满意度和工作幸福感的多个维度上,社会支持扮演着至关重要的调控角色。

就幼儿教师获得感的社会支持而言,根据本书的前期调查,结合相关文献,笔者认为,幼儿教师获得感的社会支持路径可以从政策支持和人际支持两方面来落实与实施。

(一) 政策支持

1. 切实保障幼儿教师的工资与薪酬待遇

幼儿教师不仅是学前教育教学和保育等工作的具体实施者,也是对幼儿的健康成长和全面发展具有关键影响的群体。提高教师获得感能使幼儿教师对自身教育教学工作充满希望,态度积极,从业信念坚定,从而愿意终身投身人民教育事业并做出贡献。从幼儿教师对于幼儿成长和发展的影响来看,幼儿教师获得感不仅对于幼儿教师本身具有重要价值,对于幼儿以及学前教育都具有重要价值。

显然,幼儿教师获得感首先应基于个体的自我认可与自我认同,教师对于自身职业价值、社会地位的认可,对于自我的认可与自我认同的形成、发展与提升对于获得感培养必然具有重要意义。马斯洛的需求层次理论提出,人的基础需求可以被划分为生理、安全、社交、尊重和自我实现几个方面。显然,工资薪酬(满足生理需要和安全需要)与社会认可(满足尊重需求)会对教师获得感的形成与提升产生基本影响。

《中华人民共和国教育法》(以下简称《教育法》)第三十四条指出,国家保护教师的合法权益,改善教师的工作条件和生活条件,提高教师的社会地位。教师的工资报酬、福利待遇,依照法律、法规的规定办理。根据《中华人民共和国教师法》(以下简称《教师法》)第二十五条,教师的平均工资水平应当不低于或者高于国家公务员的平均工资水平,并逐步提高。建立正常晋级增薪制度,具体办法由国务院规定。但从现实来看,幼儿教师处于比较尴尬的境地。

其一,学前教育尚未纳入义务教育范畴,目前尚无法按照义务教育阶段的相关政策法规去实施工资报酬、福利待遇等物质保障。这就造成了幼儿教师地位的尴尬:社会舆论普遍认为教师行业具有高薪资高福利,但幼儿教师本身则认为薪资低、福利差,付出与回报并不对等。

一些调查研究了幼儿教师"付出—回报"对应程度与留职意愿之间的关系。赵迪(2021)的研究表明,目前我国学前教育师资队伍中存在着"高付出—低回报"的不平衡;幼儿教师的"付出—回报"不平衡对离职意向有显著的负面作用,而组织支持则对离职意向有促进作用。该研究还发现,在"付出—回报"不平衡感方面,民办园学前教师比公办园学前教师的感觉更强烈,无编制学前教师比有编制学前教师的感觉更强烈,高学历学前教师比低学历学前教师更强烈,每天工作大于 10 小时的学前教师比工作时间较短的学前教师感觉更强烈。

物质需要是人最基本的需要,要培养和提升幼儿教师的获得感,就应在落实《教育法》和《教师法》的基础上,提高教师的薪资水平,满足教师的生活需要和物质需求。同时,参照义务教育阶段教师的薪资待遇完善现有的幼儿教师薪资福利体系,增加教师的物质获得,让幼儿教师不再觉得"付出与回报不对等",让教师的获得感得到提升。

教育部基础教育司原司长吕玉刚在"教育这十年"系列记者会上表示,在过去的十年里,中央政府对学前教育进行了全方位和系统性的规划。中共十八大强调了学前教育的重要性,而十九大提出了在幼儿教育方面需要取得新的突破,这表明国家对于学前教育有了新定位和新要求,为学前教育改革指明了方向。在 2022 年 2 月 15 日召开的新闻发布会上,教育部详细阐述了 2022 年基础教育的核心任务以及中小学和幼儿园新学期的相关工作指导。吕玉刚在介绍 2022 年基础教育重点工作任务时指出,进一步落实《"十四五"学前教育发展提升行动计划》是 2022 年的四项重点工作任务之一。为了落实行动计划,教育部引导各个省份拟定详细的执行计划,并对入园需求进行准确预测。以县级为基准,规划普惠性幼儿园的布局,并在此基础上构建普惠性学前教育的保障机制。进一步深化幼儿与小学之间的科学衔接,以提升学前教育在普及、普惠和科学保育方面的质量,从而更有效地服务于我国人口发展战略。事实上,在 2022 年之前,为了切实提升幼儿园的保育教育质量,保障幼儿教师的物质获得,不少省市已经在教育部的顶层设计和系列政策引导下,根据自身情况对于幼儿教师的工资薪酬进行了政策保障。为进一步提高幼儿园的保育教育质量,保障幼儿园教师权益,浙江省明确自 2020年 9 月起所有等级幼儿园专任教师均须持有适用的教师资格证,并将"劳动合同制教师人均年收入不得低于上一年度所在地全社会单位在岗职工年平均工资"作为所有等级幼儿园申报的前置条件。

其二,目前国内幼儿园的构成比较复杂,有公办幼儿园和民办幼儿园之分,幼儿园从业教师的学历差异较大,且亟须提升。这可能也是幼儿教师的社会地位相较于其他学段教师较低的原因之一。根据 2018 年教育部关于教育教学质量的调查,2016 年全国共有 381 万名幼儿园教职工,其中园长、专任教师 250 万;专任幼儿教师的学历尚需提升,幼儿教师的学历水平以专科学历为主,占教师总人数的 56.37%,高中及以下学历水平的幼儿教师占总人数的 22.4%。

为了实现学前教育的高质量发展,近十年来,国家不断强化财政投入,重视高水平幼儿教师队伍建设,致力于提升幼儿园教师的学历水平。2012 年以来,财政在学前教育方面的投入不断增加,2020 年,国家财政性学前教育资金达到了 2 532 亿元,比 2011 年的 416 亿元增长了 5 倍,为学前教育的发展提供了强有力的保证。

在提升教师学历方面,不少省市都在政策框架指导下进行了改革尝试,并取得了一定成效。例如,浙江省教育厅等十一部门联合印发《浙江省学前教育发展第四轮行动计划(2021—2025 年)》,聚焦打造高素质师资队伍、建立经费保障机制、规范办园行为等方面,加快浙江省学前教育改革发展普及普惠。计划中提出,到 2025 年,浙江省应出台并落实公办幼儿园成本分担机制,本科及以上学历教师比例达到 65% 以上。同时,为有效保证优质学前教育资源的供给,浙江省实施了幼儿园等级评定制度。浙江省内所有经县(市、区)级及以上教育行政部门审批设立、具有法人登记证书、办学满 2 年的幼儿园(不包括托儿所、小学内的学前班以及儿童早教培训机构),均可参加幼儿园等级评定。幼儿园等级由高到低分别为一级、二级和三级。浙江省还根据新形势修订了幼儿园等级评定相应办法与标准。自 2020 年 9 月起所有等级幼儿园均配备"两教一保"(即每个班级配备 2 名教师 1 名保育员),所有等级幼儿园专任教师均持有适用的教师资格证,专任教师中大专以上学历教师的比例至少应在 85% 以上。

其三,就当前社会舆论而言,有关幼儿教师的正面报道往往关注度较低,与此相对的是,虐待幼儿等幼儿教师极端负面案例社会关注度更高,并且因更容易带来流量,部分自媒体甚至不惜恶意误导造成了舆论的恶性循环。负面极端案例报道频繁出现,对幼儿教师的社会形象造成了一定程度的抹黑,甚至造成了部分从业教师对于职业价值的否定,无法安心工作,更不必说形成稳定的获得感。针对上述问题,应从正面引导和有效管控两方面入手:一方面,各级教育行政主管部门与相关部门应贯彻落实习近平总书记关于教师的系列重要指示,在社会上形成一种尊师重道的良好风气,引导公众对教师这一职业的价值形成正确的认知,积极宣传教师职业平凡中蕴含的崇高奉献,突出教师职业的光辉与伟大,让教师真正成为受社会尊重和令人羡慕的职业。另一方面,在全媒体背景下,加强网络舆论环境的净化工作。对网络媒体,尤其是自媒体进行科学管理,同时建立更加高效、客观、精准的审核机制,确保相关新闻报道的客观性、公正性和中立性,同时,相关管理部门还应加强网络文明建设,尤其应强化微信、微博、头条与抖音等头部平台中文字、图片、视频推送及其评论的管理,断绝并杜绝无良媒体的博取流量路径,对于恶意造谣、蓄意诽谤、刻意抹黑教师形象的"带节奏"媒体、评论及其责任人及时从严处理。

2. 加大学前教育专业培养的财政投入

提高学前教育专业人才的素质,提高其职业核心素养,是促进学前教育高质量发展和教育教学改革的需要，也是实现幼儿全面发展的根本条件。

要提高学前教育专业的培养质量，加大学前教育专业培养的财政投入是基础支撑。根据教育部 2022 年发布的质量报告显示，在过去的十年里，学前师资队伍的规模越来越大，2021 年，全国共有 1 095 所普通本专科院校开设了学前教育专业，毕业生人数达到了 26.5 万人。与 2011 年相比，院校增加了 591 所，毕业生增长了 23.1 万人，这也为充实幼儿园的师资力量奠定了坚实的基础。

在教育部师范生公费培养政策的示范引领下，不少省份开始实施专科层次的学前教育专业公费师范生政策。经过几年的实施，学前教育专业公费师范生培养数量与质量都已经获得一定成效，且在稳步提升。但在公费师范生培养的具体实践与实施中，也出现了一些具体问题。

沙鑫冲（2020）发现，海南省学前教育专业公费师范生培养面临一些问题：如生源性别比例严重失调，职业信念不坚定，缺乏乡土情结，学习动机不强烈等。他认为，要解决以上问题，可调整公费师范生招生政策、合理确定男女性别比；在此基础上，应改进学前教育专业的培养计划，进一步提高学生职业认同度；在有意义学习理论的基础上从课程和教学观点出发，把内驱力和外在推力结合起来，切实提升学前教育专业人才培养的质量。

另一方面，应该重视培养和增强学前师范生的职业意识，让他们树立起正确的职业观念，了解教师职业及其职业角色的特点，正确理解素质教育、幼儿教育对于教师的要求，熟悉教师发展与专业素养的内涵、要求与路径、方法。教师职业的最大特点就在于职业角色的多样性。教师职业融合了传道者，授业解惑者，示范者，教育教学活动设计者、组织者和管理者，家长代理人，研究者，学习者等多重角色，师范生充分了解并理解教师的职业特点，能帮助师范生建立正确的职业理念，从而产生终身从教的意愿。

从现有相关研究看，不少调查都发现，学前教育专业师范生对于幼儿教师这一职业的认同度有待提升。同时，不少学前教育专业学生选择学前教育专业并非出于对幼儿教师职业的向往与热爱，而是"迫不得已"或"权宜之计"，这直接导致了一些学生入校后通过不学习、逃课、迟到、早退、过度玩游戏等不良行为来掩饰对专业的抵制，一些学生无精打采、得过且过。上述种种，都造成了学前教育专业师范生对于未来从事的幼儿教师职业缺乏足够的成就感与自豪感，影响了学前教育专业师范生学习与发展的积极性。

也有研究发现，学前教育专业本科生的专业认同水平尚可。例如，有研究调查了四川省内在校的 455 名学前本科生后发现，学前本科生在专业认同和就业选择方面整体表现为中上水平，而在不同的维度和人口组织学变量影响下，学前本科生在专业认同和就业选择方面存在明显的差异①。该研究还发现，专业认同的主要影响因素有：学生学习态度与志愿选择随意，个体性格具有差异；父母观念过于固化，家庭环境教育差；学校教育缺位，课程设计不够合理；大学生的自我认知偏差，对未来职业前景缺乏信心。

所以，要确保学前教育专业师范生保持强烈的终身从教意愿，首先应着力于深化改革教育体制，着力于改善学前教育专业师范生的就业与创业环境，为学前教育专业师范生创造更多的就业岗位。例如，可以加大对普通本科院校、高等职业本科院校、专科院校的政策保障与财政支持，在教学硬件设施、就业指导培训、教育教学服务等方面给予上述院校的学前教育专业更多资金投入。在制定政策时，还应注意对西部贫困地区、经济发展落后地区高校适当倾斜，加大对上述高校的资金投入力度。各级各类政府与教育行政部门还应落实"以人为本"的理念，注重完善并落实学前教育专业贫困师范生的资助政策，通过国家奖学金、国家助学金等手段缓解贫困师范生的经济压力，增强他们学习的信心和克服困难的意志，帮助他们建立积极的心理品质。各高校还应结合自身实际，积极落实、持续改进学前教育专业师范生的资助政策和实施办法，严把评审关，把牢发放关，凸显学前教育专业师范生资助政策与实施办法的公平性、透明性、可操作性，真正实现资助政策的价值和意义。

（二）人际支持

池丽萍等(2002)的研究结果表明，大学生的人际支持对大学生的生活满意度有显著的影响。严标兵等人(2003)经过深入分析后发现，社会支持程度与个体的主观幸福感之间存在非常明显的正向相关。其中，总体主观幸福感、生活满意度、朋友支持、其他支持和整体社会支持在性别上有显著性的差异，且女性明显高于男性；不同的社会支持维度对个体幸福感的各个维度都有显著的影响，并且对个体的主观幸福感具有不同的预测能力。

上述研究结果说明，来自家庭、工作环境和社会环境的人际支持对于个体的幸福感、获得感具有重要价值。故而，笔者认为，幼儿教师获得感培养的人际支持途径应包括形成温馨的家庭氛围、营造和谐的校园氛围、构建公平的社会环境等。

1. 形成温馨的家庭氛围

家庭支持对于个体健康的直接或间接影响已经被众多调查研究结果证明，但由于研究样本、研究工具、研究方法等差异，家庭支持对于个体健康的作用机制尚未形成被广泛认可的研究结论。

---

① 杨竹兰.学前教育本科生专业认同与就业选择关系研究[D].南充：西华师范大学，2021.

目前，在老龄化社会的背景下，在家庭支持与健康的关系研究中，关注度最高的群体是老年人。不少研究都发现，家庭支持对于老年人健康维护具有重要价值，但对于家庭支持是直接还是间接影响健康存在不同结论。例如，一项基于 2018 年"中国健康与养老追踪调查(CHARLS)"数据的调查结果显示(柯今朝等，2018)，农村老年人健康的维护主要依靠的仍是家庭支持，社会支持仅发挥着补充作用；应在巩固家庭支持作用的基础上，提高社会支持的力量，从家庭和社会两方面为农村老年人健康护航①。又如，甘珍珍(2022)对老年人家庭支持、社会支持与生理健康、心理健康和社会综合自评健康的关系进行了调查研究，她将家庭支持分为家庭居住关系、家庭经济支援、情感支持和日常生活照顾方式四个维度。该研究发现，家庭支持对老年人健康并无正向显著性的影响关系，主要是社会参与产生作用；家庭支持显著正向影响社会参与，而社会参与又对老年人健康具有较强的正向显著影响。余乐(2017)的研究与甘珍珍的结果类似。她发现，低龄老年人的自我效能感可以作为预测其家庭支持和心理健康状况的指标。自我效能感较高的老年人得到的家庭支持也更多，因此他们的主观幸福感可能更高，孤独、抑郁和焦虑的程度则相对较低。家庭支持在低龄老年人的一般自我效能感和心理健康之间发挥了一定的中介作用，一般自我效能感在一定程度上通过家庭支持影响心理健康。

还有研究者关注了未成年人家庭支持与心理健康之间的关系，且均认可家庭支持对于生活满意度、心理健康水平存在积极意义。凌宇等(2020)研究发现，家庭支持不仅对留守子女的生活满意度具有直接的作用，而且还会通过感恩的独立中介效应和希望—感恩的链式中介效应对留守子女生活满意度产生间接作用。其中，留守儿童的家庭支持、期望、感恩以及生活满意度之间都有明显的正向关联；家庭支持对留守子女生活满意度的直接效应显著，感恩在家庭支持与生活满意度之间的中介和链式中介作用均显著。又如，张金勇等(2019)的研究发现，高中生的生活事件与心理健康水平显著正相关，家庭支持与心理健康水平显著负相关，家庭支持是影响大学生心理健康的重要因素。

关于幼儿教师家庭支持的研究比较少，就现有研究而言，研究者比较认可家庭支持对于减轻幼儿教师职业倦怠的积极作用，故而应营造良好的家庭氛围帮助幼儿教师提高社会支持水平。叶宝娟(2020)研究发现，农村学前教师的职业倦怠可能受到组织公平感通过心理授权的影响，而家庭支持在这个中介过程的后半路径中起到调节作用，即当家庭支持不足时，农村学前教师的心理授权对职业倦怠具有更强的影响，家庭支持不足

---

① 柯今朝，谢学勤，朱玲娟，李辉婕.家庭支持、社会支持对农村老年人健康的影响——基于 CHARLS 2018 数据的实证分析[J].内蒙古科技与经济，2022(2)：7 - 11.

的教师对心理授权的需求更大。特别值得关注的是,农村学前教师如果在心理授权方面表现不佳,无论接受哪种形式的家庭支持,他们都可能产生更高程度的职业倦怠,这进一步彰显了心理授权在农村学前教师职业生涯中的重要性。因此,我们必须高度重视农村学前教师的家庭支持,家庭成员需要营造和谐的家庭环境,以增强对学前教师的支持和信赖。

幼儿教师的家庭和谐与否,家庭成员的思想观念是关键因素。一般而言,营造温馨的家庭氛围需要家庭成员持有正确的婚姻观、科学的教育观和宽容的人际观。第一,正确的婚姻观要求家庭成员互相平等,在生活中尊重、包容、关爱、信任彼此,具有责任意识,保持诚信,对家庭负责,荣辱与共。第二,家庭教育观是人们对于家庭教育的基本观念和想法,很多夫妻矛盾、亲子矛盾和代际矛盾都源于教育观的"南辕北辙"。因此,家庭成员应注意建立科学的家庭教育观,对于生活教育、亲情教育与隐性教育的基本原则、路径与方法建立统一的认识。第三,宽容的人际观要求家庭成员本着律己、宽仁的态度,不逃避问题,真诚表达,积极主动地进行沟通。

2. 营造和谐的校园氛围

营造和谐的校园氛围首先应强化幼儿教师与幼儿之间的情感交流,形成良好的师幼关系。苏霍姆林斯基曾经指出:学校学习并不是没有激情地将知识由一个大脑装到另外一个大脑中去,它是教师和学生每时每刻的灵魂接触过程[①]。这意味着,幼儿教师并不能只满足于完成教育教学和保育工作,还应当多与学生进行情感交流,注意培养学生的积极情感,与学生建立平等、民主、包容、关心的师生关系。师生关系的融洽不仅利于幼儿在沟通中获得快乐、信心,养成健全人格,也有利于幼儿教师在人际交往中获得正向情绪、情感反馈,激发与强化人际满足和交往自信,从而提高幼儿教师的人格魅力和语言魅力,使教师可以更好地感染、示范和教育儿童。显而易见的是,幼儿教师的人格魅力对幼儿的影响远远大于知识传授,这种影响会伴随幼儿的一生。教师的语言魅力主要体现在教学和交流中,幼儿教师想要在有限时间内将信息精准有效地传递给幼儿,就需要精心设计语言。教师语言素材应源于幼儿生活,贴近生活,与教学内容相契合,保持语言的幽默风趣,缩短师生之间的心理距离。

营造和谐的校园氛围还应注意减轻幼儿教师的负担和压力,形成良好的心理氛围。不少研究的调查结果都显示,由于幼儿教师的工作内容具有特殊性,相较于其他学段而言,幼儿教师的教育教学工作,尤其是保育工作往往更琐碎,且由于保育的内容和性质,幼儿教师相较其他学段的教师而言,更容易产生与家长的沟通问题,且工作的难度和强度

---

① 苏霍姆林斯基.给教师的建议[M].武汉:长江文艺出版社,1977.

大,但从家长和社会各界感受到的尊重、理解和支持却更少,以上都导致幼儿教师更容易产生疲劳感和沮丧感,在工作中会有更大的身心负担,易产生职业倦怠。幼儿园应根据教师人数聘用足够数量的心理咨询师或开设心理咨询室,为有需要的教师进行心理辅导,也可邀请资深的心理专家或从业人员开展讲座或课程,为幼儿教师讲解自我心理减压的方法,帮助教师及时排解心理压力,避免幼儿教师因生活压力或工作压力过大造成心理健康问题。

营造和谐的校园氛围还应注重构建校园物质、文化和制度环境,打造良好的工作氛围。幼儿园不仅是幼儿发展核心素养、塑造个性品质的重要场所,也是幼儿教师专业发展和成长的关键场所。其一,校园物质环境应以人文关怀为核心,物质环境主要包括房屋建筑的布局和风格、校园绿化设施以及其他配套基础设施等,这是校园文化的物质载体。所以,幼儿园不仅要完善各种教育教学与办公环境的基础设施,还应注意打造清新温馨、特色鲜明的舒适环境,为师生提供舒适的学习和办公环境。其二,校园文化环境以和谐统一为中心,是教风、学风和校风的和谐统一。校方应加强师风师德建设,持续提升教师的综合素养,营造良好教风。学校要在充分了解教师发展需要和学术基础,定期举行教研活动、科研沙龙、学术讲座或论坛活动,营造良好的学术文化环境。其三,校园制度环境以以人为本为基点,这要求园方应努力做到民主管理与人文关怀相统一,积极采纳幼儿教师对学校的合理意见和建议,提升幼儿教师对于所在幼儿园的认同感和归属感。

3. 构建公平的社会环境

公平正义是中国特色社会主义的内在要求。公平既是绝对的,也是相对的;公平不仅包括机会公平,也包括过程公平。一般认为,获得感与公平感紧密相关,尤其是相对公平感,它是获得感稳定性和持续性的前提。也就是说,当人们会用相对公平作为基础评价标准,去衡量自己的获得在当下是否具有稳定性,是否在未来具有持续性。因此,要想有效、可持续地培养幼儿教师的获得感,不仅要建设好高质量的学前教育体系,为幼儿教师获得感的形成、发展与提升筑牢物质基础,还要努力追求、尽力体现公平公正,让幼儿教师能够感受到具有稳定性和持续性的相对公平感,从而促进获得感的稳定与持续。

要想真正地增强幼儿教师的获得感,就需要建立和谐的社会环境,形成互相尊重、和谐安全的社会氛围,使幼儿教师在改革发展的伟大进程中平等地参与、发展和享有。要不断完善收入分配制度,缩小贫富差距,实现均衡发展,为幼儿教师营建公平公正的社会分配环境;要构建公正的社会保障体系,营造一个更公正的体系环境,推动公共服务均等化,营造幼儿教育师资平等的公共服务环境,为幼儿教师创造公平的法律环境。

二、培养积极心理品质

袁文萍(2021)发现,积极心理品质能直接预测高职生主观幸福感,还可通过社会支持与学校归属感的中介作用,和社会支持—学校归属感的链式中介效应显著影响高职生主观幸福感。其中积极心理品质、社会支持、学校归属感和主观幸福感两两显著相关;积极心理品质既可以直接作用于主观幸福感,也可以通过社会支持、学校归属感单独中介和社会支持—学校归属感链式中介这一中介路径间接作用于主观幸福感。张绿次(2022)研究说明,大学生积极心理品质和心理健康水平有显著的正相关;大学生积极心理品质对其心理健康水平具有明显的预测作用。人际关系、超越性对其有显著的正向预测作用。值得注意的是,该研究还发现,有留守经历的大学生表现出更高的积极心理品质和心理健康水平。

(一) 形成积极人格

积极人格起源于西方,有 Positive Character, Positive Personality, Character Strengths 等写法。在我国,可以将其译成积极人格、积极心理品质、人格优势、性格品质等,它既包含了内在优点,也包含了个体自身的美德,积极人格研究是积极心理学的核心基础研究内容。

彼得森(Peterson,2003)认为,积极人格的衡量标准为:跨情境一致,且在不同文化背景下被普遍认同;以自我实现为目标;根据伦理规范进行评价;不轻视别人,能给身边的人以启发、鼓励;既有个体差异,又有可测性;在特定的个体中,有统一可接受的道德典范;有一定天赋;每个积极人格无法再细分为另一种美德;有与之相适应的社会教育系统。

塞利格曼等(M. Seligman, 2004)认为,积极人格具有以下特点:积极人格是个体固有的,不是单一的、分散的,而是由若干个积极的个性特征构成的有机整体;积极人格并非自我评价,而是一种内部的稳定特质;积极人格具有一定的个体差异,表现为认知、行为、情感等方面的比较;积极人格随着个人认知及所处环境而不断地改变。

个体的积极人格对于幸福感的关系具有预测作用。帕克·彼得森(Park N & Peterson C,2004)研究发现,积极人格中的乐观、期望、感恩能较好地预测生活满意度,而自尊对生活满意度的影响则受创伤程度的干扰。Park 提出,积极人格对青少年的健康成长起着非常关键的作用,主要表现为家庭的正面特征,也就是家庭的健康和快乐会通过孩子的积极人格表现出来。希里·拉维(Shiri Lavy,2011)的研究表明,在低生活满意度和逃避现实的过程中,爱心、热忱、感恩、希望等积极人格特质在其中扮演着重要的中介作用。杜夏华(2009)和周雅(2011)的研究表明,积极人格对幸福感具有显著的预测作用,积极人格特征如乐观、爱、社会智力和洞察力等对幸福感具有显著的预测作用。张秋颖(2010)研究表明,积极人格特质能有效提高个体的幸福感,并能预防和治疗心理疾病。

积极人格与父母教养方式相关,对网络成瘾具有较强的预测力。段天宇(2011)与唐柳(2010)的研究结果表明,父母教养方式的情感温暖、理解因素与积极人格之间存在正相关,而教养方式能够有效预测积极人格,情感虐待对积极人格具有负向的预测效果。张高产(2005)等人的研究发现,积极人格能较好地预测网络依赖,积极人格能有效地防止网络成瘾;郑娟(2011)的研究表明,积极人格能有效地预测网络依赖行为。

就积极人格的培养而言,Seligman 的观点非常具有代表性。Seligman(2000)认为,积极人格的培育主要是对已有的能力与潜能进行唤醒与强化,并使之成为一种习惯,从而产生积极人格。积极人格的培育,不单单是要消除个体已经存在的消极人格,更要重视对其积极层面的发展与培养,突出人的生理特性、行为以及社会环境的相互作用。

幼儿教师的积极人格培养应从职前教育开始,贯穿于幼儿教师的整个职业生涯。具有积极人格的幼儿教师会有符合社会道德标准体系的家庭责任感、社会担当感,能较好地适应社会,能根据具体情况制定科学的长期和短期计划,遭遇挫折和困难时不逃避,且能保持乐观积极的态度,对自己充满信心,并能通过努力找到克服挫折和解决问题的方法。值得指出的是,青年时期是个体人格形成和趋于稳定的重要时期,大学生的人格品质具有可塑性,应当尤其注重学前教育专业大学生的积极人格培养与塑造工作。

"知足常乐""难得糊涂"等俗语足以说明,获得感与人格特质之间存在相关。本书前文也说明,个体如果具备活泼开朗、积极乐观的积极人格特质,其获得感明显高于消极悲观、负面情绪持久的个体。积极乐观的人面对困难时往往态度积极,胸襟豁达,意志坚定,并能从迎接挑战、解决问题的过程中获得精神愉悦和内心满足,进而未来面对困难时更可能采取积极态度,并对生活充满正面向往与美好追求。在帮助幼儿教师塑造积极人格的过程中,应给予幼儿教师足够的人文关怀,帮助幼儿教师掌握战胜挫折和困难的方法,增强幼儿教师意志力,从而提升幼儿教师的获得感。

积极人格培养应注重主动获取习惯的建立。幼儿教师应保持主动的积极心理和开放态度,将主动获取贯穿于工作、生活的全过程,尤其是教育活动开始前、进行中和结束后。同时,幼儿教师在积极获取过程中要保持耐心,具备迎难而上的勇气和意志,才能真正产生持续、稳定、逐步提升的获得感。

积极人格的培养应帮助幼儿教师建立恰当的心理预期。21 世纪以来,众多心理学研究发现,个体对于负性事件的心理预期能有效降低负性事件发生后的情绪影响。研究者们发现,在突发性创伤事件发生后,个体难以进行认知调节以减轻其情绪影响 (Badour & Feldner, 2013; Punamaki Muhammed & Abdulrahman, 2004; Schore, 2002)。由一般压力事件引发的情绪压力同样难以在事后调整(Herts McLaughlin & Hatzenbuehler, 2012)。情绪预期是一种对外界可能发生的消极事件"未雨绸缪"的心理准备,能够降低消极事件对情感的消极影响(Golub Gilbert & Wilson, 2009)。但应当注意的是,心理预期加工自身可引起与情感有关的神经回路的激活,进而产生主观的焦虑感受(Acheson et al., 2012)。因此,应引导个体采用适应性认知调节方式克服预期过程本身的负面情绪效应,以充分发挥心理预期对情绪调控的作用;同时也要避免过度的消极预期,这样才能有效降低焦虑障碍的可能性,也就是人们在面对可能发生的消极事件时,会产生消极的心理预期。

 资料链接

心理预期的主要理论①

一、决策影响理论

决策影响理论(Decision affect theory)认为,当行为的结果差于另一种相反的替代行为结果时,个体会感到不愉快,相反,当行为结果优于另一种相反的替代行为结果时,个体会感到愉悦。而预期则是一种相反的替代,因而在对消极事件有预期的情况下,会减少消极体验,没有预料到的消极结果会让人感觉更糟糕。在对积极事件有预期的情况下,也会减少积极体验,而没有预料到的积极结果则会增强个体的愉悦度。例如,当你邀请心仪女生的时候,如果你认为她可能会拒绝你,那么当拒绝事件发生的时候,你就不会那么失望;当她答应你的邀请的时候,你就会非常高兴。即负面事件发生之前的消极预期会导致消极情感衰减,正面事件发生之前的消极预期会放大积极情绪。积极事件的预期正好与成本和收益相反。预测积极的事件会使事件发生后产生情感衰减,例如,你知道她总是会答应你的邀请,所以你就不那么高兴了。但是当积极预期后发生了负面事件,则会导致消极情感放大。例如,你认为她会答应你的邀请,但是她却拒绝了,那你会非常失望。

二、一致性理论

一致性理论(Consistency theory)认为个体有理解、结构化和预测社会情景的强烈需要,预期是实现这一目标的重要手段,可以使人们能够预见即将发生的事情并做好有效的准备,预期有助于构建世界,使生活可以预测。在预期准确的情况下,个体会体验

---

① 王自鑫.社会拒绝引发攻击行为:心理预期的调节作用[D].上海:上海师范大学,2018.

到积极的情感,理解和控制的需要被得到满足,当事件和预期不一致下,个体通常会体验到消极情感。为了保持一致性,个体会寻找证据来证实他们的假设、期望、刻板印象或偏见。即使这些观点不是特别讨人喜欢,人们也倾向于维护和坚持自己的观点。但是人们并不是一味地追求一致性,而是作为加强他们对世界可预测和可控的看法的一种手段(Cooper,2007)。因此人们重视一致性,因为它有助于降低社会情景的复杂性。不管是好的结果还是坏的结果,在没有预料到的情况下,个体都会感觉更糟糕,因为这暗示着个体没有能力去预测。相反,如果预期与结果一致的话,个体则会产生积极体验。Noordewier和Stapel(2010)的研究进一步表明,一致性带来的是最初的和最基本的反应,但当事件结果对个体有重要影响的情况下,个体对结果价值的关注会更加强烈。

在面临消极事件的情况下,两种理论在一定程度上是相通的。例如,决策影响理论认为负面事件发生之前的消极预期会导致消极情感衰减。一致性理论认为,意料之中的消极结果对个体影响更小。预期影响人们对结果的看法和感受,这在许多日常的表达中也得到了一定的证实,例如"不要抱希望"和"期待最坏的结果,你永远不会失望"。

幼儿教师获得感的培养应注重及时建立恰当的心理预期,可以从建立正面预期、建立合理预期等方面进行落实。首先,对于生活与职业要有正面预期。这就要求幼儿教师消除内心的固有偏见,形成客观的认知与自我认知,进而建立正面的生活预期。同时,充分理解与认同国家和社会对于学前教育的客观要求,努力找到自身与学前教育的共同价值,切实感受教师职业的作用与价值,从而建立正面的职业预期。其次,幼儿教师对于自己的生活与职业要有合理预期。幼儿教师要建立合理的心理预期,就必须正确认识生活与职业的关系,应充分理解教育的公益性质和教师的奉献特点,认识到教育不仅是"授业""解惑",更重要的是"传道",也就是说,除了"教书"还应"育人",且传递情感、态度、价值观的育人维度更为重要。幼儿教师真正理解教育和教师职业的意义,会促进幼儿教师提升自身的思想、情感和价值观境界,培养耐心、保持恒心。

(二)及时疏导心理困惑

20世纪以来,国外对教师的心理健康问题进行了大量的研究,取得了大量的研究成果,但是,对学前教师这一群体进行的调查和研究较为少见。

大多数的国外调查结果都显示,教师的心理健康水平相较于一般人群更低。例如,1938年,美国教师协会的一项针对5 150名教师的调查发现,有37.5%的教师具有严重焦虑和紧张。1951年美国斯坦福大学的研究表明,22.4%的教师具有心理健康问题,表现为神经症、人格障碍等。1976年美国《教师》期刊进行了一次大规模的问卷调查,结果显示:84%的教师认为教师的工作会对身体造成危害,而压力则是他们最大的健康隐患。日本的相关调查也印证了这些结论。例如,堀内敏夫教授曾经就东京地区的1 140位老师做过调查,发现其中9.6%的老师存在适应问题。1975年的研究显示,教师群体中患心理疾病(如神经紊乱、癫痫、头疼、精神分裂)的比例比一般劳动者更高。

从国内的研究来看,研究者对幼儿教师心理健康的关注度高于国外研究者,研究方法既有理论思辨的定性研究,也有实证调查的定量研究。值得注意的是,绝大多数国内研究结果与国外相似,幼儿教师的心理健康水平低于普通成人,幼儿教师存在不同程度的心理问题,主要表现为人际关系问题、身心疾病,职业观念及职业行为失范等。

一些研究发现,相对于公办幼儿园教师而言,"社会排斥"是民办幼儿教师生存状态的真实写照。例如,左瑞勇(2008)的研究表明,民办幼儿园教师们对于自身社会地位的评价一般较差,社会支持不足和社会保障不足是他们所面临的最大的社会排斥,这也是民办幼儿园教师处于弱势的一种表现[①]。该研究还发现,民办幼儿园教师在自身利益受到侵害时,他们常常会采用"辞职离开"和"默默忍受"的方法,很少采用"求助于有关部门或社会援助"的方法。社会排斥必然会对民办幼儿园教师造成不利的影响,如收入减少、工作流动性大、职业发展与专业发展受到限制、职业安全感和归属感丧失,进而造成幼儿教师的身心健康受损。

 资料链接

社会排斥理论

1974年,法国学者勒内·勒努瓦(Rene Lenoir)首次提出社会排斥(social exclusion)这一概念。勒努瓦认为,社会排斥者指没有受到社会保障的保护同时又被贴上了"社会问题"标签的不同类型的人,例如精神和身体残疾者、自杀者、老年患者、受虐儿童、药物滥用者等边缘人,反社会者和其他社会不适应者。现有研究认为,社会排斥并不局限于某个特定的群体,而是一个广泛涉及经济社会问题的概念。例如,英国学者吉登斯认为,社会排斥是一个比下层阶级更广泛的概念,指个体有可能中断全面参与社会的方式。该理论关心的是一系列阻止个体或群体拥有对大多数人开放的机会的广泛因素。

(三)及时缓解心理压力

压力的概念最早来源于工程学和物理学,20世纪后被引入社会科学领域成为社会心

---

① 左瑞勇.民办幼儿教师心理健康与其生存状态、职业倦怠的关系研究[D].重庆:西南大学,2008.

理学词汇。众多研究已经证明,当压力超过一定限度时,容易造成个体的心率失调、血压不稳和内分泌系统问题,进而引发身心问题如消化系统问题、心血管系统问题以及抑郁症、焦虑症、暴躁症、沮丧症等。因此,要发展教师获得感,还应帮助幼儿教师及时缓解压力。

教师职业压力的研究则可追溯到 20 世纪 70 年代,且国内外研究对于教师职业压力都有较高的关注度。不少研究者以职业压力为基础,对于幼儿教师的职业压力的内涵进行了探究。例如,福克纳(Faulkner M.,2014)的研究认为,幼儿教师职业压力指在幼儿园环境中因人和事所引起的教师的情绪反应。但教师职业压力尚未形成操作性定义,且由于研究者的研究视角不一,教师职业压力的内涵尚未统一。

不少国内研究对于幼儿教师职业压力的产生原因进行了分析,从社会支持、工作环境、人际关系和自我四个因素进行了探讨。有研究认为,职业所赋予的要求、期望和职责,使教师产生压力[1]。也有研究发现,在幼儿园这一特定的情境中,工作环境、社会影响、家庭等多种因素导致了幼儿教师经历各种不良情感体验[2],例如,教师在气质、个性、能力、价值观等方面与自己的期望不符合的情况下会产生职业压力[3]。

学者总结了幼儿教师职业压力的原因,并在此基础上提出了相应的应对措施。王小鹤(2008)提出减轻幼儿教师压力的措施,具体包括提供社会安全保障、改善幼儿园环境、改善教师个体心理状态等。郭红霞(2014)提出减轻幼儿教师压力的对策:建立健全社会支持体系,改善福利待遇;建立健全园所管理体系,营造良好的环境;与此同时,教师也要提高自己的专业素质和专业认同。张二凤(2016)认为,个体的健康生活、科学的时间管理、激励正向压力、培养积极人格,是减轻工作压力的有效途径。

第二节 幼儿教师的职业获得感培养策略:基于全面发展

人的全面发展思想是马克思主义理论的重要内容。人的全面发展思想一直是我国学前教育领域的核心指导思想,也是教师专业发展的基本理念。人的全面发展思想认为,人类社会发展的最终目的是人的全面发展,人的全面发展是社会发展的必然要求和需求。中国共产党继承和发展了马克思主义人的全面发展思想,对中国特色社会主义的全面发展思想作了不断探索和持续实践。

马克思主义人的全面发展理论内涵包括人的需要、能力、个性和社会关系的全面发

[1] 李敏.南京市 G 区幼儿教师工作压力与工作满意度的调查研究[D].南京:南京师范大学,2011.
[2] 曹蕊.长春市幼儿教师职业压力现状调查研究[D].长春:东北师范大学,2012.
[3] 王福兰,邢少颖.维护幼儿教师心理健康的若干思考[J].基础教育研究,2002(Z1):82-83.

展。其中,人的需要包括物质需要和精神需两个基本维度,能力则指个体的体力、智力的和谐发展。显然,提升教师获得感是满足教师物质和精神需要的有效路径,也是新时期我国人民追求"美好生活需要"的实现路径。同时,满足教师物质和精神需要,实现"美好生活需要"的追求,也会反过来促进教师获得感的提升。

人的全面发展的实现途径能为提升幼儿教师职业获得感提供根本方法。教育不只是一种促进社会生产力的手段,更是实现人的全面发展的途径之一。教育是有计划有目的的社会规范活动,现代教育不仅着眼于传授给受教育者知识与技能,更重要的是促进受教育者养成良好的道德观念,实现个体的自我价值,促进身心和谐全面发展。在教师的职业生涯中,在终身学习理念的指导下,人的全面发展是一项贯穿整个幼教事业中的活动,它在很大程度上影响着幼儿教师的专业化发展。

一、牢固树立职业理念

对于教师自身,教育理想是支撑起职业信念的关键因素,是教师一生所要追求的目标,对幼儿教师的终身专业发展意义重大。当教师确立为人民教育事业奋斗终身的教育理想,牢固树立坚定的职业理念,教师在面对困难与挫折时,能更倾向于采取积极乐观的应对态度和方式,解决问题时也会获得更大的成就感与满足感。这些都会对教师的职业获得感产生与强化产生积极的促进作用。反之,如果幼儿教师缺乏教育理想和职业信念,那么对于自己的职业价值就更容易产生迷茫,面对困难与挫折时更倾向于产生消极情绪和职业倦怠,使得职业获得感无法形成与提升。

教师对于学生的影响是显而易见的,也是从古到今、从东方到西方的文化中早已经被无数理论与实践研究充分论证的。因此,幼儿教师应牢固树立科学、与时俱进的学前教育职业理念,树立为人民服务、为人民教育事业奋斗的教育理想,并将理想信念转化为工作热情,全身心地投入学前教育事业。对于幼儿而言,学习枯燥乏味,且伴有分离带来的焦虑。此时,充满热情和爱心的幼儿教师不仅能给幼儿带来积极活力和学习乐趣,还会对幼儿的身心发展产生潜移默化的积极引导。教师可从感动中国 2015 十大人物——朱敏才、孙丽娜夫妇身上得到更多支撑职业理想与信念的启发。

 案例

感动中国 2015 十大人物:朱敏才、孙丽娜(最美乡村教师)

(一)组委会颁奖词

你们走过半个地球,最后在小山村驻足。你们要开一扇窗,让孩子发现新的世界。发愤忘食,乐以忘忧,夕阳最美,晚照情浓。信念比生命还重要的一代,请接受我们的敬礼!

（二）先进事迹

朱敏才曾是一名外交官,妻子孙丽娜曾是一名高级教师,退休后奔赴贵州偏远山区支教。

10年前,退休的外交官夫妇朱敏才、孙丽娜并没有选择在北京的安逸生活,而是来到贵州偏远山区义务支教。

他们将义务支教作为新生活的支点,也是圆了自己未圆的梦——1965年从贵州大学英语系毕业时,朱敏才填写的志愿是到贵州山区当一名英语老师,而国家的统一分配让他成了一名外交官。本来是小学教师的孙丽娜,因为跟随丈夫常驻外国使馆而不得不放弃心爱的工作,她总觉得当老师还没当够。

把光鲜靓丽的西装和礼服留在北京,背上简单的行囊,他们来到了偏僻的尖山苗寨。寨里有200多个孩子,在他们之前,这儿只有一名代课老师。

尽管做好了吃苦的准备,但条件之艰苦还是超出了他们的预料。他们的卧室跟男厕所共用一面墙,夏天臭气熏天,孙丽娜晚上要戴着两层口罩才能睡觉。高原强烈的紫外线照射让孙丽娜的右眼全部失明,左眼视力只剩下0.03。朱敏才患有高血糖、高血脂、呼吸暂停综合征等危险疾病,山区湿冷的气候又让他得上了风湿病。这里缺医少药,朱敏才干脆硬扛着。为省下钱购买教学器材和孩子的学习用品,那条大窟窿连着小窟窿的秋裤,他们都不舍得扔,缝缝补补接着穿。

这些年,夫妇俩行了上万公里,支教了5所乡村小学,不仅为学校新开设了外语、音乐、体育、美术等课程,还募集善款350多万元,为孩子们建了电脑教室和学生食堂。偏远的山寨因为他们的出现而看到了希望,他们也因为孩子们的面貌一新而感到莫大满足,"整个寨子都飘着他们朗读的读书声,那声音太美了。"

2014年9月,朱敏才在贵州的大山里完成了第9年支教服务后首次返回北京,与孙丽娜一同领取了"最美乡村教师"的奖项。

谈起未来的打算,年逾古稀的他表示"只要还能动,就在那里教下去"。但让孙丽娜没有想到的是,仅仅一个月之后,丈夫就因突发脑出血被送进了遵义县人民医院。突然见不到朝夕相处的朱老师了,孩子们总是问:"朱老师什么时候回来呀? 朱老师您快点好起来吧!"

穿一件充满生机的绿色上装,孙丽娜来到"感动中国"的舞台,含泪接过属于他们夫妇俩的荣誉。她带来了丈夫的近况:"他右半边还没有知觉,但神智开始清醒,可以连着说两三个字了。"回到孩子们中间,这是朱敏才最大的心愿。

二、科学认识职业价值

职业价值观作为个体的世界观和人生观的重要组成部分,会在职前阶段(即师范生阶段)帮助个体决定是否选择幼儿教师职业,也会在职后阶段帮助个体决定是否长期和终身从事幼儿教师的工作岗位。一般认为,个体自我探索、了解职业世界和做出职业决策的整个过程,即个体职业价值观的澄清、确认、发展、趋向稳定的过程。因此,幼儿老师的职业价值观可以反映和影响幼儿教师对于自身职业的适配性和满意度,也会对幼儿教师的职业获得感产生重要影响。

从职业价值观的构成来看,它包括了职业评价方法、职业评价标准和个性倾向,是个体基于自身需要对职业(或工作)属性的总体评价和看法。显然,职业价值观形成是个体内在需要与职业社会属性逐渐协调一致的"缓慢"过程,除了受个体的人生经历、知识结构、能力水平与认知成熟度的影响,也必然会受外部环境条件的限制和影响。职业价值观的形成的基础包括了内部因素(例如:个体的个性类型、职业兴趣、知识积累、能力品质、亲情依恋等)以及外部因素(例如:社会环境、家庭环境、学校教育、成长经历、突发事件、朋辈影响等)。

因此,职业价值观的养成教育应注重营造良好的幼儿教师职业价值的社会氛围,发挥全媒体时代的全媒体舆论导向作用,善用优秀教师案例(如格桑德吉),让全社会都充分尊重幼儿教师职业,充分认可幼儿教师的职业价值与奉献。尤其是对于学前教育专业的学生而言,帮助学生在职业生涯规划与发展教育中充分探索自我的职业需求,引导学生养成既立足自身实际又符合社会需要的积极职业价值观。

 案例

感动中国 2014 十大人物:格桑德吉(悬崖边上的护梦人)

(一)组委会颁奖词

不想让乡亲的梦,跌落于山崖。门巴的女儿执意要回到家乡,坚守在雪山、河流之间。她用一颗心,脉动一群人的心,用一点光,点亮山间更多的灯火。

(二)先进事迹

格桑德吉,女,西藏自治区墨脱县帮辛乡小学的一名教师。2000 年,格桑德吉毕业于河北师范大学,毕业之后她并没有像其他同学一样选择留在大城市工作,而是毅然回到西藏。为了让雅鲁藏布江边、喜马拉雅山脚下的门巴族孩子有学上,格桑德吉放弃拉萨的工作,主动申请到山乡小学教学。

　　墨脱县帮辛乡，因常年泥石流、山体滑坡，是墨脱最后一个通公路的乡。为了劝学，格桑德吉天黑走悬崖，在满是泥石流、山体滑坡的道路上频繁往返；为了孩子们不停课，别村缺老师时她不顾六个月身孕，背起糌粑上路；为了把学生平安送到家，每年道路艰险、大雪封山时，格桑德吉过冰河、溜铁索，把四个月才能回一次家的学生们平安送到父母的身边。

　　这些年来，为了教好孩子们，格桑德吉将自己的女儿央珍从两岁时一直寄养在拉萨的爷爷家，当一年之后格桑德吉再到拉萨的时候，女儿已经不认识她了。2013 年，时逢格桑德吉荣获"最美乡村教师"，节目组特地邀请了格桑德吉的丈夫和女儿来到北京。同时，这也是格桑德吉与女儿的第五次见面。

　　十三年来，在格桑德吉的努力下，门巴族孩子从最初失学率 30%，变成到今天入学率 95%。她教的孩子有 6 名考上大学，20 多名考上大专、中专，而她自己的女儿却留在了拉萨，一年才能见一次。村民们亲切地称她为门巴族的"护梦人"。

三、合理实施职业规划

　　教师的职前阶段是教师职业生涯发展的基础阶段，这一阶段预示着不同的前途和事业生命力[1]。教师的专业发展计划首先要从教师的职业生涯规划入手[2]，这也是最重要的一个环节[3]，对职业生涯规划科学合理地改进能够有效地推动教师的专业成长[4]。

　　对于学前教育专业的师范生而言，正确认识职业规划的重要作用，有助于帮助师范生形成科学的职业观念，掌握职业生涯规划的方法，进而确立积极、科学的职业生涯规划。例如，学校可以采取在课程中介绍幼儿教师职业生涯规划的成功案例、举办职业生涯规划设计竞赛、举办一线专家讲座等多种形式，帮助师范生正确分析利弊，合理定位职业发展目标，制定可行性高、可调节的个性化职业发展任务。此外，师范生的职业生涯发展规划并不等同于制作计划书，它是"分析——设计——实施——反省——调节——再确定——再实施——再反省——再调节"的动态循环过程。所以，要把学生的职业生涯规划贯穿于整个教学过程之中。

　　冯玉梅（2019）认为，学前教育专业的学生在不同的年龄段应该有不同的职业发展规划的侧重点。在大学四年中，可以将大一当做是职业的试炼期，这一阶段的重点是让学生能够进行准确的自我分析，更好地认识到就业现状，并将之与自己的专业特征相联

---

①　傅道春.教师的成长与发展［M］.北京：教育科学出版社，2001.
②　李健.教师发展规划先行［J］.人民教育，2011(8)：24 - 26.
③　袁雯.教师专业发展规划对教师专业成长的作用机制研究［D］.上海：华东师范大学，2008.
④　李黎波，纪国和，李国佳.浅析教师职业生涯规划与教师专业发展［J］.教育探索，2010(8)：103 - 104.

系,从而能更快地找到奋斗目标。大二年级学生在丰富多彩的学习中全面提高了整体素质,但也要注意提高师范生的职业素养,可以参照《幼儿园教师专业标准(试行)》中关于合格幼师的相关要求来实施培养。在大三、大四的时候,随着专业课程的深入,见习、实习以及毕业临近,师范生将会对自己的职业生涯发展有一个新的认识,老师要能够引导师范生对自己的职业计划中不合理的地方进行调整,再制订合理的目标和实施战略,从而顺利地过渡到求职和入职阶段。

幼儿教师的职后生涯是以教师个人的成长和自我发展为基础的,是由教师所处的职业环境、所拥有的职业资源、所处的职业发展空间所决定的。在对幼儿教师进行职业生涯规划的过程中,要以教师的个性、职业属性和行业特点为基础,寻找最科学、最合理的职业发展路径和方法,为教师的专业化发展和实践提升提供良好的环境和平台。同时,在教师的职业发展计划中,还应保证教师获得有效的、可持续的学习资源,以实现高品质的终身学习。所以,作为特殊的"学生",在教育教学的过程中,教师需要明确自己的学习目标,制定学习计划,完成学习任务,评价学习效果,这种与职业相契合的学习方式,只有在学校的大环境下才能实现有效融合①。

宋春泽(2021)认为,教师的职业发展规划应该和学校的发展计划紧密地联系在一起,以教师的职业发展需求为基础,以学校的发展为中心,对幼儿园的发展进行统筹,把教师的职业发展需求和学校的发展计划有机结合。在学校的教师管理制度基础上,协助幼儿教师制定可行的晋升预期,明确职业定位,进而制定合规、合情、合理的动态职业生涯规划,提高幼儿教师职业发展的科学性、灵活性与可操作性。

要把教师的职业需求和学校发展计划结合起来,要使幼儿教师的职业生涯需求符合学校的特点、办学方向和办学方式,还要符合学校的管理制度架构和未来发展路径。教师职业生涯发展规划与学校发展规划二者有机结合,这样才能形成共同发展的合力。

四、稳定职业发展

众多调查数据显示,教师专业发展类的在职培训是影响幼儿教师职业获得感的重要因素。幼儿教师的职业特点在于职业角色的多样性,幼儿教师的专业能力对于教师职业发展至关重要。显然,稳定的职业发展需要稳定、系统、科学的在职专业培训,只有这样才能帮助幼儿教师不断提升教育教学能力和保育素养,同时及时学会疏解和释放职业压力和负面情绪的方法和能力,从而真正帮助幼儿教师实现终身学习和与时俱进。例如,学校应在《幼儿园教师专业标准(试行)》等文件的框架下,定期组织在职培训,设

---

① 李楠.我国高校教师教学评价目的研究——基于职业生涯发展周期视角[J].高教探索,2012(6):134-139.

置幼儿教师在职培训系列课程(可以包括必修课和选修课);聘请一线名师、特级教师担任教师专业发展论坛的讲师,开设系列讲座;此外,还应定期开展教育教学研讨,分享教育案例和工作经验,研讨教育科研与教学研究的思路与成果,有条件的学校还可以形成有学校特色的学前教育研究课题群组。

 资料链接

幼儿园教师专业标准(节选)

(一)指导思想

《专业标准》是广大学前教育研究者、行政管理人员、培养培训机构领导与教师、一线园长和教师多方面共同研究、努力的结晶。在研制过程中,力图体现以下指导思想:

1. 专业导向,师德为先。幼儿园教师是对幼儿实施保育和教育职责的专业人员,需具有特定的专业素质,具有良好的职业道德与态度、专业的教育知识和技能。因此,《专业标准》应具有严格的职业道德规范,明确的专业导向,规定幼儿园教师从事幼儿园教育教学工作所必须达到的基本专业要求。

2. 基本规范,前瞻引领。《专业标准》是国家对合格幼儿园教师专业素质的基本要求,规定的是幼儿园教师必须达到的基本专业素养和教师开展保教活动的基本规范,同时又应该是引领幼儿园教师专业发展的基本准则,为幼儿园教师专业发展提供方向性的指引和导航,幼儿园教师应按标准中所提出的专业要求,不断提升专业发展水平。

3. 全面要求,突出重点。《专业标准》将专业理念与师德、专业知识和专业能力三方面作为幼儿园教师必备的基本素质与条件,尤其注重专业理念与师德,将其作为《专业标准》的灵魂与核心。《专业标准》强调合格的幼儿园教师必须富有爱心、责任心、耐心和细心,必须关爱幼儿,尊重幼儿,做幼儿健康成长的启蒙者和引路人。同时对当前社会反映的教师专业意识或行为中薄弱、不足的方面,予以关注与强调。

4. 共同准则,体现独特。《专业标准》既要充分反映教师职业所应具有的普遍性专业特点,同时又要适应幼儿身心发展需求和幼儿园阶段教育的特殊性,充分体现幼儿园教师素质的独特性。在本《专业标准》中,特别强调幼儿园教师要保教结合,适宜安排幼儿的一日生活;重视环境和游戏对幼儿发展的独特价值,积极支持与引导幼儿游戏,将教育灵活地渗透于一日生活中。

5. 立足国情,国际视野。《专业标准》是引领我国幼儿园教师专业发展的基本准则,要充分考虑满足我国社会和学前教育事业改革发展的需求,并充分考虑我国国情与教师专业发展和教育现状。同时,要积极分析与借鉴国际相关儿童发展、教育改革,特别是教师专业标准和专业化发展等最新研究成果,以制定更加符合世界教育改革与教师专业发展趋势、又适合于我国国情的幼儿园教师专业标准。

(二)基本内容

维度	领域	基本要求
专业理念与师德	职业理解与认识	1. 贯彻党和国家教育方针政策,遵守教育法律法规。 2. 理解幼儿保教工作的意义,热爱学前教育事业,具有职业理想和敬业精神。 3. 认同幼儿园教师的专业性和独特性,注重自身专业发展。 4. 具有良好职业道德修养,为人师表。 5. 具有团队合作精神,积极开展协作与交流。
	对幼儿的态度与行为	6. 关爱幼儿,重视幼儿身心健康,将保护幼儿生命安全放在首位。 7. 尊重幼儿人格,维护幼儿合法权益,平等对待每一个幼儿。不讽刺、挖苦、歧视幼儿,不体罚或变相体罚幼儿。 8. 信任幼儿,尊重个体差异,主动了解和满足有益于幼儿身心发展的不同需求。 9. 重视生活对幼儿健康成长的重要价值,积极创造条件,让幼儿拥有快乐的幼儿园生活。
	幼儿保育和教育的态度与行为	10. 注重保教结合,培育幼儿良好的意志品质,帮助幼儿形成良好的行为习惯。 11. 注重保护幼儿的好奇心,培养幼儿的想象力,发掘幼儿的兴趣爱好。 12. 重视环境和游戏对幼儿发展的独特作用,创设富有教育意义的环境氛围,将游戏作为幼儿的主要活动。 13. 重视丰富幼儿多方面的直接经验,将探索、交往等实践活动作为幼儿最重要的学习方式。 14. 重视自身日常态度言行对幼儿发展的重要影响与作用。 15. 重视幼儿园、家庭和社区的合作,综合利用各种资源。
	个人修养与行为	16. 富有爱心、责任心、耐心和细心。 17. 乐观向上、热情开朗,有亲和力。 18. 善于自我调节情绪,保持平和心态。 19. 勤于学习,不断进取。 20. 衣着整洁得体,语言规范健康,举止文明礼貌。
专业知识	幼儿发展知识	21. 了解关于幼儿生存、发展和保护的有关法律法规及政策规定。 22. 掌握不同年龄幼儿身心发展特点、规律和促进幼儿全面发展的策略与方法。 23. 了解幼儿在发展水平、速度与优势领域等方面的个体差异,掌握对应的策略与方法。 24. 了解幼儿发展中容易出现的问题与适宜的对策。 25. 了解有特殊需要幼儿的身心发展特点及教育策略与方法。

续　表

维度	领域	基本要求
专业知识	幼儿保育和教育知识	26. 熟悉幼儿园教育的目标、任务、内容、要求和基本原则。 27. 掌握幼儿园各领域教育的学科特点与基本知识。 28. 掌握幼儿园环境创设、一日生活安排、游戏与教育活动、保育和班级管理的知识与方法。 29. 熟知幼儿园的安全应急预案,掌握意外事故和危险情况下幼儿安全防护与救助的基本方法。 30. 掌握观察、谈话、记录等了解幼儿的基本方法和教育心理学的基本原理和方法。 31. 了解0～3岁婴幼儿保教和幼小衔接的有关知识与基本方法。
	通识性知识	32. 具有一定的自然科学和人文社会科学知识。 33. 了解中国教育基本情况。 34. 具有相应的艺术欣赏与表现知识。 35. 具有一定的现代信息技术知识。
专业能力	环境的创设与利用	36. 建立良好的师幼关系,帮助幼儿建立良好的同伴关系,让幼儿感到温暖和愉悦。 37. 建立班级秩序与规则,营造良好的班级氛围,让幼儿感受到安全、舒适。 38. 创设有助于促进幼儿成长、学习、游戏的教育环境。 39. 合理利用资源,为幼儿提供和制作适合的玩教具和学习材料,引发和支持幼儿的主动活动。
	一日生活的组织与保育	40. 合理安排和组织一日生活的各个环节,将教育灵活地渗透到一日生活中。 41. 科学照料幼儿日常生活,指导和协助保育员做好班级常规保育和卫生工作。 42. 充分利用各种教育契机,对幼儿进行随机教育。 43. 有效保护幼儿,及时处理幼儿的常见事故,危险情况优先救护幼儿。
	游戏活动的支持与引导	44. 提供符合幼儿兴趣需要、年龄特点和发展目标的游戏条件。 45. 充分利用与合理设计游戏活动空间,提供丰富、适宜的游戏材料,支持、引发和促进幼儿的游戏。 46. 鼓励幼儿自主选择游戏内容、伙伴和材料,支持幼儿主动地、创造性地开展游戏,充分体验游戏的快乐和满足。 47. 引导幼儿在游戏活动中获得身体、认知、语言和社会性等多方面的发展。
	教育活动的计划与实施	48. 制定阶段性的教育活动计划和具体活动方案。 49. 在教育活动中观察幼儿,根据幼儿的表现和需要,调整活动,给予适宜的指导。 50. 在教育活动的设计和实施中体现趣味性、综合性和生活化,灵活运用各种组织形式和适宜的教育方式。 51. 提供更多的操作探索、交流合作、表达表现的机会,支持和促进幼儿主动学习。

续　表

维度	领域	基本要求
	激励与评价	52. 关注幼儿日常表现,及时发现和赏识每个幼儿的点滴进步,注重激发和保护幼儿的积极性、自信心。 53. 有效运用观察、谈话、家园联系、作品分析等多种方法,客观地、全面地了解和评价幼儿。 54. 有效运用评价结果,指导下一步教育活动的开展。
	沟通与合作	55. 使用符合幼儿年龄特点的语言进行保教工作。 56. 善于倾听,和蔼可亲,与幼儿进行有效沟通。 57. 与同事合作交流,分享经验和资源,共同发展。 58. 与家长进行有效沟通合作,共同促进幼儿发展。 59. 协助幼儿园与社区建立合作互助的良好关系。
	反思与发展	60. 主动收集分析相关信息,不断进行反思,改进保教工作。 61. 针对保教工作中的现实需要与问题,进行探索和研究。 62. 制定专业发展规划,不断提高自身专业素质。

学校应基于《幼儿园教师专业标准(试行)》的要求,注重搭建幼儿园教师的专业发展平台,为其提供平等的发展机会,激发幼儿教师的专业发展热情和内在动力,促进幼儿教师的自主发展。有研究者指出,可以搭建理论学习平台、教学交流平台和课题研究平台(参见表9-1)[①]。平台融合共生,不仅可营造具有学校特色的专业发展文化,还能帮助幼儿教师孕育专业精神,促进教师终身自主发展。

表9-1　幼儿教师自主发展平台一览表

平台名称	组织形式	专业发展目标
理论学习平台	组织联系教育教学实际的理论研讨、定期请专家讲学等,能迅速提高教师的理论水平和研究能力。在专家讲学的过程中,引导教师积极发表自己的见解,与专家就教育教学问题进行对话或深入探讨。	理论引领
教学交流平台	按月举办"教师发展论坛",让教师发表对某些教学现象的观点,或展示自己成功的教学案例、阐述教育教学研究心得。 开展目标性的达标课、示范性的观摩课、专题性的研究课等,课后共同研讨教学模式、教学方法、教学特色以及教学效果。 开展教师沙龙活动(自由主题式的教育教学问题讨论会)。	学习与研究 互动与共享
课题研究平台	教师学习科研理论,围绕课题内容掌握相关的现代教学理念,理解课题研究急需的相关知识。 通过课题的理论与实践的研究,使教师更新教学观念,提升教学技能,丰富教学思想。	教学研究型教师的养成

---

① 张元贵.引领教师规划职业生涯促进教师专业自主发展[J].教学与管理,2008(3):37-38.

【参考文献】

［1］傅道春.教师的成长与发展［M］.北京:教育科学出版社,2001.

［2］胡木贵,郑雪辉.接受学导论［M］.沈阳:辽宁教育出版社,1989.

［3］黄向阳."教育"一词的由来、用法和含义［M］.杭州:浙江教育出版社,1999.

［4］联合国教科文组织.教育——财富蕴藏其中［M］.北京:教育科学出版社,1996.

［5］陆士桢,魏兆鹏,胡伟.中国儿童政策概论［M］.北京:社会科学文献出版社,2005.

［6］任俊.积极心理学［M］.北京:开明出版社,2012.

［7］任俊.写给教育者的积极心理学［M］.北京:中国轻工业出版社,2012.

［8］王道俊,郭文安.教育学［M］.北京:人民教育出版社,2018.

［9］王文东.心灵的教化——变革社会中的中国师德［M］.成都:四川人民出版社,2003.

［10］叶奕乾,祝蓓里,谭和平.心理学［M］.上海:华东师范大学出版社,2020.

［11］艾娟,杨桐.幼儿教师职业认同、职业弹性对离职倾向的影响［J］.教师教育学报,2016(1):33-41.

［12］安丹丹,张小永.幼儿教师情绪劳动与职业幸福感的关系:情绪耗竭和社会支持的作用［J］.心理技术与应用,2020(8):577-588.

［13］卞军凤,曾永慧,冉步青.家庭经济困难大学生获得感对心理适应性的影响——学校道德氛围的中介作用［J］.长沙理工大学学报(社会科学版),2023,38(1):149-158.

［14］曹现强,李烁.获得感的时代内涵与国外经验借鉴［J］.人民论坛·学术前沿,2017(2):18-28.

［15］陈海华,李珊珊,赵丽.健康中国背景下济宁市某乡镇农村居民就医获得感现状调查［J］.医学与社会,2018(10):54-56+66.

[16] 陈海玉,郭学静,刘庚常.基于结构方程模型的劳动者主观获得感研究[J].西北人口,2018(6):85－95.

[17] 陈亮华,阳学文,邱仁根.农村幼儿教师职业认同与离职意向的关系:心理幸福感的中介作用[J].萍乡学院学报,2022,39(4):95－98.

[18] 陈秋珠,许宽.幼儿教师社会支持对工作投入的影响:自我效能感的中介效应[J].海南师范大学学报(社会科学版),2020(3):58－65.

[19] 陈云松,张翼,贺光烨.中国公众的获得感——指标构建、时空变迁和宏观机制[J].中国浦东干部学院学报,2020,14(2):110－123.

[20] 陈振华.积极教育论纲[J].华东师范大学学报(教育科学版),2009,27(3):27－39.

[21] 程迪尔,刘国恩.公共卫生服务均等化对民生获得感的影响研究[J].统计与决策,2019(5):117－120.

[22] 程虹娟,龚永辉,朱从书.青少年社会支持研究现状综述[J].健康心理学杂志,2003(5):351－353.

[23] 池丽萍,辛自强.幸福感:认知与情感成分的不同影响因素[J].心理发展与教育,2002(2):27－32.

[24] 崔友兴."五育融合"视域下教师教学获得感探析[J].当代教育与文化,2022,14(1):40－45.

[25] 代景华.河北医学院校大学生获得感的调查研究[J].实用预防医学,2019,25(3):286－289.

[26] 代勇真,方鸿志.中国人社会支持与心理健康关系的元分析[J].中国健康心理学杂志,2020(4):490－494.

[27] 党爱娣.高校学前教育专业学生职业情感培养:内涵、现状与策略[J].黑龙江教育学院学报,2014(10):103－105.

[28] 邸燕鸣,李德显.幼儿教师工作价值观的调查研究[J].教师教育论坛,2014(6):61－68.

[29] 丁元竹.让居民拥有获得感必须打通最后一公里——新时期社区治理创新的实践路径[J].国家治理,2016(2):17－23.

[30] 董洪杰,谭旭运,豆雪姣,等.中国人获得感的结构研究[J].心理学探新,2019,39(5):468－473.

[31] 董吉贺.教师职业人格:价值与养成[J].中国科技信息,2207(18):260＋262.

[32] 董娟娟.精准扶贫背景下提升贫困大学生相对获得感策略[J].湖北成人教育

学院学报,2020(9):95-98.

[33] 董瑛.增进人民群众对反腐倡廉的"获得感"研究——新形势下反腐倡廉建设新理念新布局[J].理论与改革,2017(1):99-103.

[34] 冯帅帅,罗教讲.中国居民获得感影响因素研究——基于经济激励,国家供给与个体特质的视角[J].贵州师范大学学报(社会科学版),2018(3):35-44.

[35] 冯玉梅.教师专业发展视域下学前师范生职业生涯发展规划研究[J].科教导刊,2019(5):159-161.

[36] 高敬.教育实习对学前教育师范生职业认同的影响——"幼有所育"政策背景下的研究[J].教育发展研究,2019,39(8):57-66.

[37] 高晓敏.幼儿教师社会支持的现状及影响因素研究[J].宿州学院学报,2011(7):50-53.

[38] 郭红霞,张晓茹.农村转岗幼儿教师职业压力现状调查及对策研究——以雅安市为例[J].贵州师范学院学报,2014,30(11):76-79.

[39] 何小芹,曾韵熹,叶一舵.贫困大学生相对获得感的现状调查分析[J].锦州医科大学学报,2017(3):65-67.

[40] 侯荣华.民办高校中青年教师职业获得感探析[J].教育与职业,2020(16):75-79.

[41] 黄斌,朱缜,林雪琴.积极情绪视角下的压力源对工作投入的影响研究[J].人力资源管理,2015,9:97-102.

[42] 黄艳敏,张文娟,赵娟霞.实际获得、公平认知与居民获得感[J].现代经济探讨,2017,11:1-10+59.

[43] 柯今朝,谢学勤,朱玲娟,李辉婕.家庭支持、社会支持对农村老年人健康的影响——基于CHARLS 2018数据的实证分析[J].内蒙古科技与经济,2022(2):7-11.

[44] 兰伟彬,常经营.积极情绪相关研究综述[J].四川教育学院学报,2008,10(24):26-29.

[45] 雷万鹏,马红梅,钱佳.教师教学绩效的经济回报[J].教育学报,2018,14(4):79-87.

[46] 李斌,张贵生.居住空间与公共服务差异化:城市居民公共服务获得感研究[J].理论学刊,2018(1):99-108.

[47] 李丹,杨璐,何泽川.精准扶贫背景下西南民族地区贫困人口获得感调查研究[J].四川大学学报(哲学社会科学版),2018(3):57-62.

[48] 李丹,张苗苗.西南民族地区贫困人口获得感从何而来?[J].财经问题研究,

2018,11:137-144.

[49] 李辉婕,胡侦,陈洋庚.资本禀赋、获得感与农民有序政治参与行为——基于 CGSS2015 数据的实证研究[J].农业技术经济,2019(10):13-26.

[50] 李健.教师发展规划先行[J].人民教育,2011(8):24-26.

[51] 李金波,许百华,陈建明.影响员工工作投入的组织相关因素研究[J].应用心理学,2006,(02):176-181.

[52] 李黎波,纪国和,李国佳.浅析教师职业生涯规划与教师专业发展[J].教育探索,2010(8):103-104.

[53] 李林,刘建榕.马来西亚华人幼儿教师社会支持、幸福度和心理健康的关系[J].中国健康心理学杂志,2007(2):181-182.

[54] 李楠.我国高校教师教学评价目的研究——基于职业生涯发展周期视角[J].高教探索,2012(6):134-139.

[55] 李鹏,柏维春.人民获得感对政府信任的影响研究[J].行政论坛,2019(4):75-81.

[56] 李晴虹,张智敏.幼儿教师工作与生存现状——基于武汉、仙桃等地区31所幼儿园的调查[J].科技创业月刊,2012,25(10):111-113.

[57] 李思瑾,叶为锋,李须.神经质和外倾性人格与主观幸福感:目标内部性和实现可能性的中介作用[J].心理学通讯,2021,4(4):238-246.

[58] 李涛,陶明浩,张竞.精准扶贫中的人民获得感:基于广西民族地区的实证研究[J].管理学刊,2019,32(1):8-19.

[59] 李旭培,时雨,王桢,等.抗逆力对工作投入的影响:积极应对和积极情绪的中介作用[J].管理评论,2013,25(1):114-119.

[60] 李烨.智慧城市建设能提高居民获得感吗——基于中国居民的异质性分析[J].吉林大学社会科学学报,2019,59(6):107-119.

[61] 李莹.民生公共服务、居民获得感与生活满意度关系研究——基于天津市城乡居民调查数据的分析[J].价格理论与实践,2022(5):182-185+208.

[62] 李永占.幼儿教师社会支持、工作投入和心理健康关系[J].中国职业医学,2016(6):332-336.

[63] 李志启.关于"获得感"之含义[J].中国工程咨询,2015(6):71.

[64] 栗智宽.新时代人民群众"获得感"及其提升论析——基于中国特色社会主义公平公正的视角[J].中国行政管理,2018(1):5-9.

[65] 连榕,孟迎芳,廖美玲.专家—熟手—新手型教师教学策略与成就目标、人格

特征的关系研究[J].心理科学,2003(1):23-26.

[66] 连榕.教师教学专长发展的心理历程[J].教育研究,2008(2):15-20.

[67] 连榕.新手—熟手—专家型教师心理特征的比较[J].心理学报,2004(1):44-52.

[68] 连榕.专长发展与职业发展视域下的教师心理[J].心理发展与教育,2015(1):92-99.

[69] 梁建平,龙家勇,常金栋,等.我国中、小学体育教师职业人格结构研究[J].体育科学,2010,30(12):55-63.

[70] 梁土坤.环境因素、政策效应与低收入家庭经济获得感——基于2016年全国低收入家庭经济调查数据的实证分析[J].现代经济探讨,2018(9):19-30.

[71] 梁土坤.农村低收入群体经济获得感的内涵、特征及提升对策[J].学习与实践,2019(5):78-87.

[72] 梁土坤.三维制约:社会政策对困难家庭经济获得感的影响机制研究[J].华东经济管理,2019,33(8):95-102.

[73] 廖福崇.公共服务质量与公民获得感——基于CFPS面板数据的统计分析[J].重庆社会科学,2020(2):115-128.

[74] 蔺海沣,王孟霞.乡村青年教师获得感如何影响其留岗意愿——生活满意度的中介效应[J].湖南师范大学教育科学学报,2022,21(2):59-75.

[75] 凌宇,胡惠南,陆娟芝,程明.家庭支持对留守儿童生活满意度的影响:希望感与感恩的链式中介作用[J].中国临床心理学杂志,2020(5):1021-1024.

[76] 刘继青.基于"获得感"思想的教育改革[J].教育发展研究,2017,37(1):1-8.

[77] 刘宁,徐冉,肖少北,等.海南省女性流动人口获得感的现状及其影响因素分析[J].中国健康教育,2019(8):716-721.

[78] 刘学利.教师教学价值观的现状与分析[J].沈阳师范大学学报(社会科学版),2007,2(31):91-94.

[79] 刘雅君,席江艳.国外幼儿教师职业人格研究[J].山西青年,2016(3):42.

[80] 卢长娥.幼儿教师心理健康与应付方式、社会支持关系的研究[J].中国健康心理学杂志,2008(6):679-681.

[81] 吕小康,黄妍.如何测量"获得感"？——以中国社会状况综合调查(CSS)数据为例[J].西北师范大学学报(社会科学版),2018,55(5):48-54.

[82] 吕小亮,闫燕.大学生思政课学习获得感的影响因素分析[J].学校党建与思想教育,2020(20):37-39.

[83] 罗秋英.论幼儿教师职业人格的作用及其构成[J].林区教学,2012

(9):119 - 120.

[84] 马红鸽,席恒.收入差距、社会保障与提升居民幸福感和获得感[J].社会保障研究,2020(1):86 - 98.

[85] 马振清,刘隆.获得感、幸福感、安全感的深层逻辑分析[J].国家治理,2017(44):45 - 48.

[86] 聂伟.就业质量、生活控制与农民工的获得感[J].中国人口科学,2019(2):27 - 39.

[87] 牛玉柏,郝泽生,王任振,等.老年人乐观、领悟社会支持与主观幸福感的关系—控制策略的中介作用[J].心理发展与教育,2019,35(2):227 - 235.

[88] 庞文.教育获得感的理论内涵、结构模型与生成机理[J].当代教育科学,2020,(8):9 - 15.

[89] 彭文波.获得感:概念、机制与统计测量[J].重庆师范大学学报,2020(2):92 - 100.

[90] 彭薛琴.新时代人民获得感的三维审视[J].厦门广播电视大学学报,2021,24(3):1 - 6.

[91] 钱爱云,徐费凡,樊伟.肺癌化疗患者灵性健康与希望水平社会支持及免疫功能的相关性[J].安徽医学,2022,43(1):88 - 93.

[92] 钱焕琦,蒋灵慧.教师个体人格与职业人格的冲突与调适[J].上海师范大学学报(哲学社会科学版),2015(7):12 - 16.

[93] 钱力,倪修凤.贫困人口扶贫政策获得感评价雨提升路径——以马斯洛需求层次理论为视角[J].人文地理,2020(6):106 - 114.

[94] 钱晓国.教师的"获得感"从哪里来?[J].湖北教育(综合资讯),2017(2):60 - 61.

[95] 邱伟国,袁威,关文晋.农村居民民生保障获得感:影响因素、水平测度及其优化[J].财经科学,2019(5):81 - 90.

[96] 饶敏,童锋.高校青年教师职业生涯设计和培养的路径研究[J].未来与发展,2010,31(6):70 - 74.

[97] 任俊.西方积极教育思想探析[J].外国教育研究,2006(5):1 - 5.

[98] 任亮宝,王红霞.大学生心理韧性、负性情绪与幸福感关系研究[J].集美大学学报,2015(1):36 - 40.

[99] 桑青松,卢家楣,胡芳芳.幼儿教师核心自我评价、社会支持与离职倾向关系[J].安徽理工大学学报(社会科学版),2012(4):96 - 102.

［100］沙鑫冲.地方师范院校学前教育专业公费师范生培养困境与应对策略——以海南省为例［J］.创新创业理论研究与实践,2020(5):108-109.

［101］邵雅利.大学生思想政治理论课获得感现状调查分析［J］.学校党建与思想教育,2018(3):34-36.

［102］石中英.杜威的价值理论及其当代教育意义［J］.教育研究,2019(12):36-44.

［103］史鹏飞.从社会心理学视角看获得感［J］.人民论坛,2020(Z1):108-109.

［104］宋春泽.教师职业生涯发展规划中的问题与路径［J］.教学与管理,2021(2):18-20.

［105］宋洪波,符明秋,杨帅.活力:一个历久弥新的研究课题［J］.心理科学进展,2015,23(9):1668-1678.

［106］苏婧,田彭彭,徐露.幼儿教师基本心理需求对离职倾向的影响:工作满意度的中介作用［J］.早期教育,2021(12):22-27.

［107］孙胜红,刘安诺,金宗兰,等.积极情绪对肾移植患者健康促进的研究进展［J］.临床护理杂志,2018,17(2):65-68.

［108］孙远太.城市居民社会地位对其获得感的影响分析——基于6省市的调查［J］.调研世界,2015(9):18-21.

［109］谭旭运,董洪杰,张跃,王俊秀.获得感的概念内涵、结构及其对生活满意度的影响［J］.社会学研究,2020(5):196-246.

［110］唐敏.大学生思政课获得感的四维度研究［J］.黑龙江教师发展学院学报,2020(5):103-106.

［111］唐有财,符平.获得感,政治信任与农民工的权益表达倾向［J］.社会科学,2017(11):67-79.

［112］陶沙.从生命全程发展观论大学生入学适应［J］.北京师范大学学报:社会科学版,2000(2):81-87.

［113］田荣辉,蒋维连,胡洁.应用书写表达积极情绪提高护士主观幸福感和自我效能感的效果［J］.护理管理杂志,2015,15(11):829-830.

［114］田旭明."让人民群众有更多获得感"的理论意涵与现实意蕴［J］.马克思主义研究,2018(4):71-79.

［115］王福兰,邢少颖.维护幼儿教师心理健康的若干思考［J］.基础教育研究,2002(21):82-83.

［116］王钢,范勇,黄旭,等.幼儿教师政府支持、组织支持和胜任力对职业幸福感的影响:职业认同的中介作用［J］.心理与行为研究,2018,16(6):801-809.

[117] 王积超,闫威.相对收入水平与城市居民获得感研究[J].中央财经大学学报,2019(10):119-128.

[118] 王江洋,崔虹,秦旭芳.《幼儿园教师职业人格量表》的编制与标准化[J].辽宁教育,2019(6):62-72.

[119] 王瑾.共享发展:让群众有更多的获得感[J].当代世界与社会主义,2016(4):37-43.

[120] 王俊秀,刘晓柳.现状、变化和相互关系:安全感、获得感与幸福感及其提升路径[J].江苏社会科学,2019(1):41-50.

[121] 王璐瑶.幼儿教师获得感:内涵、影响因素与提升路径[J].科教导刊,2021(33):36-38.

[122] 王浦劬,季程远.新时代国家治理的良政基准与善治标尺——人民获得感的意蕴和量度[J].中国行政管理,2018(1):6-12.

[123] 王涛,李梦琢,刘善槐,等.乡村振兴背景下农村幼儿教师离职倾向的影响机制研究——基于有调节的中介效应分析[J].华东师范大学学报(教育科学版),2022,40(6):82-96.

[124] 王恬,谭远发,付晓珊.我国居民获得感的测量及其影响因素[J].财经科学,2018(9):120-132.

[125] 王卫华.试论教师基本角色冲突对其人格的影响[J].天津教育,2004(Z1):55-58.

[126] 王小鹤.幼儿教师职业压力的现状与对策[J].平顶山学院学报,2008(3):105-108.

[127] 王鑫强,张大均,薛中华,等.免费师范生职业认同感与生命意义的关系[J].心理学探新,2012,3(32):277-281.

[128] 王艳梅.积极情绪的干预:记录愉快事件和感激的作用[J].心理科学,2009,32(3):598-600.

[129] 王毅杰,丁白仁.流动人口的社会融入、相对剥夺与获得感研究[J].社会建设,2019,6(1):16-29.

[130] 王永,王振宏.大学生的心理韧性及其与积极情绪、幸福感的关系[J].心理发展与教育,2013,29(1):94-100.

[131] 王永,王振宏.书写表达积极情绪对幸福感和应对方式的效用[J].中国临床心理学杂志,2011,19(1):130-132.

[132] 王聿泼.以身立教:论专业化视野中教师的职业人格及其养成[J].中国成人

教育,2008(11):84-85.

[133] 王振宏,吕薇,杜娟,等.大学生积极情绪与心理健康的关系:个人资源的中介效应[J].中国心理卫生杂志,2011,25(7):521-527.

[134] 王振宏,王永,王克静,等.积极情绪对大学生心理健康的促进作用[J].中国心理卫生杂志,2010,24(9):716-717.

[135] 王自芳.试析学生思政课获得感的提升路径[J].学校党建与思想教育,2020(14):47-50.

[136] 文宏,刘志鹏.人民获得感的时序比较——基于中国城乡社会治理数据的实证分析[J].社会科学,2018(3):3-20.

[137] 文宏.人民获得感的理念价值与内涵维度[J].中国社会科学报,2018(4):23(7).

[138] 文宏.政治获得感评价指标体系与地区比较实证研究——基于因子分析和聚类分析[J].经济社会体制比较,2020(3):96-106.

[139] 吴宸琛,崔友兴.中小学教师教学获得感的构成要素与生成逻辑[J].教学与管理,2022(7):10-13.

[140] 吴克昌,刘志鹏.基于因子分析的人民获得感指标体系评价研究[J].湘潭大学学报(哲学社会科学版),2019,43(3):17-24.

[141] 伍美群,冯江平,陈虹.中小学教师焦虑对工作倦怠的影响:教学效能感的中介效应[J].基础教育,2015,12(2):72-78.

[142] 项军.客观"获得"与主观"获得感"——基于地位获得与社会流动的视角[J].社会发展研究,2019(2):135-153.

[143] 肖水源.《社会支持评定量表》的理论基础与研究[J].临床精神医学杂志,1994(2):98-100.

[144] 肖晓莺.高校教师职业人格特质对学生的心理影响[J].学习月刊,2009(12):97-99.

[145] 谢姗姗,林荣茂,连榕.新手—熟手—专家型教师职业人格与倦怠关系[J].宁波大学学报(教育科学版),2019(4):52-58.

[146] 谢治菊,兰英.基层公务员公平认知与获得感探讨——基于3209份调查问卷的分析[J].湘潭大学学报(哲学社会科学版),2019,43(2):21-27.

[147] 谢周平.激励理论在薪酬管理中的应用[J].企业技术开发,2014,33(1):92-93+105.

[148] 徐斌.从"获得感"到"获得感幸福感安全感"的逻辑跃升[J].国家治理,2017

(47):28－31.

[149] 严标宾,郑雪,邱林.大学生主观幸福感的影响因素研究[J].华南师范大学学报(自然科学版),2003(2):137－142.

[150] 阳义南.民生公共服务的国民"获得感":测量与解析——基于 MIMIC 模型的经验证据[J].公共行政评论,2018(5):117－137.

[151] 杨金龙,张士海.中国人民获得感的综合社会调查数据的分析[J].马克思主义研究,2019(3),102－112＋160.

[152] 杨兴坤,张晓梅.获得感语境下失地农民社会保障制度研究[J].重庆电子工程职业学院学报,2015,4(6):27－31.

[153] 杨彦平,金瑜.中学生社会适应量表的编制[J].心理发展与教育,2007(4):108－120.

[154] 叶宝娟,李露,夏扉,等.农村幼儿教师的组织公平感与其职业倦怠的关系:心理授权的中介作用与家庭支持的调节作用[J].心理科学,2020,43(1):125－131.

[155] 叶澜.重建课堂教学价值观[J].教育研究,2002,44(5):3－7＋16.

[156] 与职业倦怠的序列中介作用[J].心理与行为研究,2021,19(5):679－686.

[157] 袁舒雯,邵光华.教师获得感生成机制及提升策略[J].教育评论,2020(6):104－108.

[158] 袁文萍,黎雪琼,马磊.高职生积极心理品质与主观幸福感的关系:领悟社会支持和学校归属感的链式中介作用[J].中国健康心理学杂志,2021(4):615－619.

[159] 原光,曹现强.获得感提升导向下的基本公共服务供给:政策逻辑、关系模型与评价维度[J].理论探讨,2018(6):50－55.

[160] 岳亚平,刘静静.幼儿园教师失衡流动的影响因素及启示[J].学前教育研究,2013(2):48－53.

[161] 张红.幼儿教师职业情感现状调查与对策分析[J].中国校外教育(上旬刊),2015(5):15－16.

[162] 张金勇,赵守盈,卢晓灵.高中生家庭支持对生活事件与心理健康的调节作用[J].教育研究与实验,2019(5):88－92.

[163] 张绿次,蒋玉勤,曾丽萍.大学生积极心理品质与心理健康的关系——以广西东部某高校为例[J].教育观察,2022(9):19－22.

[164] 张鹏程,缪洁,桑宇杰,等.幼儿教师获得感的质性研究——基于 NVivo11 的质性研究[J/OL].中国健康心理学杂志,1－9.https://kns.cnki.net/kcms/detail/11.5257.r20220617.1119.004.html.

［165］张品."获得感"的理论内涵及当代价值［J］.河南理工大学学报(社会科学版),2016,17(4):402－407.

［166］张秋颖,于全磊,张建文.积极心理学下性格品质研究概述［J］.心理科学进展,2010(1):14－17＋20.

［167］张士海,孙道壮.获得感、幸福感、安全感:以人民为中心的时代彰显［J］.国家治理,2017(44):41－44.

［168］张淑华,王可心.情绪、希望感与工作投入:来自经验取样法的证据［J］.中国人力资源开发,2017(11):65－75.

［169］张淑婷,齐星亮.心理解脱与幼儿教师生活满意度的关系:家庭压力的调节作用［J］.心理科学,2020,43(6):1432－1437.

［170］张卫伟.论人民"获得感"的生成:逻辑规制、现实困境与破解之道——学习习近平关于人民获得感的重要论述［J］.社会主义研究,2018(6):8－15.

［171］张晓宇,叶和旭,赵然.生命意义对工作投入的影响:积极情绪的中介作用［J］.经营与管理,2016(4):123－125.

［172］张兴慧,刘丽琼,刘海燕.青少年日常积极情绪体验与生活满意度的关系:有调节的中介模型［J］.中国健康心理学杂志,2022,30(8):1239－1244.

［173］张洵,赵振国,赵华民.幼儿教师的职业压力与生活满意度:希望感的作用［J］.心理研究,2018,11(6):563－569.

［174］张一.大学生思想政治理论课获得感的制约因素及提升策略［J］.思想理论教育导刊,2018(12):97－101.

［175］张轶文,甘怡群.中文版 Utrecht 工作投入量表(UWES)的信效度检验［J］.中国临床心理学杂志,2005(3):268－270.

［176］张意忠.论教师职业情感的生成与培育［J］.高等教育研究,2010(5):56－61.

［177］赵敏,吕有典.民办中小学教师自我职业生涯管理的影响因素研究——来自广东省东莞市的调查［J］.教育理论与实践,2011,31(28):40－44.

［178］赵卫华.消费视角下城乡居民获得感研究［J］.北京工业大学学报(社会科学版),2018,18(4):1－7.

［179］赵小云,薛桂英,杨广学.幼儿教师的薪酬制度知觉与职业使命感、生活满意度的关系［J］.贵州师范大学学报(自然科学版),2016,34(4):98－103.

［180］郑风田.获得感是社会发展最优衡量标准［J］.学术前沿,2017(2):6－17.

［181］周爱保,谢珮,田喆,等.情绪对饮食行为的影响［J］.心理科学进展,2021,29(11):2013－2023.

[182] 周海涛、张墨涵、罗炜.我国民办高校学生获得感的调查与分析[J].高等教育研究,2016(9):54-59.

[183] 周盛.大数据时代改革获得感的解析与显性化策略[J].浙江学刊,2018(5):74-81.

[184] 周雅,刘翔平.大学生的性格优势及与主观幸福感的关系[J].心理发展与教育,2011(6):536-542.

[185] 周亚芳,屈家安.内发与外源:论乡村教师专业发展的获得感[J].法制与社会,2017(19):249-250.

[186] 朱燕珍,朱海萍,章玉玲.社区老年糖尿病患者积极情绪的书写表达干预[J].护理学杂志,2017,32(17):84-86.

[187] 曹蕊.长春市幼儿教师职业压力现状调查研究[D].长春:东北师范大学,2012.

[188] 曹亚萍.上海市幼儿教师职业压力与社会支持研究[D].上海:华东师范大学,2008.

[189] 陈明慧.幼儿园新手教师职业认同的现状调查研究[D].长春:吉林外国语大学,2021.

[190] 陈文秀.幼儿教师离职倾向的现状、原因及对策研究[D].济南:山东师范大学,2014.

[191] 陈鑫.中小学教师职业情感现状研究——以中部六省为例[D].临汾:山西师范大学,2014.

[192] 陈语.农村小学教师职业获得感的调查研究[D].重庆:重庆师范大学,2021.

[193] 杜夏华.大学生积极人格特质及其与幸福感的关系研究[D].南昌:南昌大学,2009.

[194] 段天宇.大学生性格优势与父母教养方式的关系研究[D].重庆:西南大学,2011.

[195] 樊松延.习近平关于人民群众"获得感、幸福感、安全感"的重要论述研究[D].合肥:安徽医科大学,2022.

[196] 方从慧.当代大学生社会适应现状调查研究[D].重庆:西南大学,2008.

[197] 符源才.中小学教师职业人格、归因方式与职业倦怠的研究[D].南宁:广西师范大学,2014.

[198] 甘珍珍.家庭支持、社会参与对老年健康的影响研究[D].上海:上海师范大学,2022.

［199］高峰.80后高新技术企业员工心理授权、积极情绪对工作投入的影响［D］.哈尔滨：哈尔滨工程大学，2014.

［200］何小芹.大学生主动性人格、学业相对获得感与知识共享行为的关系研究［D］.福州：福建师范大学，2019.

［201］胡志红.幼儿教师的情绪劳动及其与工作满意度、离职倾向的关系［D］.济南：山东师范大学，2012.

［202］韩芬.小学教师职业获得感问卷编制与现状分析［D］.南通：南通大学，2020.

［203］焦海涛.企业员工工作投入的相关因素研究［D］.曲阜：曲阜师范大学，2008.

［204］李敏.南京市G区幼儿教师工作压力与工作满意度的调查研究［D］.南京：南京师范大学，2011.

［205］李旭.幼儿教师职业认同、领悟社会支持与职业倦怠的关系研究［D］.石家庄：河北师范大学，2018.

［206］刘辉."我"的职业获得感怎么了［D］.贵阳：贵州师范大学，2019.

［207］刘娟.乡村小规模学校教师获得感研究［D］.长春：东北师范大学，2018.

［208］吕亭亭.重庆市B区小学教师职业获得感调查研究［D］.重庆：重庆师范大学，2020

［209］皮常玲.民宿经营者职业价值观、情感劳动与获得感研究［D］.泉州：华侨大学，2019.

［210］申承林.特殊教育教师职业人格特质研究［D］.西安：陕西师范大学，2020.

［211］孙琪雯.社会支持对农村小学教师离职意向的影响研究——以X县为例［D］.长春：东北师范大学，2021.

［212］唐艳琼.积极心理学视角下的乡村教师职业获得感研究——基于湖南祁东县的调查［D］.长沙：湖南师范大学，2021.

［213］王凤英.中小学教师职业情感研究——基于对黑龙江省中小学教师的调查［D］.长春：东北师范大学，2012.

［214］吴俊赏.乡村小学校长职业获得感研究——基于河南省363所小学的调查［D］.郑州：河南大学，2020.

［215］吴绿敏.人际关系与主观幸福感的关系研究——积极情绪的中介作用［D］.漳州：闽南师范大学，2021.

［216］奚艳香.农村初中生社会支持与心理健康的关系：希望的中介作用［D］.南

宁:广西师范大学,2021.

[217] 肖春芝."80 后"中小学教师教学价值观的调查研究[D].重庆:西南大学,2014.

[218] 肖潇.基于心理契约的民办幼儿园教师职业获得感研究[D].长沙:湖南师范大学,2020.

[219] 辛秀芹.农民休闲生活对于"获得感"提升的功能分析——以黄前镇木口峪村为例[D].北京:中共中央党校,2017.

[220] 邢婷.小学教师职业获得感及其与组织公正感、离职倾向的关系研究[D].金华:浙江师范大学,2020.

[221] 徐朝阳.呼和浩特市幼儿教师职业人格的现状和养成途径研究[D].呼和浩特:内蒙古师范大学,2016.

[222] 杨纳.乡村小学青年教师职业获得感现状研究[D].伊犁:伊犁师范大学,2021.

[223] 杨燕.山东省青岛市城阳区百岁老人长寿因素调查与分析[D].济南:山东大学,2012.

[224] 尹佳.幼儿教师职业倦怠、教学效能感、离职倾向及其相互关系研究——以武汉市洪山区为例[D].武汉:华中师范大学,2014.

[225] 于娜.学前教育专业学生专业素养培养的问题与对策——以烟台某职业学校为例[D].烟台:鲁东大学,2014.

[226] 余乐.低龄老年人一般自我效能感与心理健康:家庭支持的中介作用[D].上海:上海师范大学,2017.

[227] 袁雯.教师专业发展规划对教师专业成长的作用机制研究[D].上海:华东师范大学,2008.

[228] 张冬梅.大连市幼儿教师职业倦怠状况分析[D].大连:辽宁师范大学,2008.

[229] 张二凤.幼儿教师心理压力及其来源研究[D].武汉:华中师范大学,2016.

[230] 张高产.积极心理品质对大学生网络成瘾的预防作用的研究[D].上海:华东师范大学,2005.

[231] 张敬.民办幼儿园教师获得感研究[D].重庆:重庆师范大学,2020.

[232] 张丽芳.中学教师工作满意度、激励偏好与工作投入的关系研究[D].石家庄:河北师范大学,2008.

[233] 张展.乡村中学教师获得感的影响因素及提升路径研究[D].湘潭:湖南科

技大学,2021.

[234] 赵迪.幼儿教师付出—回报失衡对留职意愿的影响研究[D].长春:东北师范大学,2021.

[235] 赵丽君.社会支持对幼儿教师教学效能感的影响研究[D].重庆:西南大学,2007:1-37.

[236] 郑娟.大学生家庭环境、积极人格和网络依赖的关系研究[D].石家庄:河北师范大学,2011.

[237] 周曼琴.社会支持与幼儿教师工作满意度的关系研究:职业认同的中介作用[D].淮北:淮北师范大学,2021.

[238] 朱雨炜.城乡小学教师获得感比较研究——以Y市为例[D].西宁:青海师范大学,2020.

[239] 王道阳,徐艳,柳肖肖.青少年获得感的心理机制:个体和群体获得感的作用[C]//中国心理学会.第二十三届全国心理学学术会议摘要集(上).北京:中国心理学会,2021:122-123.

[240] 张冬梅,袁红,汪红艳,等.新疆幼儿教师获得感的成分、影响因素与提升策略[C]//第三届张雪门教育思想研讨会论文集,2021:4.

[241] 柳倩,宁瑶瑶.高质量普及学前教育的着力点[N].中国教育报,2022-11-27(1).

[242] 赵湘霞.推动实现"普及而有质量"的学前教育[N].光明日报,2022-06-16.

[243] Runciman W G. Relative Deprivation and Social Justice: a Study of Attitudes to Social Inequality in Twentieth-century England [M]. London: Routledge, 1966.

[244] Faulkner M, Gersten B P, Lee A, et al. Childcare Providers: Work Stress and Personal Well-being [J]. Journal of Early Childhood Research, 2014, 14(3):280-293.

[245] Lavy S, Littman-Ovadia H. All you need is love? Strengths Mediate then Nrgative Associations Between Attachment Orientations and Life Satisfaction[J]. Personality & Individual Differences, 2011, 50(7): 1050-1055.

[246] Park N. Character Strengths and Positive Youth Development[J]. Annals of the American Academy of Political and Social Science,2004, 1(59):40-54.

[247] Rothbard N P. Enriching or Depleting? The Dynamics of Engagement in Work and Family Roles [J]. Administrative Science Quarterlym, 2001, 46

(4)：655 - 684.

[248] Seligman M E P, Csikszentmihalyi M. Positivepsychology：an Introduction [J]. American Psychologist，2000，55(1)：5 - 14.

[249] Seligman M E P，Parks A C，Steen T. A Balanced Psychology and a Full Life [J]. Philosophical Transactions of the Royal Society of London，2004，359：14 - 49.

[250] Steen T A，Kachorek L V，Peterson C. Character Strengths Among Youth [J]. Journal of Youth & Adolescence，2003，32(1)：5 - 16.